复旦高校教师发展译丛

[加]吉姆·锡布利 [加]彼得·奥斯

[美]比莉·弗兰基尼 [美]卡拉·库比兹 [美]拉里·迈克尔森（前言撰写） 著

Jim Sibley Pete Ostafichuk Bill Roberson Billie Franchini

Karla Kubitz Larry Michaelsen

开启团队合作学习模式

王颖 韩寻 译

复旦大學出版社

吉姆·锡布利 加拿大温哥华英属哥伦比亚大学应用科学学院教学支持中心主任。在教师发展、教学促进及教育软件开发方面积累了三十年的经验，积极倡导团队合作学习模式。团队合作学习联合会（TBLC）活跃会员，供职于团队合作学习联合会理事会、导师培训委员会、新会员资格认定委员会以及网络运行策略委员会（作为网络运行策略委员会委员，他是www.teambasedlearning.org网站的创始站长）。指导团队合作学习联合会导师培训项目。作为团队合作学习模式的国际咨询顾问，帮助澳大利亚、韩国、巴基斯坦、黎巴嫩、美国和加拿大的多所学校开发团队合作学习项目。读者可以从learntbl.ca获取关于吉姆的更多相关信息。

彼得·奥斯塔菲恰克 英属哥伦比亚大学力学工程系教授。主要教授工程设计课程，同时讲授包括空气动力学、造船学、工程原理，甚至物理、数学和统计学在内的其他课程。合创并协调的"力学II"课程项目，将原有的15门独立课程整合成完全一体化的、具有实践性的系列课程，由团队合作讲授，多次获奖。自2004年入职英属哥伦比亚大学开设第一门课至今，一直采用团队合作学习模式；教过20多门课程，近2000名学生，覆盖了本科二年级到博士的不同层次。为推广团队合作学习模式举办了多个教师培训班，撰写了多篇会议论文，开展了多次在线研讨，指导教师采用团队合作学习模式。

比尔·罗伯森 纽约州立大学奥尔伯尼分校教学中心的负责人。曾是该校教师，现为教师培训师，主要培训内容是如何将批判性思维融入课堂教学。自2000年起实施团队合作学习模式，为北美、南美和欧洲的近70所高校提供咨询，咨询内容包括批判性思维课程设计、主动学习、教学评价以及如何使用团队合作学习模式促进批判性思维。先后供职于北卡罗莱纳大学教堂山分校、印第安纳大学以及得克萨斯大学埃尔帕索分校的教师发展机构；任得克萨斯大学埃尔帕索分校教学技术、课堂设计、数字媒体制作及远程学习中心创始执行主任；于2006年到纽约，在纽约州立大学奥尔伯尼分校创建了教学与学术领导研究所（www.itlal.org）。

比莉·弗兰基尼 纽约州立大学奥尔伯尼分校教学与学术领导研究所所长助理。积累了十二年的高中和大学教学经验后开始进入教师发展领域，采用团队合作学习模式讲授本科和研究生课程，并与众多教师合作，支持他们在课程教学中实施团队合作学习模式。

卡拉·库比兹 马里兰州陶森大学运动机能学系的副教授，讲授运动心理学、训练心理学、运动学习、运动损伤与康复心理学等课程，2005年起采用团队合作学习模式开展教学。活跃于团队合作学习联合会，任联合会指导委员会委员、2015年度联合会组委会联席主席。此外，还担任该联合会资源库编辑及其导师培训项目咨询顾问。卡拉出版了两本关于团队合作学习的著作，分别为《适用于健康职业教育的团队合作学习模式》（斯泰乐斯出版社，2008年）、《适用于人文社会科学的团队合作学习模式》（斯泰乐斯出版社，2012年）；并在团队合作学习联合会资源库中发布了若干个教学单元。

拉里·迈克尔森 俄克拉荷马大学戴维·罗斯·博伊德荣休教授、中部密苏里大学管理学教授、卡耐基学者，曾担任《管理学教育杂志》编辑，三次获得富布莱特高级学者项目资助。密歇根大学组织心理学博士，并以出色的教学和开拓性工作多次获得学院、学校和国家奖项。

献给阿曼达——她的信任带给我幸福。

——吉姆·锡布利

献给我的父母，我的一切都归功于你们。

——彼得·奥斯塔菲恰克

目　录

第一部分　团队合作学习模式概述

第二部分　团队合作学习模式的基本要素

第三部分 自我准备

附 录

前　言

大约35年前，我首次尝试采用团队合作学习模式，学生们的参与度令我惊讶而兴奋。可以说，神奇的变化发生了。学生们作为朋辈关系的学习者，不仅为自己而且为彼此担当起责任。时至今日，当时的情况依然令我激动，但更令我激动的是35年来所发生的变化，因为团队合作学习模式所带来的乐趣已经传播至全世界的其他教师。

然而，最令人鼓舞的是，采用团队合作学习模式的志同道合者构成了真正意义上的社群。日复一日，我关注着电子论坛上的互动，为之惊讶，也深感欣慰：人们热诚地发布帖子，为的是帮助他人更好地理解团队合作学习模式，共同提升我们实施团队合作学习模式的能力。

在许多方面，此书进一步扩展了团队合作学习社群。吉姆和彼得之所以推出此书，是希望捕捉并分享团队合作学习社群的智慧结晶。毫无疑问，他们如愿以偿，达到了目的。编撰工作启动之初，吉姆采访了世界各地46位经验丰富的实践者，了解他们在团队合作学习模式的课堂实施过程中所经历的障碍和取得的突破。此书表明，“乐趣在于细节”而不是“关键在于细节”。书中不仅涵盖了而且远远超越了关于团队合作学习模式的所有基本知识。几乎每一页都有实用而有趣的信息跃入眼帘。引言和插图更是锦上添花，使理念得以生动地呈现出来。每一章我都能发现很多妙思卓见，它们改进了我自己的教学——对你同样大有裨益。

拉里·K.迈克尔森

俄克拉荷马大学大卫·罗斯·博伊德荣休教授

中部密苏里大学管理学教授

序

此书的创意来自我在当地一所高校开设讲习班的经历。上午的团队合作学习(Team-Based Learning, TBL)讲习班令学员们颇为激动,他们随即询问合乎常理的问题:我们怎样开始?我们度过了一个精彩的下午,写出活动和问题,并在彼此之间尝试这些活动。但是当活动结束时,我感谢他们的参与和付出后,就离开了。这种情况司空见惯:当我们遇到一个有趣的想法,往往得靠自己想方设法来应用于课堂教学。不管你通过什么途径,是通过书、网站或是讲习班了解到TBL,你却不一定知道怎样开始。希望你能在此书中找到答案。从最初接触TBL时的欣喜若狂,到成功将TBL引入课堂,我希望此书能够帮助你填补这两者之间的缺隙。

对我而言,发现TBL意味着人生的改变。我第一次读到首版的《团队合作学习模式》(Michaelsen, Knight, & Fink, 2004)时,就在寻思为什么没有人早点告诉我呢?

作为教师你会发现,TBL的某些方面与你的价值信仰一拍即合,而其他方面却可能与你的直觉相抵触。请你尽可能以开放的心态来考虑TBL。发现TBL后的收获感,看到TBL在课堂教学中的应用效果,这一切令我惊叹不已。

撰写这样一本书需要协同努力。5位教师走到一起,写下他们在实施TBL过程中的心得体会。另有46名教师通过接受采访贡献出他们在实施TBL方面的智慧。全书中警言妙句俯拾皆是,将我们的建议与真实的课堂实践经历联系起来。我希望此书在手,你能准确了解TBL的最新发展现状以及有效的实施策略。

能与世界各地的教师们分享TBL,我深感庆幸。我非常清楚,TBL是通用的、能适应不同环境的和有趣味的。记得与我分享你的TBL探索旅程。

吉姆·锡布利

2013年8月

加拿大温哥华

吉姆问我是否有兴趣与他合作此书时，我立刻就答应了。这主要是因为我十分敬重吉姆，非常珍惜与他合作的机会，而且的确相信 TBL 的价值。这一决定让我想起大约 10 年前也出现过同样的情形。当时我刚刚任教，被安排与同事合作开设第一门课。吉姆那时已经发现了 TBL，他建议我和同事考虑用 TBL 模式来建设我们的新课，我一口答应了。

回忆往事，我意识到，TBL 之所以令我心悦诚服并立刻答应尝试，就在于它言之有理、行之有道。虽然那时我刚刚任教，却明白在被动讲授之外，一定有更好的教学形式。我记得做学生时坐在教室里听课，只听老师讲课是不是“言之有理”，在课后自己尝试用部分概念时，才会绞尽脑汁。如果将这一情形翻转过来，似乎更顺理成章不过了：学生课前自己学习基本概念，然后在实际应用所学内容解决难题时，不仅听到专家的见解和指导，而且得到团队的支持。要是能早些接触到这样的教学方法，那该多好。

总的来说，我的 TBL 探索之旅非常有建设性，启程之际意味着向未知领域进发，颇为艰辛。然而，年复一年，学生们不断地反馈，他们极其喜欢 TBL 模式。根据一次典型的课程问卷调查，80％的学生赞成 TBL，10％的学生持中立态度，10％的学生赞成传统的授课形式。这些数据传递出重要的信息：首先，无论你如何努力，都别指望取悦所有人。其次，对新模式的抵触是在所难免的。刚开始，我有过疑问：“为什么不是 100％的学生都喜爱 TBL 呢？我哪里做得不对呢？”现在我明白，自己当初的期望不现实，而且也没有做好充分的准备足以支持学生们完成角色转换，成为主动学习者。那时我真正需要的是一部书，一部将 TBL 探索旅程中的智慧集大成的书。

我希望本书能够赋予你洞察力和灵感并让你放心。之所以令你放心，是因为一旦你决定采纳 TBL 模式，那么本书就是你一路上的旅伴，你能从中分享到许多不同学科背景的教师关于 TBL 的各种认识和经验。

彼得·奥斯塔菲恰克

2013 年 8 月

加拿大温哥华

第一部分

团队合作学习模式概述

第一章 导言

团队合作学习模式(TBL)是一种非同寻常的小组学习模式——既有效又有趣。TBL可以而且必然改变你作为教师的职能,改变你的学生,并给你的课堂带来前所未有的乐趣、活力和深层次学习。本章将向你介绍TBL模式。

朱迪·柯里刚刚入职澳大利亚墨尔本的迪肯大学危重病护理学院。第一次当教师,她就接受了一项艰巨的任务,对全校评教最低的一门课程进行重建。她采取了传统的课程设计模式,使这门课程跻身全校评教榜首。在教学中脱颖而出后,她又发现了TBL模式,对其价值深信不疑,并致力于在TBL框架下重构这门颇受学生好评的课程。从一开始,她就为自己的行动深感高兴:

> 我们第一次尝试TBL模式时,就邀请了重症加护病房和心脏科的学生参加培训,熟悉这一新的教学方法。在两位同事的协助下,我们在培训结束当天与大约35名学生碰头。我们提供给学生一个以TBL模式组合出的晚期生命支持案例。我认为他们能轻松应对这个案例,因为他们刚刚修读过晚期生命支持评估与理论的课程。
>
> 我不断为学生提供帮助。在病人心律由正常转为不正常时,我们做了一个问答。心律变化的时间节点通常指明了该心律的可能特征,而心律往往十分相似,要在两三种可能的心律之间做出区分,需要很高的技能。我们为学生们提供了病人的心电图,心脏上半部已经停止运作,心脏底部提供支持性律动来维持病人生命,然而由于心律来自心脏底部,波形宽,看起来好像恶性心律,但实际上是拯救生命的支持性心律。
>
> 我们的问题是,你是否应该除纤颤?
>
> 经过内部讨论协商后,各团队出示的投票卡显示,大家无一例外选择了除纤颤。每个团队都将支持性心律理解为恶性心律。另一位教师走过来,背对着学生,冲我苦着脸道:"天哪!他们怎么会回答成这样?怎么会没学到呢?"

我不动声色开始发问：

“好吧。第六组，你们要做纤颤。什么理由？”

“因为是室性心动过速。”

“好吧。另一组。你们认为是室性心动过速吗？那室性心动过速有什么特征？”

“波形宽，心律慢。”

“好吧。再另一组。你们也都这么想？”

“是的。”

“那么室性心动过速是怎么发生的？是像我们所看到的那样吗？”

35名学生齐刷刷低下头去，真是难以置信。一片沉默过后，异口同声道：“哦，不！”因为就在那一刻大家都意识到这个病例不是室性心动过速，按照他们的诊断去操作，会要了病人的命。改变发生了。他们原以为自己了解这块内容，却突然意识到自己并没有妥善掌握，不会准确理解心电图。为病人除纤颤会消灭他们赖以生存的心室节奏。如果消灭心室节奏，他们必死无疑。当我们向他们展示了基于团队的学习模式后，集体陷入了专业尴尬之中。多么神奇的时刻。(迪肯大学，危重病护理学院，朱迪·柯里)

TBL是独特而强效的小组学习形式。它利用团队和社会性学习的力量，结合问责机制和系统的教学顺序，帮助你取得出色的效果。此书将为你指点迷津，提供实用的意见、建议和提示，帮助你在TBL课堂上取得成功。它会帮助你理解TBL是什么，为什么如此有影响力？你会从中找到答案，知道如何规划、构建、实施和有效利用TBL。无论你是TBL的新教师还是专家型教师，都会为此书所吸引。此书每一部分将首先介绍基本原理，帮助新教师做准备，然后进一步深入，引出具体的案例、实用的建议以及细微的差别，帮助已有TBL经验的教师更好地理解自身的实践。需要提醒的是，有些TBL原理可能会挑战你已有的一些教学信念。

开始前，这里为你使用此书提供一些方法以改善你的教学实践。你会学到：

- TBL的基本原理
- 如何有效地设计一次TBL体验
- 如何达到最大效益，将风险减到最低程度
- 如何为情感之旅做好准备以及
- 理解TBL如何提供可靠、清晰的教学框架来指导以学习为中心的课堂

显而易见的是，随着对TBL探索的深入，忠实于TBL基本要素将是你的指导标准。这种忠实大大有助于确保有效的教学和积极的成果。有经验的TBL教师常常评论说，自己对一些基本要素的重要性加深了理解。事实上，TBL得以成功实施的关键正是这种对基本要素的信奉。

实施TBL需要检视自己所崇尚的教学是怎样的教学。你或许会发现，需要改变自己作为教师的信念，改变自己的思维，才能设计好实施好TBL课程。要检视并重组自己的信念，以期在学生为中心的课堂上获得成功，这需要说服自己相信TBL的价值。从哪着手呢？建议从席思克(2011)或者海德尔、库比兹和麦科马克(付印)对TBL文献的系统综述着手。在第4章“请出示证据”中，我们将详细检视关于使用TBL的文献和教育理念。教学目标必须从“我要学生学会什么知识？”进化为“我要学生学会什么能力？”深入思考学生如何使用所学知识，这会激发我们构建课程体验时更多地聚焦于能力而不是知识。TBL课程设计的指导核心是用课程理念来解决重大的现实问题。

有时候很难重新定义我们内容丰富的课程。TBL迫使我们更准确地设计课程教学目标并在开发课程过程中铭记教学目标。我们不仅要知道学生需要掌握什么，而且要设计机会让学生展示他们的知识。

从传统的教师转型为高质量学习体验

的设计师、教练、协调人、导师和向导，这样的角色转换最初是令人不安的。过去你可能会依赖自己的专业知识并以讲授的形式开展教学，但 TBL 需要一套不同技能。有些技能你肯定将从以往的教学经历中获得，还有一些则可能是新的。

TBL 或许还会受到学生的抵触。他们一直以来都由他人安排学什么、何时学、何时用。将他们从讲授型课堂的被动角色拉到以学生为中心的课堂的主动角色中，他们未必领情，但如果 TBL 实施得好，结果会令人惊喜。我们通过细心引导学生，让他们信服 TBL 的基本原理，就会注意到他们对 TBL 有所欣赏，抵触情绪有所减少。引导的过程在第 3 章“完整的课程体验”中有详细描述。

TBL 的不同之处

TBL 方法不同于其他形式的合作或协作学习，因为它提供了一个合乎逻辑的整体框架用于创建完整的课程体验。迈克尔 · 斯威特(Michael Sweet，2010)这样描述 TBL：

> 是一种特殊的小组学习形式，采用一系列明确的个别作业、小组作业和及时反馈来创建一个激发性框架，使得学生越来越多地相互督促，上课时有备而来并参与课堂讨论。

TBL 不是对已有的讲座课程在教学方法上略作点缀。它需要你对总体的课程目标进行重新思考，对课程资料进行集中的再开发，并专心投入到学习为中心的教学中去，尽管这样的教学会有风险。TBL 的各个要素之间存在着强大的协同作用；虽然可以选择这一模式的部分要素予以实施，但会因此丧失相当大的教学影响力。许多有经验的 TBL 教师认为，要取得最大和最佳效果，最好是完整采用这一模式。准备 TBL 与准备传统课程，两者大相径庭。传统课程备课时你或许可以在最后时刻匆匆应付了事，但 TBL 需要对阅读进行周全的综合集成，需要通过“完成准备工作”(Readiness Assurance)使得学生进入准备状态，需要让学生参与课堂的应用活动，要指望最后一刻搞定这一切是不可能的。

TBL 模式能帮助你做成两件事：让学生上课时有备而来，让他们深入学习课程资料从而用课程理念解决真实世界中有趣而现实的问题。首先，采用 TBL 富有独创性的“准备工作保证流程”(Realiness Assurance Process，RAP)确保学生来上课前已经做好了充分的准备(第 6 章有更多关于 RAP 的内容)。然后，团队一起运用课程概念来解决问题，即做出复杂决策并当众报告；从这个意义上讲，很容易将 TBL 称为基于决策的学习。当众报告环节以及对决策进行比较的能力自然而然导致团队为自己的决策辩护并批评其他团队的决策。学生们正是在这种激烈的观点交锋中展开报告与对话，达到深入学习课程资料的效果。

与之形成贴切类比的是法庭陪审团的工作：对大量的证据、陈述和笔录进行过滤和筛分，最终做出一个简单的判决：有罪还是无

罪？陪审员最终需要考虑法庭所出示的证据并依法断案，给出一个合理的解释。TBL建立起一个类似的动态：要求团队解释复杂而且往往相互矛盾的数据，选择并运用适切的判断标准，最后做出一个简单的决定。TBL在报告环节增加了社会性学习这一重要步骤。接下来再想想陪审团；法庭上，陪审团负责人起身陈述陪审团的裁决，而另一组陪审团的负责人起身宣读了不同的裁决。他们自然而然想要彼此对话，想了解为什么会这样。决策之间的可比性和想要*知其所以然*的意向，正是TBL的核心所在。*想要知其所以然*的动机提供了教学能量，驱动学生团队之间展开颇具见地的辩论。

如何启动TBL模式

1979年1月，拉里·迈克尔森作为俄克拉荷马大学青年教师，开设组织行为学课程。由于预算削减，他的课程班级规模从40人扩大到120人。资深同事劝他放弃基于案例的、苏格拉底对话式的教学方法，改回到讲座课。但他不愿意放弃案例教学，坚持推进问题解决式的深层讨论训练。他强烈地感觉到这样的讨论的确是深层次、持久性学习的核心所在。他由此想要做些不同的尝试，并称之为团队合作学习模式。这一创新保留了他在教学中所高度重视的一切：参与、决策、深入讨论和反馈。实际上，他采用的方法积极利用了大班规模来改善教学质量。

他意识到自己需要克服两个挑战。首先，当大班教学时，教师是稀缺资源，班级氛围鼓励隐姓埋名而不是问责到人，那如何让大班里的学生参与到有效解决问题的过程中来？其次，如何促使学生上课时是有备而来的？

他最初创设的东西与现在仍使用的TBL课堂架构十分接近。

要确保学生有备而来，可以通过具有独创性的“准备工作保证流程”来实现。在一次早期的“准备工作保证测验”中：学生们围绕问题解答展开讨论。他在倾听他们讨论时意识到，这些内容恰恰是他开讲座课所必须涉及的材料。他顿时有所感悟。

一旦迈克尔森知道学生们准备就绪，他就能够帮助他们着手解决问题。他采用“3S”框架成功建构起首要的课程目标，即帮助学生学会运用课程中的概念。“3S”框架如今已衍变成“4S”框架：有意义的(Significant)问题——相同的(Same)问题——具体的(Specific)选择——同步的(Simultaneous)报告。“4S”框架鼓励学生做出艰难的、数据丰富的决定并迅速向全班报告。课程教学中，他高度重视做出决定和解决问题这两个方面；在他看来要做到这两者其实可能性很大，即便在大班也是如此，这着实令他松了一口气。采用这种结构化的解决问题的方法，学生们就会尽力去理解内容，学习成效高于他的预期。

TBL的要素随着时间的推移略有衍变，但确保有备而来和可控地解决问题，这两个原创性的要素仍然是TBL的核心和灵魂。30多年过去了，TBL在全球得以成功应用，几乎涉及所有学科，涉及班级规模最大的达到400人。

TBL的基本要素：概述

TBL有四个基本要素。这些基本要素历经多年衍变。最初的TBL著作(Michaelsen, Knight, & Fink, 2004)这样描述四个基本原则：(a) 小组必须合理构成并妥善管理，(b) 学生们必须为个人作业和小组作业负责，(c) 小组作业必须既促进学习发展也促进团队发展，(d) 学生们必须得到经常而及时的学业反馈。这些原则依然是基本的而且会自然而然发生，前提是我们必须忠实于TBL四个基本要素修订版所提供的实践和指南。我们将采用斯威特和迈克尔森(Sweet & Michaelsen, 2012a)在《社会科学和人文科学中的团队合作学习模式》一书中所描述的四个基本要素修订版(见图1.1)。

以下分节逐一介绍TBL四个基本要素。并将在各个篇章中详细探讨每一个要素(见第5章至第8章)。TBL四个基本要素是：

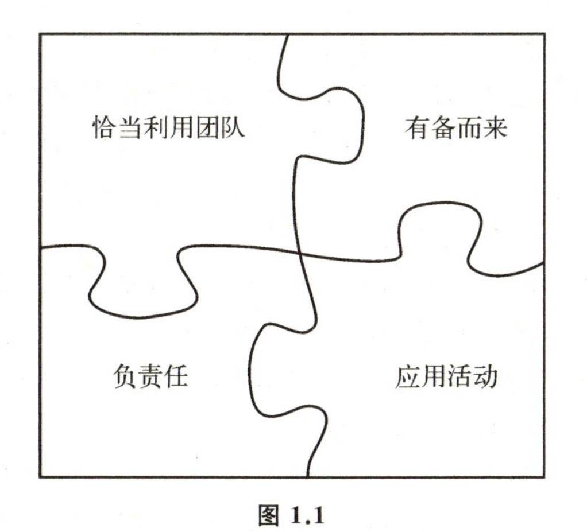

图 1.1

1. 团队必须构成合理并管理得当。
2. 学生必须得到激发，有准备地进入课堂学习。
3. 学生必须学会运用课程中的概念来解决问题。
4. 学生必须真正负起责任。

要素一：构成合理并且管理得当的团队

TBL 教师建议，由教师创建大而多元的团队。其重要性与教育文献中的建议是一致的。推荐的大团队（5～7 名学生）是基于团队学习最佳的选择。大团队之所以发挥出色是因为 TBL 的责任体系和课堂活动的复杂本质。关于团队构成的文献明确指出，采用教师创设的、基于标准的团队对获得最佳教育成效的重要性。教师组建的团队随机取样也比学生自行精选而成的团队表现优异（Brickell，Porter，Reynolds，& Cosgrove，1994）。学生会经常请求老师将自己与朋友们安排在同一团队里，但研究表明学生自发组成团队总是劣于其他的团队组合策略。照布里克尔等人（1994）的说法，学生自发组成的团队往往是“社交实体”，已有的关系和小圈子会妨碍团队的凝聚力。菲克特纳和戴维斯（Feichtner & Davis，1984）发现：

> 由教师组建团队或通过多种方法结合来组建团队（比如，教师收集学生研究兴趣，然后按兴趣吻合度组建团队），学生们会有更积极的课堂体验。具体而言，在记录关于最差团队体验的信息时，40％的应答者提到团队是由学生自己组合的，而在最佳团队体验中，只有 22％的应答者宣告团队是学生自行负责组成的。前者的数量是后者的两倍，这意味着，如果允许学生自行组团，他们还是很可能将这样的团队列为最差体验团队。

面对一些学生自发组团的要求，你必须承认但给予抵制，通过耐心解释你的理由，坚守你的立场。

建议 TBL 团队由 5 至 7 名学生构成。在大多数合作或协作学习的文献中，TBL 团队会比该建议人数更大些，这是由于待解决的问题的复杂性的缘故。这可能有悖于你的直觉。对于组建大团队的建议，许多人的第一反应是不敢相信：大团队不是会让有些人躲藏起来不出力吗？TBL 的结构可缓解这一担忧。团队必须足够大才具备解决复杂问题的智力；个体必须对教师负责，做好课前准备；个体必须对队友负责，为团队的成功作出高质量的贡献。

采取同伴评价，可以让评分方案更有效地激励每一位学生为团队作出贡献，并依据贡献度大小获得公正的奖励（或没有）。由于团队分高于个体分，同伴评价可以通过调节团队分影响学生的期末成绩。对团队贡献大意味着受益于团队高分；如果无所贡献就无法受益。教学活动的设计充分考虑到了利用团队的多样性，这样能够确保所有学生都自始至终地参与活动。TBL 实际上更适用于多元化的团队，这对日益多元化的课堂无疑是利好消息。

刚刚尝试 TBL 的教师一开始往往低估学习团队解决难题的能力。他们需要随着学期的推进逐步增强问题的难度，因为团队经过一段时间的实践自然而然变得更善于解决问题了。

团队成员必须在整个课程期间保持不变。小组人员凝聚成为团队需要时间，他们不断进步——按塔克曼(Tuckman,1965)的团队形成阶段:形成、爆发、规范和执行。学生们共享的活动、共同的目标以及对团队的责任心都有助于团队凝聚力这一重要因素的发展。团队需要团结才会有凝聚力。TBL系列活动和责任框架协同促进了团队凝聚力的发展。

一项卓越的研究凸显了TBL中团队凝聚力的惊人发展(Michaelsen, Watson, & Black, 1989)。这项研究发现在初期对准备情况进行测试时,当学生团队内部出现意见分歧时,经常简单地付诸表决,以多数人意见为准。但是,当队员们在团队中渐渐形成社交,团队凝聚力就开始随着每一轮测验而增强,决策过程变得越来越以共识为导向。该研究显示,仅仅经过四轮测试,团队就不再采取少数服从多数的策略,而是基于共识进行决策。

要素二:确保课前做预备的准备保证

第二个基本要素是采用"准备工作保证流程"让学生准备就绪。大多数教师都经历过糟糕的讨论:没有一位学生预习过要讨论的材料。这种情况令人非常痛苦失望。拉里·迈克尔森意识到要让学生参与到深入的、有趣的、丰富多彩的应用活动中并学会解决问题,关键在于激发他们做好预习,有备而来。为了努力引导学生进行课前准备,许多教师采用阅读测验,促使学生进行了一定程度的准备工作。不幸的是,这种测验最好的结果是让某些个体有责任感。而最坏的结果是,这种测验恐怕无法有效测量学生是否真正理解阅读材料。学生可以选择不做完阅读测验或草草应付,让教师为难:要么不考虑测验结果继续教后面的内容,听任没有预习的学生掉队;要么返回到要预习的内容,帮助学生重温一下。问题在于,用课堂时间复习那些本该预习的材料,会使学生丧失预习的动力,因为他们知道教师会在课上复习的。

迈克尔森的"准备工作保证流程"是解决这一难题的重要发现。"准备工作保证流程"与传统的阅读测验有些相似之处,因为它的确涉及个体的责任,但又不止于此,它在测验个体学生的课前准备和责任心的基础上进一步发展,在团队测验中释放出社交性学习和集中即时反馈的力量。"准备工作保证流程"的魔力在于它实际上建构于最初的学生预习阶段,并在后来的应用性活动环节真正转变为对学习活动的准备就绪状态。

要让每一个单元都建构于学生课外准备的基础之上,就应该按相同的"准备工作保证流程"启动所有单元(见图1.2)。"准备工作保证流程"首先要分发准备材料(比如,报刊文章、期刊文章、教材阅读文献、演示文稿、视频,或者博客)。学生们来上每个单元的第一堂课时已经完成了学习教师布置的准备材料。简单而言,"准备工作保证流程"的课堂部分是进行一系列的选择题测试。这些选择题测试是基于准备材料而设计的。学生们首先各自完成测试(称为iRAT, Individual Readiness Assurance Test),然后参加团队再测试同样的内容(称为tRAT, Team Readiness Assurance Test)。在这之后,教师鼓励团队对任何有异议的问题通过结构化的书面程序提出要求帮助的诉求。这一程序称为诉求流程,在这一过程中他们可以弄明白阅读材料或问题中的歧

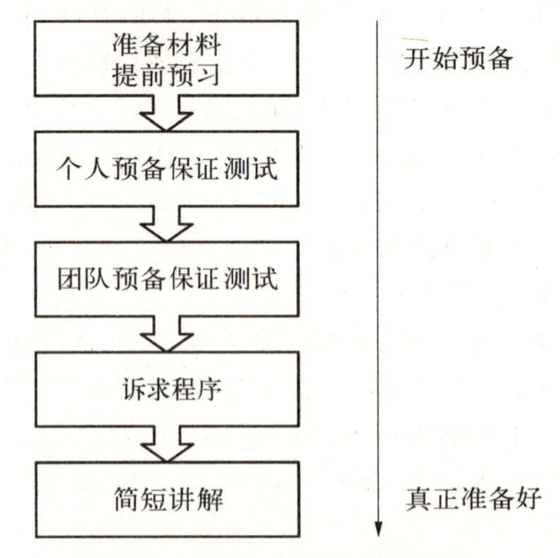

图1.2 准备工作保证流程各阶段

义。“准备工作保证流程”结束时，教师围绕尚未解决的某个具体的、棘手的问题作简短的讲解或阐述。

完整的“准备工作保证流程”将在第 6 章中作进一步详细探讨。

要素三：学会运用课程中的概念

TBL 课程的主要目标是帮助学生运用课程中的概念去解决相关的重要问题。在课堂上，TBL 采用 4S 框架来设计和实施有效的问题解决方案（见图 1.3）。

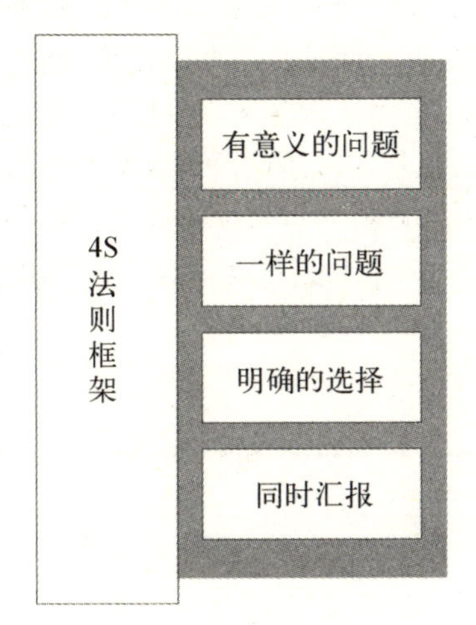

图 1.3　4S 法则

这一结构化的问题解决模型用于创建课堂事件。这些事件要求学生们做出复杂的决策并给予简单报告，然后全班公开汇报讨论，为提升团队决策的质量，提供了丰富而具体的反馈。各团队向全班报告各自的决策，从而引发团队之间的互动和交流，这是帮助学生深入理解课程材料的强大工具。

应用活动直接建立在学生的个人准备以及他们随后在“准备工作保证流程”中的学习之上。每一个应用活动中都为所有的团队提供同样重要的问题让他们解决。你使用 4S 框架精心建构、设计和实施应用活动，使你能持续创建成功的活动，其结果是促使展开深层次的、有意义的讨论。

还记得那个比喻吗？对同一案件两组法庭陪审团做出了不同的裁决，这自然会引发疑问。团队报告的讨论是学生们仔细审查其他团队的决定的机会，同时，也是为自己团队的决策进行辩护的机会。在强大的互动式讨论中，关于何为合理立场以及何为支持这一立场的合理依据，大家开始达成社会共识。设想一下，与简单的陪审团裁决相比较，调查委员会提交的冗长的书面文件，往往很难被比较，也往往无法被讨论。在冗长的文件中，很难找到真正让我们展开思维比较的那些讨论要点，因此读者的总体准备状况就不一样了。类似陪审团的决定，学生的报告是基于对复杂问题的分析，具有明确的可比性，会激发丰富多彩的讨论。

第 7 章将聚焦 4S 框架的应用活动。

要素四：责任感的重要性

最后一个要素是责任感。每一位学生每一位教师都可能有过糟糕的团队经历。当你向全班宣布课程将采用团队合作教学模式时，你不一定会听到欢呼。学生们也许曾经因为队员不作为而焦头烂额，他们也许在先前的小组活动中遭受过支使和欺凌。因此，要让学生接受 TBL，关键在于帮助他们理解 TBL 的基本原理以及能预防功能障碍的独特的责任架构。学生们也许经历过设计低劣的小组活动，这些小组活动被冠以“基于团队的学习”的美名却没有使用 TBL 框架；因此，你需要向学生们展示真正的 TBL 是完全不同的。

TBL 课程具有多层次的责任制。“个体准备工作保证测验”涉及的是学生个体对教师负责（详见第 6 章），但真正具有激励作用的是学生个体对其他队员负责，而正式的同伴评价过程也非常关键。我们可以努力通过分数之类的外在动力激发学生，但“对同伴的负责”所激起的内在动力更强大更有效，这可以从学生的反馈（比如，“我不想让队员失望。”）中反映出来。

同伴评价过程应该根据学生对团队成功的贡献大小做出公正的补偿。团队成绩的比重往往高于个体成绩，同伴评价能够让我们确保学生为他们团队成功作出贡献而获得奖励，反之则受到问责。

第8章将详细探讨责任感、同伴评价以及评分。

一门典型 TBL 课程的节奏

一门原汁原味的 TBL 课程根据对内容的合理切割分为大致五到七个模块。图1.4介绍了典型模块的时间表。

课程开始之前，你需要完成所有的课程设计准备工作（关于课程材料设计详见第2章）。开课第一天，你首先花上一部分时间介绍 TBL，仔细周到地解释你采用 TBL 的理由（有关的教育理论基础，第4章有详细的解读），使学生对 TBL 的价值深信不疑。第一堂课结束后，你发邮件提醒学生在第一模块开始之前完成预习材料。然后，学生来上第一模块的课，完成"准备工作保证流程"。学生一旦准备就绪，你就推出一系列的"应用活动"（第7章详细介绍"应用活动"）。几节课后第一模块结束，你对所学内容进行总结和巩固。进入第二个模块时，开始确立起熟悉的 TBL 节奏：学生课外预习，准备工作保证流程以及应用活动。课程进行到一半，我们给学生提供机会围绕对团队的贡献度相互给予反馈（关于评分和同伴评价详见第8章）。然后继续进入下一个模块和再下一个模块。最后，课程进入收尾，你帮助学生巩固所有已学的内容（第3章将介绍如何圆满收尾）。课程以期末同伴评价告终。

过去十年，我们积累了很多经验来帮助教师将 TBL 引入课堂。本书的创作，基于我们当下的认知，也基于十年来对 TBL 不断变化的认识。如果你是 TBL 的初学者，本书会帮助你启动这一模式并将它引入你的课堂。假如你已经使用了 TBL，本书将帮助你做得更为出色。

让我们出发吧。

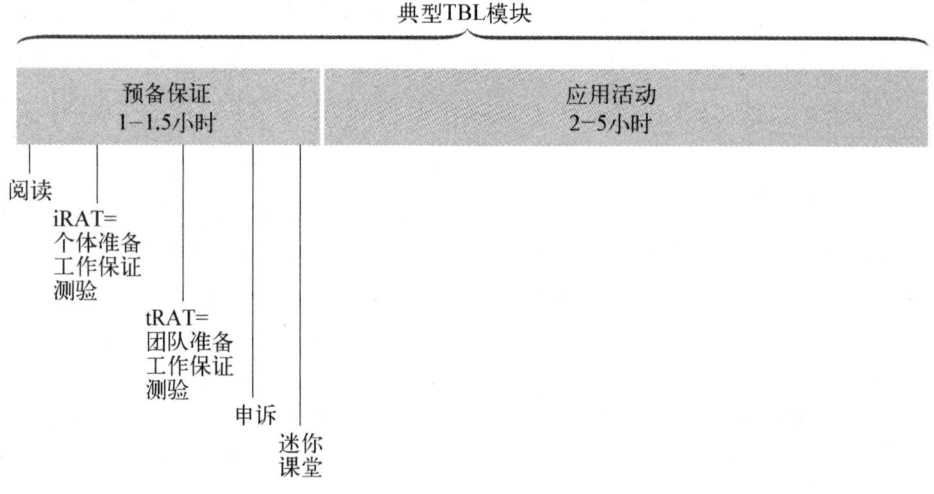

图1.4 团队学习模块时间表

第二章 为团队合作学习模式做好课程准备

比尔·罗伯森　比莉·弗兰基尼

接下来两章，我们将指导你全面了解一门精彩的 TBL 课程的设计和实施。本章将聚焦课程的设计过程并推荐大家采用背景设计的独特方法。在此基础上，下一章将着眼于完整的课程体验。如果你对四个要素还有疑虑，不必担心——我们将在本书的第二部分（第 5 章～第 8 章）更详细地逐一检视。现在就让我们围绕课程体验的设计和成功实施来研究一下全局性问题。

设计一个成功的 TBL 实施方案

课程设计跟大多数的复杂项目一样，是迭代的、非线性的过程，课程层面的宏大理念和目标鼓舞和影响着琐细的日常作业，反之亦然。创建一门成功的课程意味着你需要同步地、辩证地考虑课程的首要目标和学生为达成目标要采取的步骤。接下来，我们将勾勒出与教师合作中所发现的一个成功策略，用以处理宏大理念和日常教学之间的矛盾。迪·芬克（Dee Fink，2003）的《创建有意义的学习经历》一书深刻地影响了我们对课程设计的思考。

我们鼓励 TBL 的使用者如谚语所说的那样开启碎纸机吧。将课程大纲送进碎纸机，一切从零开始，别惦记着将 TBL 融入你已有的课程版本中。在传统的课程大纲上叠加上各种 TBL 元素是不可能成功的，这一点在后文会阐释得更加清楚。

从确定关键活动开始

我们从与大学教师合作多年的经历中发现：与其从宏大目标（比如，“批判性的思考”“培养全球视野”“懂得运用科学方法”）开始，再聚焦到课堂具体活动，不如从具体的、有代表性的事情开始再确定广泛的目标，后者较前者更易成功、更直观。我们见过很多精美的课程大纲，罗列着崇高的目标，但没有证据表明那些目标在学生的课堂学习中得到了实施。要避免出现这样的情况，首先记录下来学生需要具体做些什么才能学会运用课程内容。这些记录将为你设计课堂上的团队任务(应用活动)提供基础。

为什么从团队任务开始呢？大多数的学习是通过团队任务(应用活动)实现的，因为团队任务将知识和思考(分析、信息综合)转化为集体行动。行动，特别是决策，是思考的象征，也是思考的显性证据。开展团队任务，意味着学生吸收了新知并尝试着用于新的情境。团队任务也验证并奖励学生在课外准备及准备工作保证测验中的表现，让学生承担起自主行动者的角色，在课堂的思想交锋中做出的决策其实很有价值。因此我们主张在启动课程设计时首先详细描述一下：学生要锻炼自己运用学科内容的能力，需要每天在课堂上具体做哪些事情。

首先写下一整套具体的活动，罗列在你的学科领域(以你具体课程的学科内容为代表)取得成功所需采取的行动。用学生易于理解的清晰的语言表述。以下是各学科领域所采取行动的示例：

- *历史学*：诠释原始的史料；评价论点和论据。
- *生物学*：检测 DNA 排列模式；评估特定环境对特定物种的影响。
- *经济学*：比较对数据的解读；判断某一现象对特定市场的影响。
- *护理学*：进行诊断；判断某个诊断的精确性。
- *化学*：对试图解释分子结构变化的假设作出评价。
- *商学*：评价；判断特定市场对特定事件的潜在反应。

确认你学科领域专业工作特征的活动将给你提供一个具体的核心，围绕这一核心你开始创建一个新的课程版本。你的活动清单将直接指引你选择或写出相应的准备工作保证测验题；创造有趣的、有意义的、富有挑战性的任务；设计出分层分级的作业从而真实地衡量学生的学习情况。

起草聚焦学生活动的单独的、完整的学习模块

之所以在课程设计之初集中精力设计专门的系列活动，是为了让你自己早些了解到 TBL 课程学习的概貌和感受。这个练习将让你意识到学生的课程体验是需要有总体的建构和进度安排的。

以这种方式开始——始于中间，然后向外推进——对学界的很多人来说是有悖常理的。通常的做法是，从宽泛的、首要的概念化目标出发，以演绎和分层的方式推进到具体的内容和活动。之所以将这个过程反转过来，理由在于：行动导向的团队任务(应用活动)是学科思维的象征，没有这样一个核心，没有合理安排那些团队任务来驱动学生学习，TBL 就会很快退化成一连串的准备工作保证测验(根据我们的课堂观察情况往往的确如此)，还夹杂着过多的、纯属偶发的讲授以及不着边际的、即兴的小组谈话。积极主动的、以学生为中心的学习模块是 TBL 课程成功的关键。它使学生的课程体验具有逻辑性和连贯性，确保那些宽泛的课程目标能明显可预见并且能够实现。

设计学习模块

说明一下措辞：我们特意使用*模块*和*学习序列*而不用*单元*，是为了避免跟教材的*单元*混淆，因为后者通常指作者和出版商按照出版要求组织内容。我们建议采用 TBL 的教师首先考虑学生的行动和思维序列，然后考虑如何通过“内容的基本单元”来驱动学生行动。

1. 根据思考你想要学生在你的课程中如何发展确定学生需要训练的课程专项活动或

决策。请参考前面一节中的实例。

2. 提前考虑到模块的结束。构思一个作业或综合任务（书面作业、高水平的测试题、复杂的案例分析、问题集等），对于他们是否能按照你在第一条中所描述的那样思考和行动，你和你的学生都必须明晰这个作业或综合任务可以作为本模块终评的草案。至少被构想为实质上的个体作业，这样就能追踪每一位学生的进步。记住你已经将训练学生的应用能力贯穿在整个模块中了，因此这个终评可具有适当的挑战性（比如，别仅仅要求学生记忆信息或者通过低水平应用来展示基本的理解——应该要求他们模拟专家的举动做出真正的决策）。

3. 接下来看看你打算用到你课程中的内容资料。如果你使用教材，大可忽略篇章顺序，选择一套对学生有用的阅读材料（无论出之何处），提供他们所需的信息，以帮助他们完成你在模块终评中设定的各种思考和活动。首先想想学生需要理解哪些基本概念才有可能完成基于阅读材料的应用性任务，然后选择针对这些核心概念的阅读材料。这会让人难以抉择，也很容易让人掉入陷阱：布置阅读材料，仅仅是因为材料大体上很“重要”或者材料本身“真的很有趣”。选择材料时要注意不要脱离章节而摘取片段，因为你希望学生掌握的概念可能会出现在一章中的三个不同的地方。记住：在模块学习进行到后期并且学生掌握了主要概念后，你可以增补些更有针对性的后续阅读材料。

4. 针对这些阅读材料设计一个准备工作保证测验。这个测验以选择题形式测试学生对关键概念（不是琐碎细节）的理解。布鲁姆分类学就测验中各类难点题分布的考虑有很好的指导。大多数问题将集中在分类系统的低端（考察概念的理解和简单的应用），但这样的问题也应该具有足够的挑战性，迫使学生不只是识别关键术语和短语。还有一点很重要，测验也应包括若干个处于分类系统高端的问题（分析、综合、评价）以保证团队内部的深入讨论。最重要的是，想一想如何使用准备工作保证测验将学生引向你想要他们训练的思考方式。我们建议准备工作保证测验的时间短些为好（10～20 个问题），这样，可以将个体准备工作保证测验和团队准备工作保证测验安排在一次课上完成。当然，具体测验时间根据学科需要和惯例而定。尤其要强调的是，不要将测验设计成针对内容掌握程度的全面测验，而是抽样检查学生的初步理解，是一种学习工具。设计准备工作保证测验的目的是让学生对关键概念达成共识，从而能开始向真正的目标进发，实现学以致用。

5. 接下来考虑的是很棘手的部分：开发一系列团队任务（应用活动），包括从概念的阐明到更复杂、更模棱两可、更具难度的概念的使用。以活动形式构成的最佳任务是要求学生运用知识进行判断并做出决策。在开发一系列团队任务时，最初的任务可以短小精悍（3～10 分钟），让学生通过简单的应用或分析来阐明对内容的理解，开始获得准备工作保证测验无法带来的学习体验。后续的任务应该对分析和综合思考有更高的要求，让学生运用知识、推论和判断去处理复杂的情景、案例和状况。面对复杂的状况，学生可能需要半个小时才能作出决策。如果任务涉及一作品（比如，解释海报或图形），那需要的时间还会更多。依据 4S 原则去设计任务能确保你专注于批判性思维和决策能力。我们建议你用 PowerPoint 或其他演示文稿的工具，用平实的语言一步一步向学生阐明如何去完成这些任务。这就要求你具体设想任务如何展开，这有助于你做好充分准备。第 6 章将更全面地探讨应用性任务的设计。

6. 然后考虑怎样让学生课后继续自主学习（个别学习）。可以有如下选择：你为学生制定课外个别学习的计划，自主完成若干任务，为他们在课堂上开展复杂的团队任务（应用活动）做好准备；你也可以布置补充阅读材料，加深他们对本模块内容的理解。

7. 最后要考虑的是整个模块的进度。学生学习完模块的全部内容需要多少时间？通常而言，完成个体准备工作保证测验和团队准备工作保证测验共需要一个多小时，也就是一次课的大部分或全部时间。如果你计划让学生有时间申辩、让教师有时间解释，就需要更多的时间。如果你的课时安排为每次3个多小时，那么团队准备工作保证测验通常占用课时的前半部分，然后是第一轮团队任务（应用活动）。一般而言，一个模块安排2～4天左右（5～9个小时）的学习时间，最后以内容充实且有分级功能的个人作业或团队作业结束整个学习序列。

从模块设计到整个课程设计

现在你已经对整个模块的学习序列作了构思，你应该能够设想整个课程设计如何为这个核心结构提供支持和环境。创建过完整的模块后，你也更有底气创建一份表述通达的课程大纲了。现在可以将模块草案推算化作整个课程的概念。设计一门完整的TBL课程需要创建为数不多的相似的模块（以一学期15周计，4～7个模块），让学生反复经历这样一个过程：阅读、准备工作完成情况测验、质疑、团队任务（应用活动）和个人评估。每一个模块的设计都应该让学生明白，通过积极的、具体的体验，感受到从课程内容中获得的概念理解是如何为他们注入能量，使他们越来越像学科专家一样地思考和行动。

要实现有效的课程设计，你首先需要坦诚地回答以下两个问题：

1. *与修读你的课程之前相比，你希望学生们在修完你的课程后发生怎样的终身变化？*如果我们对教学是认真的，那我们追求的目标莫过于给学生带来终身影响。
2. *你（还有他们）怎么知道他们发生了永久性的变化？*学习评估是有效教学的核心。没有评估就缺少有助于学生学习的反馈。

对第一个问题的回答构成了课程设计每一个要素的基础，回答可以分为以下几个方面。

1A. 哪些是你的学生以前做不到而现在能做到的？比如：

- 在特定情况下面对挑战时，学生的行为方式将发生哪些预期的、深刻的变化？
- 学习了你的课程，他们会更擅长做出哪些判断和决策？
- 学习了你的课程，他们将掌握哪些新技能、新流程和新程序？

1B. 哪些想法、观念和其他的关键信息将对所有学生的思维和行动产生影响？比如，你学科中的哪些重要思想将成为学生智力和行为的永恒部分？关于重要思想，我们从同事那儿收集了几个令人回味的示例，作为“美食”供分享：

- *心理学*：没有所谓的“你”。
- *商学*：没有信任就没有交易。
- *护理学*：健康护理会置你于死地。
- *文学*：一切意义都是由模式构成的。

1C. 在你的学生的思维和行动中，现在可以看到哪些态度、观点和价值观？这个方面的示例包括合理怀疑、同情他人、热爱某事/物、自我责疑以及幽默感。

无论你希望和计划在学生身上看到哪些永久性变化，都应该写入你发布的课程目标中。确定和传达高期望能帮助学生认识到你的课程将对他们产生永久的影响。这是非常具有激励作用的。

关于第二个问题“你（还有他们）怎么知道他们发生了永久性的变化？”回答这个问题就意味着对课程评估计划作了陈述。在课程设计过程启动之初回答这个问题，就很容易确认课程各模块的功能。每一个模块都应强化学生的思考和活动能力，按你对第一个问题理解概括出的方式进行。每一个模块都应该给学生按照你所设定的思考和行动方式进行训练的机会，并且通过你的反馈让学生看到自己向着你所预言的永久性变化前进的证据。

嵌入课程内容

你开始围绕带给学生永久性变化这一理念设计整个课程，显而易见，课程内容的功能也要相应变化以强化这一新动态。虽然具体内容本身与你采用传统教学的课程不一定有本质上的或数量上的差异，但 TBL 课程内容的选择和安排服务于更高的目标，即学生如何使用课程内容进行思考和活动。当你勾勒出最初的学习序列时，你已经设想了学生活动与课程内容之间的新型关系。随着学习序列的设计过程进一步展开，你需要继续思考你选择的内容将如何根据课程目标促进学生的思维训练。你需要牢记，每一个学习序列应该为一个或一个以上的目标提供具体而明确的支持。为此，我们提供若干个示例，介绍在 TBL 环境里组织课程内容的有效策略。

- 通过学科思维的指导原则
- 通过主题的思考方式
- 通过问题或学科内部的探究方式
- 通过塑造学科思维的视角
- 通过覆盖内容的主题
- 通过技能（专业技能、学术技能以及批判性思维）
- 通过不同环境（听众、顾客、角色、代理人）

这种内容组织的方法对过去依赖教材来安排内容讲解的教师会是一大挑战。然而，我们发现随着时间推移和熟悉度的增强，这样思考内容的方式对教师是一种解脱。这种思维方式让教师从暴虐的神话中逃脱，不再将面面俱到地覆盖所有内容作为课程的终极目标。以下是两例成功的课程设计方案，是我们从纽约州立大学奥尔巴尼分校的教师那儿看到的。

政治学："（美国）总统制度"

这门课程常规的教学方法是从华盛顿到奥巴马按时间顺序展开。我们的同事将这门课程转化为 TBL 课程时，他决定不将焦点放在围绕总统任职的关键问题上。而是将课程组成六个学习序列（本示例由明尼苏达大学莫里斯分校蒂姆·林德伯格提供）：

1. 创建总统任期
2. 总统成长和政党制
3. 总统的战争权力及引发的强烈反对
4. 开明政治和保守派的激烈反应
5. 现代总统任期的创建
6. 现代总统任期的困境

教育学："人类的特殊性"

这门课程通常是按主题组织的（反映了这一学科教材的组织方式），每天的课程或每周的课程集中阐释一种残疾，这样的课程大纲罗列出各种残疾的清单，对各种残疾概念之间的关系却没有总体感觉。我们的同事决定聚焦于教育系统（特别是教师）处理残疾现象的基本原则。于是她将课程编制为四个学习序列（本示例由纽约州立大学奥尔伯尼分校教师塔米·埃利斯-罗宾逊提供）：

1. 公正：合法、公平与协作
2. 诊断学：健全与残疾
3. 沟通与公平的体验
4. 文化与适应

使课程政策对应 TBL 原则

传统的、以教授为中心的课堂上普遍流行的观念是：完善学生行为就能促进学生更多地学习。其思路是，控制了学生的行为（比如，通过施压让学生来上课、记好笔记、关掉手机），你就能控制他们的学习。实施 TBL 则颠覆了传统的师生权利模式。一门最优化设计的 TBL 课程会利用学生学习过程本身来驱动学生改变行为。TBL 赋予学生很多责任，使他们受益成为成人学习者，与教师和同伴一起合作来掌握学科知识和实践。

我们提醒初次尝试的教师，采用 TBL 模式需要学生转变态度，虽然这一转变得到 TBL 行为准则和过程的广泛支持，却并不是必然发生的。以控制和强制为特征的传统课堂管理会削弱原本周密的课程设计和实施计划。学生如果发生认知失调，问题就会凸显。比如，当教师要求学生承担起更多的责任，而课堂环境依然受到严格控制，教师以权威的姿态进行干预、作出判断、给予奖惩。由此不可避免地会引发不信任和阻力，并将教师推回到警察的角色，学生未能承担起课堂责任，而只是应付规则和流程。

我们建议你花些时间重新思考一下如何营造新的课堂活力，关注课程政策的某些细微之处和课程大纲的语言表达。成功的 TBL 课程大纲以选择和产出而不是以指令和处罚向学生传达变化的预期。这往往意味着重新制定课堂政策以反映这一新模式。在采用 TBL 模式的初期，我们看到的课程大纲读上去常常像一连串的行为处方：缺勤者予以处罚！不做作业者予以处罚！上课不得打开手提电脑！上课必须关机！虽然这一切初衷都是好的，造成的结果却是学生幼儿化，从而他们的行为给教师带来问题。

TBL 课程每次在课上开展有意义、有挑战性的团队任务（应用活动）时，学生会非常忙碌，没有时间去捣乱。而且，学生感受到自己学有所得时（以一种对任务即时反馈的形式），他们的学习投入和主人翁意识会激发越来越富有成效的行为。如果你注意到学生经常走神或游离在学习过程之外，这表明你得重新思考课程设计、时间安排和团队任务管理了。此外，由于 TBL 课程是根据频繁的反馈精心组织的，学生们就会得到多次机会了解自己的行为是否可行从而获得成功。分阶段开展同伴评议和评价（见第 7 章）也非常重要，能确保学生有机会获得同伴的形成性反馈。对许多学生而言，对同伴负责是一种全新的体验，你会发现这是鼓励学生采取行动获得更多学习成效的强大工具。

实际的政策理念

我们要营造一种课堂文化，让学生成为掌握自己命运的行动者。为了达成这一目标，要求学生在第一天组成团队后就制定标准，用于期末成绩的同伴评价部分。建议通过一张幻灯片演示三至四条标准（按时到课堂、做好预习、尊重彼此的观点，等等），然后要求团队制定他们自己的标准清单，可根据各个团队的需要自行决定是否包括所演示的标准。各团队指派一位代表进入核心委员会，该委员会负责遴选出满足全班需要的同伴评价标准。这样做确保所有学生充分认识到同队队员对自己的期望。也赋予学生明确的责任：既可以根据需要在团队内部实施他们自己的政策，也可以不理会某个问题而甘愿接受相应的后果。如果他们对这个问题不予理会，那用不着教师来干预，因为这是学生自己作出的决定。同伴评价是 TBL 的一个基本工具，给学生权力去影响自身的行为，而不是非得依靠教师的权威。

如果 TBL 课程组织有方，那么学生的出勤和参与都不需要密切监控或严格打分。我们建议消除与学生学习产出不相关的分数构成要素。出勤分和一般意义上的参与分在无意中将教师独断专行、越俎代庖的影响传达给学生。作为权威人士，如果我们以学生的行为而不是实际的产出来评价学生，那么传递给他们的信息就是，分数反映的不是学生的学习质量而是学生与我们的关系。在任何情况下，基于行为的分数构成要素都是多余的，因为团队会让队员们共同担负起责任——否则就得承担相应的后果。

同样道理，我们有必要去除与“坏行为”直接相关的惩罚性的分数构成要素。所谓的“坏行为”包括翘课、课堂上用手提电脑、教师讲课时学生插嘴等。TBL 课程应该改变政策和评分在你课程中相互作用的方式：分数不是教师掌握的武器，而是为学生多提供一个学业反馈的工具。

最后，改变课堂文化有可能仅仅需要简单的语言表述的改变，而课堂政策本身没有实质性的变化。下面这个典型例子就是教师以权威自居制定的课程政策：

> 迟交作业，按每迟交一天降一级给予处罚。

此例中，学生迟交作业的决定被视为罪行，教师予以强制处罚。这样的政策就像书面掩饰学生已经做出的糟糕的选择。我们再将这一例子与下面的例子做个比较，两者没有本质上的区别，但在塑造学生的行为和责任心方面完全不同：

> 关于这篇论文，学生可以选择递交的时间。4月3日递交，有资格获得100分。4月5日递交，有资格获得80分。4月5日之后递交，可获得反馈但有可能得0分。

以上两例中，迟交作业两天，得到的成绩完全相同；但在后一例子中学生选择明显驱动全过程。

我们已强调要仔细斟酌课堂政策和课程大纲的语言表述，这有助于为师生关系定下基调。无论是告知课程内容、描述教学方法，还是设计和实施有关学生行为的课堂政策，每一次学生与教师和课程的接触（当面的或书面的）都应该显示学生的作用，都应该有效地支持学生成为学习体验的主人。

现在你已经准备就绪，开始为课程制定计划。一旦你制定好课程大纲，包含了若干个预设的模块，明确了评分作业和测验的具体日期，我们鼓励你集中精力细化第一、第二个模块，先不要把大量时间花在后面的模块上。根据你打磨第一、第二个模块的经验所得，后面模块中的大部分内容必然需要修改。随着你对课程节奏及各要素所需时间的把握越来越了然于心，你会发现，那些初期经验将直接提高后期学习序列设计的质量和效益。

TBL是一场旅行，而不是一套自生自灭的技巧。如果你在规划和体验你的课程过程中能坚持这一观点，你就能避免沮丧感和挫败感。关注过程中的每一个当下。观察学生对你课程设计的反应。最成功的TBL教师知道如何精心设计，启动进程，然后退后，在课程设计逐步实施的过程中静观和聆听学生。你已经组建起一个学习社群，而且现在你也是其中一员了。

第三章 完整的课程体验

关于 TBL 如何操作，阅读相关文献是一回事，直接听取那些实践者的体验却是另一回事。本章将揭示实际的 TBL 对教师来说到底是怎样的体验，这样你就能更好地了解如何好好启动 TBL 课程，如何在课程中成功开展各个模块的学习，最后又如何最高效地结束这种学习体验。图 3.1 对本章所概述的典型 TBL 课程结构作了说明。

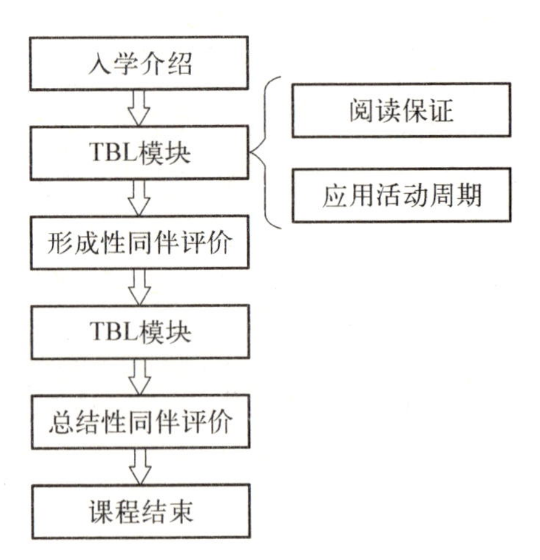

图 3.1　典型的 TBL 课程结构

启动 TBL 课程

你如何启动课程，如何引导你的学生，如何对学生的提问作出反应，这一切都会影响你和学生的 TBL 体验，无论是积极的还是消极的。

让学生有备而来

用心铺垫让学生进入状态，这对你和学生获得更顺利、更愉快的 TBL

体验大有帮助。你如何启动 TBL 模式——具体而言，你如何定基调，如何引导学生——会决定学生对 TBL 的接受度和满意度。上课前，你应该花些时间好好梳理关于使用 TBL 的理由和对精心准备好的 TBL 的理解，确保你能够回答学生看似简单的问题："你为什么要用 TBL?"当你真正理解了自己用 TBL 的理由，你就能更好地与学生沟通，让他们明白 TBL 课堂如何展开以及 TBL 将带给他们的学习何等巨大的裨益。如果你没有帮助学生正确定位，或者你没有使他们确信使用 TBL 的价值所在，那么你就会面临学生们越来越强烈的抵触。

上课一开始我就作了很多解释，因为我知道大多数学生有过糟糕的小组学习经历。首先，我很坦率地告诉他们："小组学习有可能会非常无效且令人不快。我自己就有过这种经历。那么小组学习存在哪些问题呢?"于是我在白板上列出他们在小组学习中经历过的陷阱。然后逐个点评："那个问题，我们可以用这种方式处理"或者"TBL 用这种方式处理免费下载问题"或者"你们不必担心会有课外作业，不必担心时间安排问题，因为 TBL 课程所有的团队任务都在课上进行"。(爱德华王子岛大学，文学，布伦特·麦克莱尼)

要让学生的 TBL 体验有个良好的开端，你需要达成三个目标：

1. 学生必须对 TBL 的教育价值深信无疑。
2. 学生必须确信 TBL 体系能处理他们对小组活动的许多合理的关注。
3. 必须让学生了解与 TBL 相关的具体的课堂流程。

任何 TBL 课程，在第一堂课上完成以下三项任务就能帮助你实现上述目标：

1. *介绍 TBL*：介绍 TBL 方法，阐明为什么 TBL 能很好地服务于学生，然后处理学生对团队合作的所有担忧。
2. *组成团队*：如果是小班，你可以当堂完成团队组合；如果是大些的班级，向学生解释你组队的方法和时间(一般采用在线调查)。
3. *尝试 TBL*：让学生体验一下模拟的准备工作保证流程和应用性活动。

我给他们一篇关于当今世界信息的文章，我认为他们会有兴趣。他们读着文章，其他学生排队进入课堂，我开始自我介绍。我们讨论了一会这篇文章。他们希望马上能贡献自己的想法。然后我们很快组成团队，接着需要给团队取名，这个我不给他们很多时间。接下来他们用 10 分钟阅读课程大纲，然后他们首次做了个体准备工作保证测验和团队准备工作保证测验。他们一下子投入进来了。(纽约州立大学奥尔伯尼分校，信息素养，特鲁迪·雅各布森)

我介绍 TBL 时提出的理念是，TBL 是课堂通往现实世界的桥梁。第一次介绍得过于详细，到实践的时候，大家一脸茫然，已经忘记了重要的部分。我做了反思，再次介绍时，我会先做一下 TBL 概述，再重温各个重要部分。我会谈到团队学习一般比个别学习更胜一筹。针对学生担心自己的团队无法做好任务，我也会作明确回应。我一开始就向学生明确告知这些情况，充分披露信息，让学生知情同意。我们做第一个团队准备工作保证测验时，不设评分。我会说："好吧，我要你们想想在哪些情况下，团队合作比单打独斗效果会更好。"大多数学生会说："是呵，团队合作时做得好多了。"然后我分几次对测验进行反馈。(匹兹堡大学，社会工作，莉斯·温特)

离开学还有几天，我给选我课的所有学生发去邮件，提醒他们开学第一天就有课。第一次上课，我花了几分钟解释了团队合作学习及开展的理由，并介绍了“高阶思维”和“批判性思维”，他们听说过这些术语却缺乏真正的理解。接下来的时间，我们就实际练习了一把团队合作学习。我发现第一天的TBL活动如果成功的话，他们就会接受，他们就会参与。（肯塔基大学，社会学，珍妮特·斯塔马泰尔）

任务一：介绍TBL

TBL要迈出正确的第一步，这点特别重要。多年来，学生们学什么，什么时候学，什么时候考试（相当于把学到的还给教师），这一切都是由他人安排的。因此，他们未必乐意接受从被动学习变为主动学习，或者说从“教师负责我的学习”变为“我为自己的学习负责”。有些学生听到你宣布会广泛使用团队学习，心里会很不高兴。如果TBL在最初几次上课运行出现失误，本来就心中不快或心存疑虑的学生就有了抱怨的理由。安排一些预设的活动或介绍性的活动，有助于得到学生的支持，至少他们会安静地容忍向TBL的转换。无论在课程中采取哪种教学方法，总会有小部分学生不高兴。TBL也不例外。但到课程结束之际，大多数学生都能理解TBL的价值，而且许多学生显然是充满热情的。

你自己必须对使用TBL模式有明确的认识、信念和信心。教师放弃通常的被动式讲授而改用别的教学方法时，如果自身不是完全确信其基本原理，很快就会被学生看透。因此，你需要花时间研究TBL文献以便于充分理解TBL的各个要素是如何各司其职又相辅相成的，而TBL流程中每一步的设计是为了实现哪些教育目标。如果你自己缺乏清晰的思考，学生们能感觉到。这会激发那些心存不快的学生表达异议，要求维持原状，抵制引进新的方法。

在向TBL过渡的过程中，学生会面临很多问题，教师同样也会。有些学生可能不太确信自己作为学习者的自我效能。有些学生将教师奉为终极权威，认为与能力较弱的同伴对话是浪费时间。有些学生有生以来在传统的教师为中心的课堂上一直得心应手，在“填鸭式”的学习模式中变得训练有素，他们会对“游戏”规则的改变深感不满。所以，你必须要照顾好学生，因为他们刚刚置身于以学习为中心的课堂，他们突然必须为自己的学习负责，更甚之还得为队员的学习承担起部分责任。

第一次教TBL课程，对我来说是全新的感觉。我跟学生说这学期会非常不同于以往，我会使用团队合作学习模式。我尽可能全面地介绍了TBL的过程，但做到不让学生们淹没在信息海洋里，因为TBL差不多就是一个现场体验。我决定不过分兜售TBL这一非常重要的现象，而是告诉学生我用TBL的原因。我告诉他们TBL会使他们更好，也符合我的教学策略，他们会在实施过程中成为更好的临床医师。第一批学生给了我很多负面的反馈。我作出回应，调整了个体准备工作保证测验的难度。几名学生骨干把我堵在办公室，抱怨“阅读量太大”，“测试题太烂”，“我们在自己教自己”。但我坚持我的立场。第二批学生就没有抵触了，他们喜欢团队合作学习。得知这学期我教的特殊班级不使用TBL，他们非常失望。当然，这是第二批学生。第一批学生完全不同。

我也非常赞同TBL并不适合所有的教师。教师要愿意放手，愿意时不时地去挑战，结果证明尝试TBL是值得的。（基督复临健康科学大学，职业治疗，荣·卡森）

展示准备工作保证测验的分数(如表 3.1)会非常有效,尤其是展示同一门课程以前开课时的数据。表 3.1 中的数据采自一门二年级的力学工程设计课程,是六次准备工作保证测验的平均分。如表所示,得分最低的团队(93%)仍然胜出全班最高得分的个人(91%)。根据这门课程四年的数据分析(80 个团队的 501 位学生),只有一位学生胜出班里得分最低的团队,没有一位学生的成绩高于他/她自己的团队。团队胜出个人最高分的平均差是 14%(四年数据平均下来的最小差是 5.5%)。这些结果很有说服力,证明了 TBL 的力量,是 TBL 的常态化现象。要宣传 TBL,除了开课之初展示这些结果外,有些教师也在学期快结束时展示,用来强调 TBL 的积极成效。

南澳大利亚大学的彼得·巴朗讲述了自己如何使用和表格 3.1 类似的数据:

表 3.1　比较了典型的个人与团队的预备保证测试分数,表明最低的团队分数也会胜过最高分的学生

团　队	个人成员得分(%)			团队得分(%)
	低分	中等	高分	
1	62	73	87	97
2	66	78	86	97
3	65	70	85	94
4	74	77	83	98
5	56	74	85	97
6	64	79	83	98
7	68	77	79	94
8	71	79	85	98
9	55	75	81	94
10	54	70	91	97
11	70	77	88	96
12	55	72	78	93
13	54	70	75	96
14	66	82	88	98
15	64	78	85	97
16	68	80	89	95
17	55	75	84	95
18	59	80	89	95
19	57	73	82	96
20	60	78	83	97
平均	62	76	84	96

我用让学生实际体验的方式介绍团队合作学习模式。他们经历 TBL 的各个阶段并使用所有的资料。然后我向他们展示了开设过的 TBL 课程的准备工作保证流程的完整结果,并问他们:“这个信息说明什么?”过了一会儿,有人回答说团队分数总是高于个人分数。(南澳大利亚大学,商学,彼得·巴朗)

在英属哥伦比亚大学开设第一门 TBL 课程时,初期我们犯过一个错误:第一学期,我们没有在上课的过程中反复强调使用 TBL 的理由。我们没有意识到这样会给学生太多的空间表达对新方法的不满。倾听学生当然很重要,但应该预期到他们的抵触心理并积极地予以处理。我们的确在开课第一天帮助他们了解 TBL 的基本原理以及课堂操作过程,但整个一学期,我们没有对 TBL 的基本原理再作回顾。这似乎激发了一小部分心存不满的学生表达对抗。现在我们经常回顾 TBL 的基本原理并对他们完成的教学活动进行分析,指明教学过程中的学术收获。

做些准备的确大有帮助

每一次上课你都应该精心组织,但目前看来,开课第一天是最重要的,不管好坏,应该为整个课程定下基调。你必须非常细致深入。提前打印并校对好所有的材料;制定周密的课程计划;可能的话,开课前去教室实地查看了解一下布局。你需要计划一下,何时以何种方式构建团队以及如何开展指导性活动。让学生看到,你教学安排有序,对 TBL 做了精心构思。相对于常规的讲座式课堂而言,在以非传统方式开设的课程中,包括 TBL 课程,学生对教师准备不足的容忍度要低得多。

即便是准备充分的课程,在开展解决问题的活动之初,学生们开始真正应对问题时会有心理不适,因此很容易将不适的源头再次聚焦于教师缺乏准备,将挫败归咎于教师。我的一位同事每年都会收到学生的反馈,希望他将教学安排得更有条理些。这令我感到困惑,因为他是我接触过的最有条理的教师。我推测这些反馈来自某位心理不适的学生,企图将问题归咎于他人。教师的职责不就是让学习容易、有效并且毫不费力吗?一旦我们改变参与规则,学生就会有理由抱怨。

要仔细计划好 TBL 课程开课的第一天。帮助学生操练你的教学方法,热情洋溢地向学生介绍 TBL 带来的各种学习机会以及与专业实践和职场的关系。你应该承认,大多数师生都有过不愉快的团队学习经历,一定要向学生们解释,TBL 经过设计减少或消除了团队合作中的许多困难。

任务二:组建团队

组建多元化的团队是必不可少的。开课之初,班级花名册处于不断变化中,TBL 教师会推迟到加课/退课期后再组建团队。考虑到学期之初学生流动性大,七个左右学生组成一个团队,可以有一些缓冲。如果顺利的话,团队人数仅仅略有缩减,但是如果团队人数缩减到五人以下,你很可能得做些调整。第 5 章将更充分地讨论团队组建。

任务三:让学生尝试 TBL

第一天上课,我们也要向学生介绍 TBL 的操作流程,因为这可能是他们第一次体验 TBL。我们要向他们展示 TBL 的确非同寻常。我们要描述的不仅仅是整个过程如何展开,还有过程中每个阶段的教育价值。有必要让学生明白,整个 TBL 过程如何满足主要课程目标,如何帮助学生学会用课程内容解决相关问题。解决问题的能力是重要的职场技能,而 TBL 课堂为学生在支持性环境下学会这个技能提供了机会。

许多教师在开课第一天安排了模拟的准备工作保证测验和应用活动。模拟的准备工作保证测验有时候是基于课程大纲、简短的 TBL 讲义材料或者与课程相关的短文。使用与课程相关的文章能让学生直接潜心钻研课程材料,这实际上宣告这门课程将不同寻常!在开始模拟测验前,学生们往往会有一小段时间阅读和复习课程材料。我们会明确告诉学生这些定位性活动不设评分。跟真正的准备工作保证测验一样,学生们先各自单独参加测验,再作为团队一员参加同样的测试。

在模拟准备工作保证测验之前和之后,你应该解释清楚这个测验要帮助学生完成的任务。特别要告诉学生这个测验是为他们完成接下来的应用活动做准备的。可以强调一下准备工作保证测验的操作流程,特别强调通过学生之间的对话,可以将个人有限的理解进一步拓展和深化。

准备工作保证测验后,你可以向学生介绍应用活动。有两种介绍的方法。有些教师会给学生一篇涉及课程相关问题的精辟文章,然后基于文章开展活动。而许多 TBL 教师用全国教学论坛新闻通讯文章中的加里·史密斯(Gary Smith, 2008)的活动“开课第一天如何提问:适用于学生为中心的课堂”。

针对应用活动,可以这样向学生提问:“考虑一下你想从大学教育和这门课中收获什么,以下哪一条最为重要?”

1. 获取信息(事实、原理、概念)
2. 学会如何在新情境下利用信息和知识
3. 培养终身学习的技能

在我们自己的课程中,我们通常给团队 3~5 分钟时间讨论,获得团队一致认可的最佳答案。教师分发 TBL 表决卡。然后我们要求各团队一边举着表决卡一边汇报各自的决定。接下来,我们组织全班大讨论,对比分析各个团队的决定。我们非常喜欢这个活动,因为它向学生展示了应用活动流程机制,不同学生对有效的课堂学习的不同理解也清晰地呈现出来。这个活动有一个很好的拓展方式(Smith,

2013)。活动收尾时,要求学生回顾一下教师所列的三个问题,思考其中哪些能在课堂上更好地实现,哪些通过个人学习就能实现。学生们会很快将"获取信息"确定为可以自己解决的事情。然后你可以带领学生重温一下 TBL 的形式,指出这正是 TBL 的组织构建:他们先自己获取信息,再到课堂上一起学习以达成应用能力和终身学习技能之类的高阶目标。

对学生的抵触心态有所预期

由于大多数学生有过糟糕的团队合作经历,你需要花时间回应他们的关切,让他们解除疑虑,确信实施 TBL 过程中不会遭遇同样的问题。你需要向他们表明,TBL 课堂所设计的责任制可以管控好功能失调的团队行为。然而,问题不在于"学生会有抵触吗?" 而在于"什么时候爆发抵触以及会抵触到什么程度?"在向以学生为中心的教学转变过程中,学生得为自己的学习承担责任,这令他们心理不适。一旦他们感到不适,就会抱怨,并且可能有意无意地让教师也感到不舒服。因为你正在转换角色,试图成为学生学习的推进者、向导或顾问,所以一开始你很难找到平衡。虽然你迫切地想让学生安心,但切记你的首要目标是帮助他们学习。上课之前花些时间考虑一下如何应对这些挑战还是值得的。要做好规划并对 TBL 保持信心。

根据我的经验,来上课的大多数学生都有过被团队合作弄得焦头烂额的经历。因此,他们对 TBL 的理念心存抵触。对于这一挑战,我首先让他们表达自己的疑虑。我们合作制定出一张双栏的图表,分别列出正方和反方的观点。学生们总会给出一长串的意见:"团队里有懒汉","都是我在忙乎,其他人无所贡献","找不到大家课外碰头的时间","有些队员太积极,有些太被动"。接下来出现了正方意见:"团队产出更好的解决方案","学生学会了怎样合作","团队学习更有趣、更有吸引力","学生学会了沟通","雇主需要团队合作技能","能培养生活技能,真棒"等等。一旦大家厘清了团队合作的利弊,我就必定会回应他们的关切,阐明 TBL 不同于他们以往的小组活动经历,TBL 的目的是让学生最大化受益,把弊端减到最小。(爱荷华州立大学,兽医临床病理学,霍莉・本德尔)

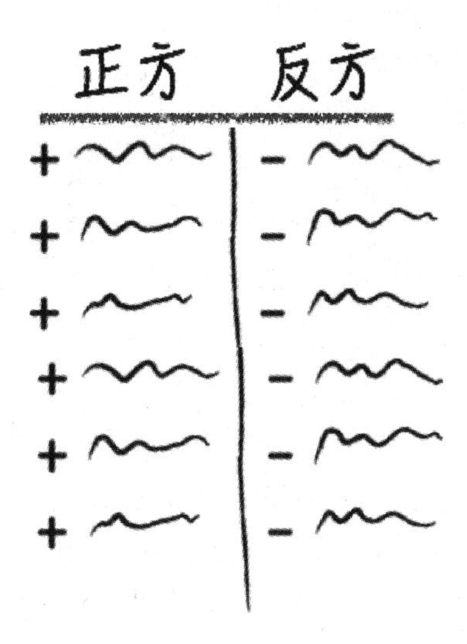

开课最初几周,学生抵触情绪很强,直到他们意识到自己学到了很多。(明尼苏达州立大学曼卡多分校,化学与地质学,玛丽・哈德利)

我预感到他们会觉得所有的工作都是他们在做,而教师啥都不做,所以我向他们强调教师的角色跟传统的角色相比会有多么不同,教师现在的责任是什么。结果,我没有受到阻力。(普利茅斯大学,健康教育,珍妮・莫里斯)

如果你精心设计一场 TBL 培训,(1) 有效地介绍 TBL,(2) 公正透明地组建团队,(3) 给学生提供尝试 TBL 的机会,这是你在确保学生接受 TBL 课程和获得成功的路上迈出了重要的第一步。

课程进展中期

TBL 课程的整体结构包含了准备工作保证、应用活动以及同伴评价，随着模块的一一展开，会产生增强和滚动效应。TBL 启动之初，精心规划至关重要。随着课程节奏的增强，你的经验日渐丰富，你会获得更多的时间放松并享受即将发生在你周围的所有学习。

芬克（Fink，2003）的城堡顶简图对构思学习事件很有用，因为它贯串模块全过程。在一堂有代表性的课程中城堡顶简图鼓励教师考虑将课堂内外活动协同联系形成综合性的、有意义的学习体验。城堡顶简图用于典型的 TBL 课程（见图 3.2）与通常的简图略有不同，理由有两点：随着模块的展开，TBL 的活动复杂性增强；解决重要的、相关的问题的艰巨任务首先是由团队在课堂上进行的。

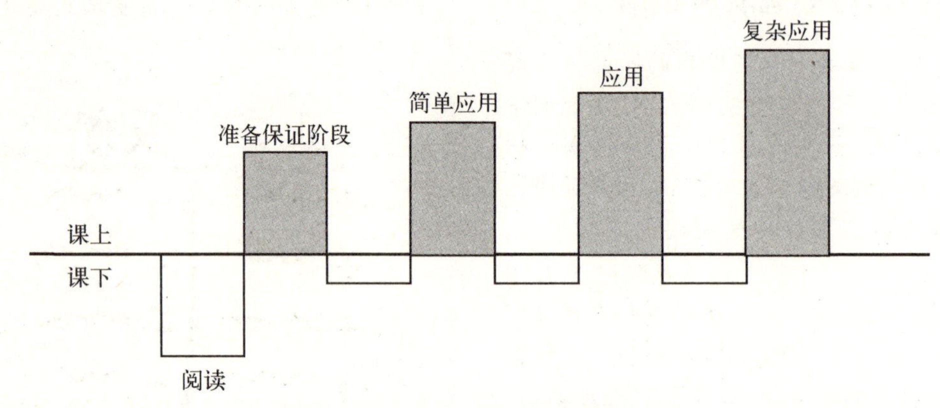

图 3.2　团队学习课程进展周期堡垒图

下面这一节将描述一个为期 2 周的 TBL 模块原型。就本示例而言，我们假设这门课程每周碰头两次，共 90 分钟（2 周碰头 4 次）。课程形式的确千差万别，在你课上，可以一周碰头一次，每次 3 小时，或单个独立的碰头。但无论怎样，基本原理是一样的。我们为这个为期 2 周的模块原型做了这样的安排：第 1 天安排准备工作保证流程，第 2 天和第 3 天开展应用活动，第 4 天以顶点活动圆满结束模块。每个模块结束时都要为学生启动下一个模块做好准备。

模块之初

模块开始后第一次课的目标是完成准备工作保证流程。（准备工作保证流程的具体课堂安排将在第 6 章讨论。）在备课时，你需要为每位学生打印一份准备工作保证测验卷，准备一份个体准备工作保证测验的答题表（纸笔形式的或答题卡形式的都可以），为每一个团队准备一份即时反馈评估技能（Immediate Feedback Assessment Technique，IF-AT）表，打印一份质疑表，然后将以上材料装入团队文件夹中。

有必要对文件夹做最后的检查，确保即时反馈评估技能题答案与测验题答案相一致。最糟糕的事是忙乎了好久却发现测验题答案与评估题答案不相匹配。我曾经出过这样的岔子——*非常*不安。千万别让这种事发生在你身上！

现在你已准备就绪，可以出发了。

模块之中

准备保证流程之后，通常你会把大部分的课堂时间花在应用活动上。这些时间主要用于组织团队开展活动。你的作用大致涉及介绍活动、引导学生汇报和讨论以及为活动收尾。与第一天模块启动时一样，准备工作是成功的关键。每次上课你都打印好提供给学生的资料，比如要解决的问题和工作表。如果要向学生演示应用活动，提前准备好幻灯片投影幕。你还需要准备好一些必需品供学生汇报应用活动的讨论结果，包括表决卡、白板、翻转图、工作表之类。如果你以前开展过这类活动，你需要重温一下当时的课程计划和笔记。

德怀特·D·艾森豪威尔有句名言："计划一文不值，制定计划的过程才是一切。"这话很大程度上表达了这样的意思：你当然要精心计划好教学活动，但是活动实际上如何展开，你是写不出来的。学生掌控着自己的学习。你的任务是为他们的学习创造最好的条件。你可以好好利用 the Set, Body, Close lesson-planning model(见第 7 章) 来构建一切，从个别活动到全班活动无一不可。

值得记住的是，TBL 并不意味着教师从头到尾没有讲授。少量的、适时的、合理的讲授是需要的。学生们意识到自身的知识缺口造成团队合作停滞不前时，自然而然想寻求你的帮助。此时插入简短的讲授是绝佳时机，可以帮助学生进步。但此时并不是允许你长篇大论地演讲，而是让你根据学生的问题或他们理解上的重大遗缺提供短小精悍、有针对性的说明。

模块之尾

模块结束前，倒数第二项活动或最后一项活动往往是在学生已经完成的基础上将问题的解决方式推向全新的水平。随着模块即将收尾，有几件事你必须力争完成：帮助学生反思学到的一切；帮助他们理解如何将所学内容与课程后续内容以及学科相结合；最后，指导他们为下一个模块做好准备。你可以向学生们强调一下，如何准备得更充分，如何预览后续那些令人兴奋的活动。

课程结尾

一段学习体验结尾时，学习者需要回顾他们所学的一切，TBL 课程的学习者更是如此。学生们会觉得 TBL 课程短斤缺两，因为他们没能留下一大堆笔记作为他们"学习"的书面记录。他们关心的是自己究竟学到了什么，接下来该学些什么才能应付考试。他们变得焦虑不安。对此，我们可以用强化的方式让学生印象深刻地结束课程，赋予他们更有价值的学习体验。

令人印象深刻的结尾必须包括以下四点：

1. 总结所学的一切。
2. 提醒学生该如何运用所学的一切。
3. 认可他们的进步和努力。
4. 抵制诱惑，不引入新的资料。

结尾环节可以设在一项活动、一个模块或一门课程的末尾。模块和课程的结尾环节需要更为详细的计划和实施。结尾环节应该帮助学生齐心协力融为一体，赞赏他们已经学到了许多。让我们仔细考察一下结尾环节的各个要素。

总结

结尾环节开始时，你可以概括一下所学的东西，并尽量整合为一个个有意义的专题。强调主要的亮点。你可以要求学生反思学到的东西并找出最为重要的两到三点。

> 这天结束前我会做结束反思。下课前，我会说："我要每一个团队说一下你们觉得今天最大的收获是什么？列出三件最主要的事。"有时候他们得苦思冥想。他们得巩固知识。他们对此感到有些意外。直到他们对所学的东西做了反思，我才会同意他们离开教室。(德克萨斯大学医学院，医学，露丝·莱文)

有用的知识

你应该一直努力帮助学生看到所学内容的价值。教师往往在活动一开始介绍学习相关知识的价值。活动结束环节则是回顾和强化这些价值的机会。可以用到这些问题：学生将怎样运用所学的一切？他们能用学到的一切做些什么？学到的这些东西是为什么做准备的？

认可进步与努力

学生修读 TBL 课程必须非常刻苦。他们面临的挑战是做出艰难的决策并为捍卫自己的思考进行公开的辩论。不是每个团队每次都有机会演讲的，你得让他们知道你很欣赏他们的努力。你可以这样表达："谢谢你们今天的表现"，"这场讨论很成功；真棒"，"今天的课我真的很喜欢"，以此鼓励学生持之以恒地投入和努力。

不追加新的资料

你或许已经结束了应用性活动。学生们也已经完成了团队讨论，而且几乎涉及所有要点，但其中有几点做得不理想。你现在需要作出一个艰难的决定。你会为了补上具体的细节而冒因小失大、埋没要点和重点的风险吗？没有标准答案回答这一问题。你要不断问自己，"关于学生学习，最为重要的究竟是什么？"

设想你组织学生开展一项活动，希望通过它让学生掌握三个要点。在结束环节如果你介绍某个遗漏的细节，可能会分散学生对你希望他们掌握的那三个要点的注意力。你需要扪心自问：对讨论中的疏漏之处作补充介绍，会加强学生的整体学习效果还是会分散他们对要点的记忆力？有时候有的遗漏点我们需要强调，有的则不需要。遗漏总让人感到不满。但是还是那句话，我们必须做最有利于学生学习的事。如果遗漏的是非常重要的信息，我们就需要拾遗补阙。这取决于教师的判断。

圆满结束活动

一个活动序列结束之际，你应该帮助学生对各项活动进行回顾并反思，使得他们的学习收获更显突出。许多教师用一分钟问卷调查(Angelo & Cross，1993)帮助学生反思学到的东西。教师收集学生对一些提示性问题的书面回复，如"今天学到的哪三点最重要？"或者"你学到了哪些出乎意料的东西？"引导学生反思可以巩固他们学到的知识。我们应该确保活动结束环节不仅强化了已学的知识，而且也对其在整个课程或学科中所起的作用有清晰的定位。

圆满结束课程

下面的活动很简单，能缓解学生对学习成效的担忧。你可以做一个头脑风暴活动，重温整个课程和所有活动，让学生一起完成长长的清单，罗列出合作学习所收获的一切。

用白板示意图记录讨论

我们可以借鉴案例教学中的妙招。在汇报讨论环节，采用案例教学的教师经常会预先酝酿一个白板示意图来记录学生的意见和想法。教师在备课时会生成一个概念图或信息图，呈现重点及其相互间的关系。教师能预见到信息图最终的样子，因而在学生做汇报讨论时，他/她会把学生的意见或想法集成群或列成表。刚开始学生可能并不清楚教师为什么用这种看似随意的方式记录他们的意见，但当教师加上圆圈、箭头和其他强调符号，这最后一步让学生对其中的价值恍然大悟(见图 3.3)。在 TBL 课程的结束环节可以采用这个方法有效地强化要点及概念之间的重要关系。你最初描绘的是白板示意图，最后形成的是一张完整的信息图，一张可以发给学生的信息图。你可以抄录下来或让学生拍摄下来，然后下次上课时与学生们分享，也可以通过邮件发送。你可以用白板示意图来结束 TBL 活动、TBL 模块或整个 TBL 课程。这些策略可以让学生看到自己学到了很多而感到安心，大大缓解焦虑感。

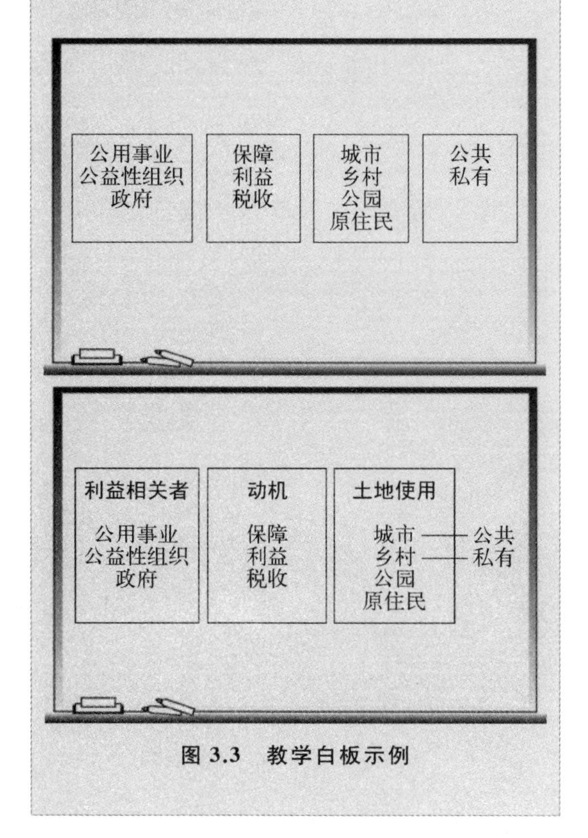

图 3.3　教学白板示例

局部融入整体

在任何学习体验结束时，我们应该始终抓住机会帮助学生将所学的内容放在较大课程和学科背景里考虑。传统的课程遵循“从局部到整体”的课程模式，教师逐一详细讲授，最后再揭示具体的各个部分如何融合于整体之中。这样的讲课被证明是无效的（Bransford & Schwartz，1998）。无效的原因在于，学生还没有形成整体的理解，能够将活动中学到的所有细节组织起来。从局部到整体的方法迫使学生采取死记硬背的策略，因为他们没有足够的背景信息将零碎的知识组织成更强大的体系，更好地支持自己检索知识、解决问题。

相比之下，“从整体到部分到整体”的课程模式要有效得多。这种方法的不同之处在于，首先让学生了解课程概念的整体组织结构，然后再进行细化，最后将具体的各个部分重新融合到整体中。由于学生从一开始就有了整体感，他们学习具体内容时就能更有效地存储这些细节。

帮助学生反思团队活力

让每个团队发挥各自优势并落实好责任机制，这样就不需要教给学生关于团队动力方面的知识。大多数 TBL 教师从不涉及这个话题。但是在课程结束时你有机会问学生一个有趣的问题：“为什么大家做得这么好？”当我们帮助学生反思 TBL 课上发生的一切时，我们可以帮助他们理解 TBL 模式的价值。

收集信息以改善下一轮开课

许多 TBL 教师结束课程时会通过问卷调查来收集学生对课程和学习体验的反馈。研究人员开发出一些有效的工具用于实施这些问卷调查（Mennenga，2012）。大多数的工具采用问题清单帮助我们了解学生对 TBL 课程的态度、看法以及对课程体验的理解。比如：

- 你喜欢 TBL 模式还是讲座模式？你的理由。
- 你认为 TBL 模式有益于还是有碍于学习？体现在哪里？
- 关于课程改进，我的建议如下……
- 在学习 TBL 课程的过程中，什么时候你最为投入？哪些活动激发起最佳学习状态？
- 在学习 TBL 课程的过程中，什么时候你最没有兴趣？

反思本轮经历，规划下一年课程

课程结束时调查问卷的结果、条目分析

(见第6章)以及关于准备工作保证测验和应用活动的反思笔记,这些都为你改进课程提供了所需的信息。随着课程的逐步展开,你应该在测试和活动前后都做反思笔记,包括哪些测验和活动是有效的,哪些是无效的,时间安排问题以及其他相关反馈信息。课程收尾时,建议花一些时间完成这个反思过程以改进来年的课程。

第四章 请出示证据

卡拉·A.库比兹

如果你想说服自己或说服他人相信 TBL 的影响力和优势，那么本章适合你。关于 TBL 功效的信息十分丰富，本章从已有的教育文献中概括出有关 TBL 原理和操作的证据；本章也从文献中归纳出新接触 TBL 的师生的典型反应以及减少负面反应的策略。

关于 TBL 我们已经了解到，学生提前准备就绪，教师不需要讲授，上课时间空出来让学生解决问题。但这真的可能吗？我初次读到 TBL 的介绍时也思考这个问题。我亲身体验并查阅教育文献，进而确信这些高端的目标不仅仅有实现的可能而且实际上并不困难。

然而，要实现这些目标，你需要先做家庭作业！你得收集证据，构建理论基础，说服你自己和同事，最重要的是说服你的学生，让大家都相信使用 TBL 的种种好处。本章将帮助你对如何实施 TBL 和为什么说它行之有效及对课堂学习有什么预期有所了解。我们对 TBL 的理解和期望都是建立在教育文献的基础之上的。

熟悉各种学习理论，也可以为你提供强大而合理的解释，阐明 TBL 得以成功实施的理由。简而言之，了解一下奇克林和加姆森（Chickering & Gamson，1987）关于好教学的原则，或者熟悉一下维果茨基（Vygotsky）、布鲁纳（Bruner）、佩里（Perry）和祖尔（Zull）的学习理论，都会让你更胜任 TBL 教学。

关于 TBL 教学，教师必须能够回答三个基本问题：

- 为什么要改用 TBL 教学？
- TBL 教学有效吗？
- TBL 教学为什么有效？

我们也要认识到在 TBL 课堂上将会出现哪些情况。其中包括：

- 教师对 TBL 会有哪些反应？

- 学生对 TBL 会有哪些反应？
- 如果有负面的反应，能否将反应减到最少？

为什么改用 TBL 教学？

我大约在 8 年前改用 TBL，希望使课堂更具活力和互动性。TBL 听上去能实现这样的课堂氛围，事实上也的确做到了。关于教师为什么改用 TBL 教学，教育文献提供了一些真知灼见，包括不满于讲座式授课、不满于小组项目以及向往批判性思维技能的开发。

不满于讲座式授课

教师出于对讲座式授课的不满而改用 TBL 教学，这或许是意料之中的（Clark, Nguyen, Bray, & Levine, 2008；Dana, 2007；Letassy, Fugate, Medina, Stroup, & Britton, 2008）。我也对讲座式课堂缺乏学生参与感到不满。克拉克等（2008）对这种情况做了很好的表述："虽然我们做了努力，让讲座式课堂更活泼，或者使用了更多的音频、视频资料，但学生往往仍然很被动，不参与。"（第 112 页）我也遭遇了同样的情况。我尝试了各种技巧来吸引学生参与（包括案例教学、自由讨论和问题引导式讨论），但收效甚微。同样，莱塔西等（Letassy et al., 2008）在谈到改用 TBL 教学的动因时，提及了"学生对讨论和活动的准备情况和参与度参差不齐；使用材料的机会时多时少，不稳定；还有讲座式课堂上教师很难让学生对材料保持兴趣"（第 2 页）。许多教师发现讲座课强调"内容和信息的覆盖"，因而留给学生运用信息的时间非常有限。这一发现在德纳（Dana, 2007）那儿得到了呼应："我之所以不满于讲座式授课，是因为大部分的课堂时间花在了重温课本中的基本概念上，而不是探讨课程材料的内涵和应用。"

不满于小组项目

实施 TBL 之前，我期望用小组项目给学生提供相互合作、用课程材料解决问题的机会，这是学生迫切需要的。然而，学生的参与度并不高，小组在解决问题方面似乎没有产生预期效果。这种情况下，很多教师改用 TBL 就不足为奇了，因为他们不满意现在采用的小组和小组项目（Dana, 2007；Nieder, Parmelee, Stolfi, & Hudes, 2005）。德纳（Dana, 2007）回忆说："我多次尝试凑成临时小组让学生参与到更深入的概念探讨中来，但我并不满意。"德纳还认为："小组往往是无效的，因为只有几位学生会仔细、充分地阅读，不至于在肤浅的水平上讨论问题。"（第 63 页）同样，尼德等（Nieder et al., 2005）注意到，"设置小组活动，目的是通过案例问题来复习解剖的内容，但一直受困于到课率低、学生预习情况参差不齐、小组解决问题成效不稳定等"（第 56 页）。如这些引文所示，我在使用 TBL 之前的小组项目经历有一定的代表性，这种经历导致教师们改用 TBL 教学。

向往批判性思维技能的开发

教师与雇主一样希望学生学会批判性思考（Andersen, Strumpel, Fensom, & Andrews, 2011；Clark et al., 2008；Dana, 2007；Letsassy et al., 2008）。安德森等人（Anderson et al., 2011）改用 TBL 是因为他们要改进团队讨论，提升批判性思维的水平。克拉克等人（Clark et al., 2008）指出："护理学教育的发展趋势要求毕业生的培养目标包括批判性思维的技能和解决问题的技能。"（第 112 页）德纳（Dana, 2007）同样强调批判性思维的必要性。她说："改用 TBL 教学的最重要原因是意识到我的教学方法不足以让学生开发和锻炼批判性思维以及决策技能。"（第 63 页）最后，来自医学院的莱塔西等人（Letassy et al., 2008）也表示："在课堂上，学生的批判性思维能力和应用知识分析病例的能力令人不满；在高年级阶段去药房实习时，学生与病人的互动交流也令人不满。"（第 1—2 页）

听了这些经验之谈，我们似乎明白了教师改用 TBL 教学的最普遍理由是：

- 不满于当下的教学实践；
- 不满于向毫无准备的、被动的学生讲课；
- 不满于传统小组活动的效果；
- 向往帮助学生培养批判性思维和解决问题的技能。

既然我们了解了教师改用 TBL 的原因，那我们一起看看教育文献对 TBL 教学有效性的论述吧。

TBL 教学有效吗？

研究表明，TBL 教学的效果与其他的教学策略旗鼓相当，甚至更胜一筹。研究人员比较了个体准备工作保证测验成绩与团队准备工作保证测验成绩(Chung, Rhee, Baik, & Oh-Sun, 2009; Grady, 2011; Nicoll-Senft, 2009; Nieder et al., 2005)以及 TBL 课程与非 TBL 课程的考试成绩(Grady, 2011; Koles, Nelson, Stolfi, Parmelee, & DeStephen, 2005; Koles, Stolfi, Borges, Nelson, & Parmelee, 2010; Letassy et al., 2008; Levine et al., 2004; Persky, 2012; P. A. Thomas & Bowen, 2011; Vasan, DeFouw, & Compton, 2011; Zingone et al., 2010)。我们一起看看在这些比较中 TBL 的具体情况如何。

团队准备保证测试成绩

TBL 使得团队准备工作保证测验的成绩高于个体准备工作保证测验的成绩，这证明了团队的力量。虽然差异程度各不相同，但大多数研究报告表明，团队准备工作保证测验成绩和个体准备工作保证测验成绩之间从统计数据上看有显著性差异。例如，钟等人(Chung et al., 2009)对修读“医学伦理学”TBL 课程的学生的团队准备工作保证测验成绩和个体准备工作保证测验的成绩进行了比较，发现了两者之间在统计数据方面有显著性差异(即，按 5 分制计算的话，团队准备工作保证测验成绩高出个体准备工作保证测验成绩 1 分)。同样，尼德等人(Nieder et al., 2005)将一门医学解剖学课程中的小组活动从案例讨论转化为 TBL 教学，发现学生的团队准备工作保证测验成绩与个人准备工作保证测验成绩之间存在统计数据上的显著性差异(前者比后者平均高出 16%)。最后，尼克尔-森夫特(Nicoll-Senft, 2009)报告说她的特殊教育研究生课程上，学生的团队准备工作保证测验成绩也是显著高于个体准备工作保证测验成绩(平均高出 7.26%)。如第 3 章所讨论的一样，即便是班里团队准备工作保证测验成绩最低的团队也超过了个体准备工作保证测验成绩最高的个人。

考试成绩

TBL 教学的期末成绩和标准化考试成绩与非 TBL 班级的成绩持平或更好。这一发现与 TBL 对期末考试成绩的影响上各种相关研究发现是一致的。人们开展了不同类型的研究，包括历史比较(Grady, 2011; Letassy et al., 2008; Persky, 2012)、准实验研究(Zingone et al., 2010)以及实验研究(Koles et al., 2005, 2010; P. A. Thomas & Bowen, 2011)。大部分的历史研究和准实验研究发现 TBL 使得学生在期末考试中取得好成绩。珀斯基(Persky, 2012)作为其中的杰出代表，从统计数据上观察到了 TBL 教学模式下的期末考试成绩和使用 TBL 教学模式前的期末考试成绩存在显著性差异。这些研究结果非常有趣。讲授相对较少的课程，学生的期末考试成绩与他们通常的成绩持平，有时甚至更好！

科莱什等人(Koles et al., 2005)用交叉设计对基于案例的小组讨论和 TBL 模式进行比较，发现无论何种模式，期末考试的平均成绩不相上下。TBL 学生的表现与非 TBL 学生的表现旗鼓相当。科莱什等人(Koles et al., 2010)

后续的研究很有趣。他们比较了TBL教学的期末考试答题情况和采用其他教法的期末考试答题情况，发现在病理学概念的学习上，TBL学生的答题表现要好得多。P·A·托马斯和鲍恩(P. A. Thomas & Bowen, 2011)比较了TBL教学和传统的小组形式，发现学生期末考试答题的表现有所不同：采用TBL教学后答题正确率显著提升。这两个研究(Koles et al., 2010; P. A. Thomas & Bowen, 2011)表明，相对于其他教学法，TBL教学使得学生对信息有更好的掌握。

TBL促进了标准化考试成绩的提高，这非常令人鼓舞，对于身处标准化考试环境中的教师更是如此。莱文等人(Levine et al., 2004)对精神病学见习课做了调整，将16次讲座式授课中的8次替换为TBL教学，然后比较了学生参加国家医学考试(NBME)精神病学专项获得的成绩，发现教学模式的转变使得成绩显著提升。同理，瓦桑等人(Vasan et al., 2011)将医学解剖学课程从讲座式授课改为TBL，强调TBL的准备工作保证流程，从统计数据看，学生在NBME专项考试中的成绩有显著性提高。

证据显示TBL的确有效，那我们来看一下TBL和当今学习理论之间的吻合度。也就是说，我们来看看TBL教学为什么有效。

TBL教学为什么有效？

多年来我体会到，当我能够与小组学生互动时，我的教学是最高效的；当学生主动投入课程材料中去时，他们的学习是最有成效的。这个想法在奇克林和加姆森(Chickering & Gamson, 1987)提出的本科教育七大原则中得到了呼应。这七大原则强调师生接触和主动学习的重要性，还有其他一些原则包括互惠互利、生生合作、花在任务上的时间、高期望和尊重多元人才。这些原则与其他学习理论一样也适用于TBL。我们先看看维果茨基理论的启示，可以帮助我们理解TBL教学为什么有效。

维果茨基理论

维果茨基的学习理论(Bigge & Shermis, 1999; Shabani, Khatib, & Ebadi, 2010; van de Pol, Volman, & Beishuizen, 2010)包含两个重要思想。他坚信社交互动和语言的使用对学习是必不可少的。维果茨基认为学生需要与他人互动才能加深对自身体验的理解。他们需要用语言表达思想，与他人分享思想，从他人那儿获取对他们思考质量的反馈。TBL与维果茨基的学习理论不谋而合：通常要求学生把想法用语言表述出来，团队一起讨论并形成共识。这个在团队准备工作保证测验和应用活动阶段都会出现，与维果茨基对社交互动和语言使用的强调完全一致。

维果茨基的学习理论(Bigge & Shermis, 1999; Shabani, Khatib, & Ebadi, 2010; van de Pol et al., 2010)也将学习视为一个过程，可以通过合适的学习活动加以推进。学生们首先利用已有的技能启动学习过程。接下来的学习活动应该集中在略有难度的任务上。当学生们在这略有难度的区域学习时，就进入了维果茨基所指的*最接近的发展区*(ZPD)。最有效的学习正是发生在最接近的发展区。需要记住的很重要一点是，学生在最接近的发展区里受训的技能是那种单独很难做、有人相助则不难做的技能。在TBL教学中，准备工作保证测验中的部分试题以及所有应用活动的难度应该位于大多数学生的最接近的发展区内。

在维果茨基的学习理论(Bigge & Shermis, 1999; Shabani, Khatib, & Ebadi, 2010; van de Pol et al., 2010)中，学习过程是通过与“更有见识的他人”互动得以推进的。教师和同学只要具备有别于他人的技能水平，就可以成为更有见识的他人，TBL正是利用了这一点，以许多不同的方式将团队设计成多元特质混合的统一体，这样不同的学生在不同的时候有机会成为“更有见识的他人”。

根据维果茨基的学习理论，与同伴互动特别有益，学生可以通过互动接触到关于课程概念的不同的但相当接近的理解。而且同伴互动要求学生将这些不同的个人理解融为一体，达成团队的唯一共识。学生们努力将个体的思维调整为共同的理解，这样的思维运动促进了学生学习。在准备工作保证流程中，学生们分享交流各自的准备工作保证测验答案；讨论彼此的差异，遴选出团队答案；然后达成对课程概念的共同理解。

维果茨基还认为，学生与教师互动也促进学习过程，因为教师可以为学习"搭台"。搭台(van de Pol et al.，2010)是指教师提供临时支持帮助学生完成某项"原本无法完成"的任务(第272页)。搭台是在合适的时候以合适的方式提供适当的帮助。搭台意味着你得针对学生的需要精心调整好支持的类型，你还得有能力选择合适的时机提供支持。具体包括及时提供演示(如，可以这样操作……)，提供具体、详细的指令(如，我们一开始先看看这个研究的结果)或者及时提出相应即时的问题。在TBL教学中，教师设计应用活动将学生带入最接近的发展区，并提供充分的支持帮助他们成功。例如，当团队的应用活动进展不顺利时，教师可能会抛出一个问题；或者教师组织应用活动时提供工作表以帮助学生逐步搭建思维结构。

维果茨基指出，搭台对师生都很有益，"搭台是……动态的人际交往过程……双方通过沟通交流积极构建共识"(van de Pol et al.，2010，第272页)。维果茨基认为，"搭台过程中的问答交流可以让师生相互学习；这是TBL中我最喜欢的部分。在团队准备工作保证流程和应用活动环节，通过倾听团队的协商讨论，我对哪些课程内容令学生畏难以及畏难的理由有了前所未有的理解。我可以'倾听'或者'偷听'他们的想法！我常常诧异于对课本中同样语句的不同诠释(他们的诠释和我的诠释)"。

维果茨基理论运用于TBL的很多方面，且帮助我们理解TBL教学为何有效。团队准备工作保证测验和应用活动为社交互动和语言运用提供了许多机会；应用活动置于学生的最接近的发展区内；团队准备工作保证测验和应用活动搭的台为学生提供了极好的学习机会。当我思考如何帮助学生学会有效使用语言时，我需要示范正确的语言表达，也需要学生会正确地使用语言。比如，上心理学课程时，学生们常常将人格特征表达为"特性"。我需要示范这个词的正确用法只用于指不同情境中表现出来的行为倾向。我也必须要求所有学生在TBL应用活动的汇报环节正确使用语言。

布鲁诺理论

布鲁诺的学习理论(Bigge & Shermis，1999)不仅能帮助我们理解TBL为什么有效而且能帮助我们有效实施TBL。对布鲁诺而言，最佳学习时机是学生受到挑战，必须用语言向他人表达思想并解决问题时。这听上去完全就是TBL课堂！布鲁诺说，当学生忙于这些事时，他们在"建构"知识。在布鲁诺的理论中，知识包括学生所体验过和"处理过"的经历。关于那些经历的意义、与已有知识的匹配以及如何运用所学的知识，这些都由学生来决定。

对布鲁诺而言，"学习"意味着在头脑中建构知识(也就是将知识从书本移入头脑)，随着学生认知发展日臻复杂，应该鼓励他们从知识的具体表述转向知识的抽象表述。例如，大学生最初的"学习"是逐字逐句从演示文稿中抄笔记然后熟记于心。而布鲁诺认为，教师应该帮助学生通过讨论、批判性思考以及运用知识解决问题来完成知识的建构。在TBL教学中，学生在为个人准备工作保证测验做准备时就开始了知识建构，然后一直延续贯穿于团队准备工作保证测验和应用活动全过程。

布鲁诺还认为，知识涉及学习法则，又称编码方式，可以用于组织新的学习体验和新的信息。学生用已开发的编码方式将已经学到的知识与正在学习的知识整合为一体。例如，在我的课上，学生学会区分动机理论和小组发展理论；他们知道各种不同的理论都有独特的目的；如果我告诉他们自我决定理论是一种动机理论，他们就知道可以用它来帮助那些正在考虑训练课程的人改变久坐不动的行为。布鲁诺认为，教师的目的是教学生如何学，如何建构知识并且运用编码方式。布鲁诺(1966)说："我们讲授一门学科不是为了让学生变成一座座小小的、活生生的图书馆，而是要让他们自己精确地思考，像历史学家那样考虑问题，并参与到获取知识的过程中。知识是个过程，不是一个产品。"(第72页)

布鲁诺理论显然适用于TBL。TBL之所以有效，是因为它允许学生主动建构自己的知识，让学生通过团队准备工作保证测验和应用活动获得多个解决问题的机会。如果遵循布鲁诺理论的指导，我们就要创建具有丰富数据的应用活动以激发学生依据图表、模型和数据作出决策。这些活动要求学生使用复杂的数据集做出具体的决策，为知识建构和问题解决创造绝好的机会。

下面我们再次切换视角，透过佩里的认识发展框架来看看TBL教学为什么有效。

佩里理论

佩里的认知发展框架(Perry, 1999; Thoma, 1993)同样有可能帮助我们理解和实施TBL。这一理论描述了学生经历认知发展的四个阶段。首先是*二元论*阶段，然后发展到*多元论*和*相对论*阶段，最后到达*承诺*阶段。持二元论观点的学生认为知识是绝对的(也就是，非对即错)，认为教师是专家，其首要目的是传授"正确的"答案。而当学生进入到多元论阶段，他们承认有不同意见的存在，但没有能力在不同意见之间作出判断。他们将知识视为主观的产物，认为他们自己的观点与他人的观点同样有效(即所有观点都是平等的)。当学生进入到相对论阶段，他们开始能够用学科的标准在不同的观点之间作出判断。然而，他们还不能将新开发的批判性思维技能运用于学科之外的情境。一旦学生达到承诺阶段(通常要到大学毕业后)，他们能将批判性思维技能运用到各个不同领域，在不同视角之间作出判断，虽在困难中前行，但基于合理证据能作出明智的决策。

对佩里而言，教师的目标是促进学生认知发展从一个阶段向另一个阶段过渡(Nelson, 1996)。在从二元论阶段向多元论阶段转变时，学生需要得到帮助，认识到不同视角的存在，并坦然地接受不确定性和模糊性。克洛斯(Kloss, 1994)提醒教师要用"轻推"之力而不是"猛推"之力帮助学生过渡。如何帮助学生告别二元论阶段，克洛斯(第152页)的建议是：

- "使用的主题能够提供模棱两可的歧义、不同的解释以及多元的视角"；
- "向学生强调其他观点也有可能是正当合理的"；
- "要求学生对自己的任何异议作出具体的解释"；
- "强调学生的个人观点和个人体验是合情合理的"。

学生在从多元论阶段向相对论阶段过渡时需要练习对不同的观点作出判断。如何帮助他们告别多元论阶段，克洛斯(Kloss, 1994)建议：

- 经常采用小组活动；
- 经常采用引导式讨论；
- 对学生保持高期望，相信能够教会他们用证据来论证观点、想法和假设。

从相对论阶段向承诺阶段过渡的学生需要训练用学科特定标准对各种不同情景或情境中的不同观点进行判断。要帮助学生完成这一阶段的转变，克洛斯(Kloss, 1994)的建议是：

- 让学生明白他们必须做出选择和承诺；
- 给学生提供表达个人世界观的机会。

佩里理论表明，TBL之所以有效，是因为它能推进学生认知发展各个阶段之间的转变。比如，团队准备工作保证测验和应用活动都能让处于二元论阶段的学生接触到多元的视角。随着时间的推移，他们会明白其他的观点也有可能是正当合理的，重要的是倾听他人的观点及其理由。到了多元论阶段，TBL让学生采用学科特定标准评估其他的观点。在团队准备工作保证测验与应用活动中，则要求学生个人和团队用证据论证观点和意见。

此外，一些TBL教师注意到应用活动中的活动序列与佩里认知发展框架中的四个阶段相似，因而想知道这是否也是TBL成功的原因之一。图4.1揭示了佩里理论的四个阶段与学生展开应用活动时一次典型的交谈活动之间的关系。活动开始时，团队领到的任务是要做一个具体的选择。每位学生先就自己的选择表态。这通常是非常二元（非对即错）的方式。接下来，团队成员分享各自的选择，此时往往会出现各种各样的意见（多元论阶段）。而团队形成

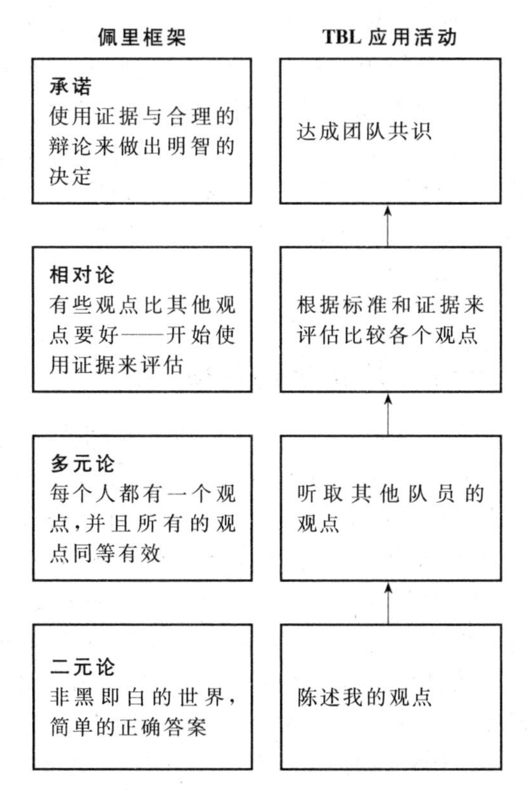

图4.1　佩里的认知发展框架

中的多样性能极大地提升讨论的质量。然后，团队被推进到相对论阶段，梳理意见以找到最佳选择。这就需要用证据和学科标准将令人信服的观点与缺乏力度的观点区分开来。学生必须接受唯一最佳答案的存在，他们必须依靠证据找到这个唯一。向全班报告团队选择的时机快到了，团队成员必须团结起来，就最佳的选择达成最终的一致（承诺阶段）。团队怀着这份承诺，向其他团队公布自己的决定，参与全班范围的讨论，考察所有团队的决策。

我由衷感谢佩里理论，因为它帮助我理解了为什么有些学生不喜欢TBL。学生处于二元论阶段时，如果教师不强调讲授，而是强调团队合作和同伴互教，并聚焦于培养批判性思维技能，那么学生会感到非常不安。对他们来说，教学就是讲课，同伴不是知识的有效来源。由于许多本科生在很长一段时间都处于二元论阶段，佩里理论给我的启发是，要成为优秀的TBL教师，我应该认真考虑学生的认知发展阶段，为学生搭台，帮助他们顺利完成不同阶段的过渡和转变。比如，我设定的学习目标之一是学生学会正确使用心理学语言。我可以提供的帮助是，学期初要求团队从几个现成的书面答案（其他学生所写的答案）中选出最佳答案，然后在学期的学习过程中，让团队用心理学语言来提出自己的答案并做出正确的解释或抗辩。

我们最后一次切换视角，用祖尔的学习理论来理解TBL为什么有效以及如何有效实施TBL。

祖尔理论

祖尔学习理论（Zull，2004）中关于教学的五个关键理念为我们理解TBL的有效性提供了重要的视角。第一个理念是，大脑是可塑的，学习可以创建神经元之间的联系，从而创建神经网络。第二个理念是，学生从使用神经网络学习中受益。大脑某些区域积极参与到学习过程会让神经网络发生变化和生长。第

三个理念是，当学生充满感情地投入到学习中时，他们会受益。正如祖尔所言，“要创建和改变这个令人兴奋的网络[大脑中的神经网络]，我们需要的不仅仅是活动。我们需要感情”（第70页）。让我们回顾一下TBL实施过程。在团队准备工作保证测验时，团队为作何选择而辩得不可开交；在团队揭开即时反馈评估表上的“星星”，为答对题而欢呼雀跃时，TBL显然能激发起强烈情感。第四个理念是，教师应该找出学生的错误并从中汲取教训。祖尔说，“以为我们摇摇头或打个红叉就能消除学生已有的神经网络，这是徒劳的想象。因此，我[决定视]……学生的错误为教学的线索。错误可以帮助我们找到学生神经网络中的缺口，为进一步完善神经网络提供思路”（第71页）。TBL涉及团队准备工作保证测验、申辩及应用活动，这些环节能让团队（团队内部或团队之间）比较大家的想法并获得集中的反馈，从而使思考中的错误暴露出来。第五个理念是教师应该让学生参与到互教中。“我开始理解知识是由神经元网络组成的，这时我意识到，学生的知识与我的知识实际上是有天然的区别的。”（第70页）于是，祖尔建议让学生相互之间解释概念，“来论证自己的神经网络与同伴的神经网络更匹配”（第70页）。TBL与祖尔的建议不谋而合，也倡导让学生用他们自己的神经网络相互解释概念，尤其是在团队准备工作保证测验和应用活动中。

由此获得的启示是，TBL得以有效实施是因为它让学生充满感情地投入到学习中并让神经网络活跃起来。TBL也非常重视引导学生暴露思维过程中的错误并向错误挑战。祖尔理论建议，要成为优秀的TBL教师，我们需要仔细设计准备工作保证测验和应用活动。我们至少需要设计一些能让学生暴露共性的思维问题的准备工作保证测验题，也需要设计一些有意义的、从感情上吸引学生的应用活动。

下面我们将思考学生和教师对TBL会有哪些反应？

教师对 TBL 会有哪些反应？

教师对TBL普遍有三种反应：对教学更加兴奋，觉察到教师角色的转换，以及因教学模式转变而倍感压力。可以从基于自我报告工具的研究中以及关于“如何实施TBL”的叙事研究中更好地了解教师的反应。

更加兴奋

在众多的研究中，TBL教师都描述自己对教学及课堂变化感到更加兴奋（Andersen et al., 2011; Dana, 2007; Jacobson, 2011; Letassy et al., 2008; Nicoll-Senft, 2009）。我开始采用TBL时当然也是这种感觉。雅各布森（Jacobson, 2011）评论说，“最大的满足感莫过于来自这样的场景：团队在讨论，教师在教室里四处走动，倾听他们分析课程资料的优点，用证据为自己的观点辩护”（第97页）。我非常同意。安德森等人（Andersen et al., 2011, 第10页）也表达了共鸣，“一旦学生团队参与到一项活动中……教室成为虚拟的活动蜂箱”。德纳（Dana, 2007）注意到采用TBL“是一项非同寻常的实验……可以听到学生用正确的法律术语为某个法律观点进行激烈辩论，而三天前他们压根都没有听说过这些法律术语”（第72页）。

觉察到教师角色的转换

TBL教师描述了自己对课程和课堂角色有了不同以往的思考（Andersen et al., 2011; Dana, 2007; M. D. Thomas & McPherson, 2011）。安德森指出，为准备工作保证流程制定阅读指南，可以鼓励教师在阅读教材时更具有批判性，在选择阅读文献时更精挑细选（第6页）。德纳（Dana, 2007）也高度关注选择性。她改用TBL后意识到，课程重点不应该是给学生灌输很多的内容，而应该是为学生提供所需的工具，教他们如何全面地合理地思考问题

(第65页)。她还认为,使用TBL能腾出更多的时间深入到更有趣的应用活动中,而在讲座式课堂上是无法实现的(第82页)。M·D·托马斯和麦克弗森(M. D. Thomas and McPherson, 2011)总结道,"学生的课前准备可能更充分了,我们就不需要对布置的课程资料作太多讲解,就能把课堂时间花在有趣的活动上……花在对研究文献的实际应用上"(第488页)。

更有压力

除了这些积极的反应外,TBL教师也指出,改用TBL有时非常耗费时间(Andersen et al., 2011; Dana, 2007; Drummond, 2012; Fujikura et al., 2013; Walters, 2012)。我刚改用TBL模式时,每次只尝试一门课程,这样可以控制好时间投入。改用TBL可能很耗时,这样的感受在藤仓等人(Fujikura et al., 2013)对TBL教师的调查问卷中得到了验证。他们发现对于"你觉得准备每堂课都很辛苦吗?"这一问题,教师们的回答高度一致(4.44/5.00)。此外,沃尔特斯(Walters, 2012)提到,"我在TBL上投入的精力至少跟开设新课差不多"(第3页)。德拉蒙德(Drummond, 2012)同样感到关切。他警告说,"每一堂TBL课需要占用教师相当多的准备时间,课后还要进行大量的评分工作"(第60页)。最后,德纳(Dana, 2007)提出忠告,"如果不预先投入时间准备以确保效果,那就不应该尝试TBL教学"(第86页)。

改用TBL,既令人兴奋,又非常耗时。教师感到兴奋,是因为看到学生深度参与到彼此的学习中,深度研读课程材料。教师从单一的内容传授者转变为推动学生解决问题的协调人以及高质量学习体验的设计师。有些教师对于改建TBL课程所需时间的投入颇感为难,并因此而倍感压力和焦虑。

教师因TBL而兴奋并被改变。那么学生的感受如何?他们是什么反应?我们一起来看看学生对TBL的反应。

学生对TBL会有哪些反应?

有些学生对TBL反应积极,有些则表现出负面的态度。无论从我个人经历还是从教育文献来看,这些反应都确实存在。我有学生写信给系主任大肆赞扬TBL的奇妙之处,也有学生在期末评教时留下严苛的评语。我们一起来详细看看学生的反应。

更加投入

学生在TBL课程中比在讲座式课程中更加投入(Chung et al., 2009; Clark et al., 2008; Kelly et al., 2005; Levine et al., 2004)。对学生做有关参与度情况的问卷调查时,他们汇报自己在TBL课堂上参与度更高。比如,钟等人(Chung, 2009)在医学伦理课程采用TBL的几堂课上,提了一个关于参与度的问题,以此评估学生的参与情况。他们发现学生参与度很高(4.26/5.00)。此外,莱文等人(Levine et al., 2004)采用课堂参与度调查问卷评测学生的参与情况,发现TBL课堂的学生参与度远远高于讲座式课堂的学生参与度。前者平均得分是4.24/5.00,后者平均得分是3.46/5.00。克拉克等人(Clark et al., 2008)也采用课堂参与度调查问卷评测学生的参与情况,发现与讲座式课堂相比,TBL课堂的学生参与度高出很多(特别体现在"学生课堂参与"分量表上)。

另外,如果直接进入课堂进行密切观察,会发现学生的参与度之高显而易见。凯利等人(Kelly, 2005)借助STROBE比较了TBL课堂和讲座式课堂上的学生参与度。STROBE是一种课堂观察工具,其数据是由课堂观察员进入真实的课堂采集而来的。通过STROBE可以将学生行为按照生生互动、师生互动或者学生自我互动进行编码。通过对凯利等人的七个讲座式课堂和三个TBL课堂进行STROBE数据采集,发现TBL课堂的学生参与度显著高于讲座式课堂。TBL课堂的师生互动少于讲座式课堂(TBL为21%,讲座式课堂为58%)；TBL课堂的生生互动多于讲座式课堂(TBL为51%,讲座式课堂为9%)。

对团队及团队合作的态度好转

学生的积极反应还表现在学生经历过TBL后对团队合作的态度有所好转。例如，莱文等人(Levine et al., 2004)在一系列TBL课堂教学之前和之后都做了团队价值的问卷调查,发现在“与同伴合作”和“小组合作价值”分量表中,学生对于团队及团队合作的态度有了积极的转变。同样,格朗特-瓦洛恩(Grant-Vallone, 2010)让TBL课堂的学生和常规课堂上合作学习的学生评价“单独学习会学得更好”这一说法。格朗特-瓦洛恩发现相比之下，TBL课堂的学生更倾向于不赞同这样的观点。也就是说,TBL学生珍视自己的团队经历,认为单独学习不可能学得更好。而另一个研究的结论却与之相左。针对一个连续8周的TBL课堂,克拉克等人(Clark et al., 2008)在开课前和开课后都做了团队价值的问卷调查，发现学生对团队及团队合作的态度并没有在预先调查和事后调查中显示出实质性的改变。

更多挫败感

TBL学生提到三个方面的挫败感：错失了听教师讲授的机会,对不确定性和模糊性感到不安,不喜欢同伴评估。

有些学生感到灰心,觉得自己失去了从讲课中“学习”知识的宝贵机会。珀斯基(Persky, 2012)指出,“28%的学生认为TBL模式使自己错过了与教师的接触”(第4页)。P·A·托马斯和博文(P. A. Thomas & Bowen, 2011)表示,“学生感受到教授法的缺失,是以‘主动学习策略’抑制教师的专长”(第35页)。安德森(Andersen et al., 2011)提到,学生问教师“为什么指望他们自学课程内容”(第7页)。

有些学生是由于4S应用活动的模糊性而气馁。特别是多项选择题,如果正确答案不止一个,会令他们非常为难。安德森等人(Andersen et al., 2011)指出,学生“期待教师在团队讨论后提供唯一的正确答案……如果提供的护理项目视病人情况可以多选,学生会感到心理不适”(第9页)。P·A·托马斯和博文(P. A. Thomas & Bowen, 2011)指出,“TBL依靠应用活动的模糊性来激发团队讨论,而医学生可能对此感到特别困惑”(第35页)。

有些学生则是对TBL的同伴评价要求感到沮丧和气恼。尼德等人(Nieder et al., 2005)说,“主要的争议是关于同伴评价制度的。同伴评价要求团队成员之间成绩有所区别。学生们很不乐意这么做,有几位学生承认他们的团队对成绩做了‘调整’,确保每个人都能拿到10分的平均分”(第59页)。P·A·托马斯和博文(P. A. Thomas & Bowen, 2011)发现TBL课堂虽然受到欢迎,但同伴评价不受青睐(第35页)。安德森等人(Andersen et al., 2011)指出,“从没有评价同伴经历的学生……可能不理解这个过程,甚至可能认为这个过程不适合自己”(第12页)。

学生对TBL既有积极反应也有负面反应。积极反应是更加投入,对团队及团队合作的态度好转。负面反应涉及缺乏教师讲授环节,难以处理模糊性问题以及不喜欢同伴评价的要求。学生的负面反应总是令人担忧。对此,我采取的一个应对措施是在下一个学期开学时,花更多的时间帮助学生理解我为什么使用TBL。G·A·史密斯(G. A. Smith, 2008)的《学生为中心的课堂：开学第一天如何提问?》特别有助于让学生认同TBL。在本书第3章关于引导学生的节段,对史密斯的《开学第一天如何提问?》有更详细的讨论。

我思考是否还有其他方式尽量减少学生的负面反应。我将与大家分享我发现的若干策略。

如果有负面反应,能否将反应减到最少?

在向TBL转变的过程中要减少教师的压

力和焦虑,有几个策略可以考虑。首先,教师应该寻求帮助或者建立一个个人支持网络。可以从本校的教学中心寻求直接的支持,也可以物色一位志同道合的同事相互交流。安德森等人(Andersen et al., 2011)报告了他们的做法。“教师可以通过非正式的会议讨论成功的做法和遇到的挑战,也可以做正式的汇报,交流对 TBL 的初步认识”(第 7 页)。同样,弗里曼(Freeman, 2012)提到,“体现支持的一个重要方面是针对本质问题推进学术研发,比如设计合适的[准备工作保证测验]问题”(第 165 页)。帕米利、迈克尔森、库克和赫德兹(Parmelee, Michaelsen, Cook, & Hudes, 2012)认为领导层的支持有助于减少负面反应,并建议领导层应支持“课堂时间用于解决问题而不只是传播信息”(第 283 页)。而西布利和帕米利(Sibley & Parmelee, 2008)评论说,“学校文化包括学生必须支持教学创新,必须理解新策略会经历一个试错的阶段”(第 47 页)。

此外,如果新教师能看到 TBL 的实际运行会大有帮助。弗里曼(Freeman, 2012)说,“需要亲眼目睹 TBL 如何实施,因为课堂观察能够去除神秘化色彩,学生参与时的嗡嗡声对可能采用 TBL 的教师很有说服力”(第 164 页)。同样,安德森等人(Andersen et al., 2011)描述的一个教师培训项目包含了“TBL 理论和微型 TBL 体验(教师阅读相关资料,完成个人准备工作保证测验,然后用刮刮卡完成团队准备工作保证测验)”,“通过这一项目展示了 TBL 的好处,如促进团队讨论、加强批判性思维和提升竞争力。而且,微型的 TBL 体验促进了教师对 TBL 的理解和采纳”(第3 页)。

学生们也受益于 TBL 培训。安德森等人(Andersen et al., 2011)描述了开学首日举行的一个指令性学生培训项目(第 6 页)。项目的部分内容是,教师用充分的理由并准备好演示文稿凸显 TBL 的益处,回应学生的疑虑。莱文等人(Levine et al., 2004)也通过若干个介绍性的培训活动增进学生对 TBL 的熟悉和了解(第 271 页)。马斯特斯(Masters, 2012)组织的培训项目让学生体验了两遍 TBL 流程(第 345 页)。让学生充分地了解和信服 TBL,可以在一定程度上防止他们受挫。

除此之外,可以适当调整 TBL 以适应学生认知发展的不同阶段。事实上,克洛斯(Kloss, 1994)建议教师“一开学就确定学生当下的认知发展水平”,因为这样做可以“提示教师应该为学生提供什么样的支持和挑战”(第 153 页)。他还建议“教师在第一堂课应该让学生写一篇诊断性短文,题目可以是‘我上过的最好的课’或者‘我怎样学学得最好’。这样一来教师很容易判断出学生处于佩里理论的哪个认知发展阶段:大多数学生呈现的是处于二元论阶段,剩下的学生会分散于其他阶段”(第 153 页)。然后可以调整学习活动,用“轻推”之力帮助学生从一个阶段过渡到另一个阶段,最终可以免去一些挫败的经历。

对于 TBL,教师和学生都可能经历积极的和负面的反应。将 TBL 文献中的理念与学习理论的相关知识相结合,可以帮助你最大限度地做出积极反应,将负面反应减到最少。

证据显而易见:TBL 是有效的!

本章我们了解了如何实施 TBL 以及 TBL 为什么有效,也了解了教师和学生对 TBL(或者其他向学生为中心转变的课堂教学)为什么既有正面的反应也有负面的反应,还了解了怎样行动以确保最佳的师生体验。接下来我们一起返回到课堂去吧。

第二部分

团队合作学习模式的基本要素

第五章 有效运用团队

团队合作学习模式(TBL)的首要元素就是恰当的团队组成和管理。这一章将帮助你理解构建平衡的、多元化团队的原则,确保 TBL 课程能够成功。

无疑,我们每个人都有团队合作的经历,这些经历可能有好有坏。要是幸运的话,我们也会有些很棒的经历。那么怎样才能真正获得成功的团队合作经历呢?这通常涉及团队成员之间的彼此信任、相互尊重,能够开诚布公地交流,有共同的目标或愿景并能够一起为之努力,而且在这一过程中大家都很快乐。显而易见的是,无论是自然组建的或是精心构建的,一支强有力的团队的形成是需要时间的。TBL 的原则和活动架构可以支持团队发展上述理想元素,但不能保障每一次团队活动体验都是成功的。为最大限度地保障每个学生都能真正体验到最好的团队学习,我们必须理解一个团队是如何运行和发展的,在组建团队时也需格外用心。尽管对你来说,在 TBL 领域组建强大团队与你在其他领域预期的非常相似,但肯定有些不同之处会带给你惊喜。

特鲁迪·雅各布森(Trudi Jacobson)、大卫·雷克-乔丹(David Raeker-Jordan)和莉斯·温特(Liz Winter)在下文中提道:TBL 需要更大的团队,这也许与你的直觉相反;而且如何组建团队很大程度上影响着如何管理课堂。

> 我曾经痛批的一点就是团队的规模。但是我现在发现组建大些的团队是很重要的。(纽约州立大学奥尔伯尼分校,信息素养,特鲁迪·雅各布森)
>
> 首先,我发现我的团队组建得太多了,有两个五人团队和一个四人团队。回顾以往,我发现问题大部分出在四人团队中。我其实需要更多的成员来完成 TBL。其他教授觉得不可思议,我竟然要更多的学生。(威得恩大学,法律,大卫·雷克-乔丹)
>
> 当你给各个团队做了正确的分层后,会得到更丰富的收获,学生之间开始互相学习,整个过程相互促进,真的是太棒了!(匹兹堡大学,社会工作,莉斯·温特)

TBL 团队需要哪些东西?

TBL 团队需要平衡

各个团队中,学生的优势与劣势应均衡分布。是不是每个团队都需要一位有工作经验的成员?一位有海外居住经历的成员?或者一位有学历背景的成员?凡是你能考虑到的学生的强项与弱势都应该均匀分布,以保持各个团队之间的平衡。

TBL 团队需要多样化

我们希望每一个团队里都具有多样性,这样,在团队讨论时,不同的技能、观点和个人经历就能发挥作用。这是件好事,因为努力增加弱势群体入学和招募更多的国际学生,会使我们的课堂越来越具有多样性。如果我们精心设计我们的活动,利用好这种多样性,有更多多样性的团队,TBL 会发展得更好。学生自己选择的团队往往具有同质性,这很容易导致群体思维,因为学生自发组成的团队中,其成员之间往往具有相似的文化背景、教育经历和人生经历。TBL 课程要取得成功,需要多元的才华和经历,而由学生自主构建的团队往往不具备这些多样性。

为组建具有均衡性、多样性的团队,我们往往为学生组织好团队。学生自发组团真不是一个好主意。很多教育研究文献都非常明确地强调过不让学生自发组团的重要性(Brickell, Porter, Reynolds, & Cosgrove, 1994; Feichtner & Davis, 1984)。相比其他形式的团队,学生自组团队较其他团队表现始终是逊色的。这里我们有必要不厌其烦地引用布里克尔等(Brickell et al., 1994)在开篇章节中所言:学生自发组团往往变成了“社交小团体”,结果就是现存的关系和派系削弱了团队凝聚力。

而由教师组建的基于准则的团队构成能够保障最好的教学结果。研究表明,教师组建的团队比学生自发组成的团队表现更好(布里克尔等,1994)。菲希特纳和戴维斯(Feichtner & Davis, 1984)研究发现,由教师组建的团队比学生自发组成的团队有更好的学习体验,这一比例高达 2 比 1。

如何应对坚持要自己组团的学生

有些时候你会遇到一些个性很强很固执的学生,坚持认为自己组建团队会更好。尽管你已经解释过各种相关理论并反复阐明立场,他们还是坚持自己的想法。这里提供两条实用建议。

我的解决方法是让学生写一页文字,评论布里克尔等人(1994)的论文《为工程设计项目组建学生团队:五种方法的比较》。我告诉学生们,如果能让我接受他们的论点,我就允许他们自己组团。至今为止还没有学生能够说服我。

新墨西哥州立大学的心理学教师劳拉·麦迪森提供了另一种建议。她在与学生辩论这个问题时运用了一个虚构的场景。她让学生想象自己组建的团队中有一对情侣在期中的时候分手了,她问道:“你们真的还愿意在这样一个团队中吗?”

TBL 团队需要足够大

团队应由 5~7 人组成。TBL 团队只有足够大才能解决各种或美好或复杂或杂乱的现实世界的问题,这些问题也恰恰是每个 TBL 课程体验的核心部分。大团队在解决这些问题时能够开足脑动力。因为要解决各种复杂的问题,TBL 团队规模应该比大多数合作学习文献中所建议的规模要大。

我们建议,团队由 5~7 人组成,这一点可能有悖于你原本的直觉和经验。但是 TBL 教师们一次次的实践证明了小的团队规模往往导致 TBL 的实施成效不如人意。TBL 的结构和进程能够有效地管理学生的团队行为,并能有效地防止学生“消极怠工”。每位成员都必须在个体准备工作保证测验中对教师和同伴有个交代,在团队准备工作保证测验中对自己的团队负责,为团队的成功作出高质量的贡献。同伴评价使得我们的评分方案既可以鼓励学生多作贡献,又能根据他们的贡献大小给予公平的奖励(或者惩罚)。

TBL 团队需要维持不变

教师们常常谈及,在 TBL 实施初期低估了团队解决难题的能力,导致学期后要调整问题的难度。这是因为随着时间的推移,团队不断得到练习,自然而然就更擅长解决问题了。为了团队凝聚力,团队成员必须始终协同努力。为此,在整个课程期间,团队需要维持不变。在课堂上可以看到团队合为一体的过程,即文献中所指的团队凝聚力。经过一段时间,这些团队就会成为发挥出色的学习团队了。

管理 TBL 团队

TBL 的一大特色是团队根本不需要管理。不同于其他的合作学习形式,TBL 并不需要大谈团队动力,也不需要给团队成员分配具体的角色。精心组建的团队加上对决策活动的专注,消除了团队管理的需求。因为共同的活动目标,一系列的活动过程,以及个人对团队的责任感,都促进了团队凝聚力的发展。有一项著名的研究着重介绍了 TBL 团队凝聚力以惊人速度发展(Michaelsen, Watson, & Black, 1989)。研究发现,在早期的准备工作保证测验中,学生团队通常通过简单的举手表决来对分歧做决定,即少数服从多数。但随着大家在团队中各自立足,团队凝聚力在每一轮的测验中得到加强,决策过程逐渐地转向基于共识的模式。这表明,仅仅经历了四轮准备工作保证测试,团队就会由采用多数决策的方法变为采用共识决策的方法。

第 6 章将更详细地介绍准备工作保证过程的设计与实施,第 7 章则更多地介绍应用活动的设计。

还有很多有用的理论框架能帮助你理解学生团队在发展过程中所经历的典型阶段。

塔克曼的团队发展阶段模型

塔克曼在 1965 年提出团队发展阶段模型:

- 形成阶段:团队成员第一次见面,分享个人的背景信息并建立第一印象。
- 碰撞阶段:此阶段开始分配任务,不过团队精力都放在了如何有效运营团队上。在这个阶段有一些冲突是正常的。每个人都在寻找自己在团队中的位置。当团队学会了如何为了一起合作完成任务,就意味着这一阶段结束了。
- 规范阶段:这一阶段专注于开发出团队合作的最佳方法。需要从个人目标向团队目标做更为彻底的转换。
- 执行阶段:学生团队能够高效地合作。团队成员之间互相了解,并自然而然地依靠彼此的技能和贡献来取得成功。团队能够高效快速地解决问题。当有团队成员持有异议时,为了项目最终有个好结果,他们会利用社会资本、动机和技巧来解决冲突。

韦兰的团队发展循环理论

韦兰(Wheelan, 1994)关于团队发展的整合式生命周期理论也会对你理解即将展开的团队发展进程有所帮助。早期的团队发展,大家都把精力花在努力探寻社交空间上,因为团队成员之间并不确定彼此的长处和短处,交流的风格可能相互冲突,交流的方法也可能不尽相同,团队成员之间对于直接挑战可能感到不舒服。在这一阶段,民主投票也许会打破僵局。而随着团队的发展,成员之间开始理解彼此的行事风格和长处,这时团队开始全神贯注于任务,并基于共识做出决策。

团队形成的具体细节

要组建具有均衡性、多样性的团队,有很

多方法可以尝试,使用什么方法取决于班级规模和教室的布局。

在小班建立团队

如果小班有足够的空间,你可以简单地把学生排成队。你可以通过各种指令让学生们快速站成一列,比如:

1. 有工作经验的人站在队伍最前面。
2. 剩下还没有列队的学生中谁是已经毕业的?请站在他们后面。
3. 剩下还没有列队的学生中谁在海外生活过?请接着站在后面。
4. 剩下的学生站在队伍的最后。

每个学生都能够被分配到不同的类别中,但最重要的是,你所采取的分类要最有利于团队获得成功。这并不是一个精确的过程,也不需要精确。你所组建的是天赋各异的多元化团队。而用于分类的问题和标准则取决于学生的情况,取决于你想让各个团队具有哪些均衡的优势与短板。一旦学生站好队,你只需做一些简单算术:核算班级总人数并按5~7人为一个团队,计算出团队的数目,然后报数组团就是了。

例如,一个班级有42名学生,你决定让每6位学生组成一个团队,共7个团队。接下来就可以从队首开始数:1,2,3,4,5,6,7……1,2,3,4,5,6,7……直到数完所有学生。不要担心准确性的问题。研究表明任意形成的团队和教师组建的团队表现几乎一样好。所以根本不必担心,最后一名学生的分配是否刚好凑足团队的人数。你可以坚持最核心的分组标准,然后做些最后的微调以使每个团队势均力敌。例如,在一门工程类基础课程上,快完成组建团队时,我们可以做些微调,确保每个团队都有一位地质工程背景的学生和一个擅长数学的学生。

这一简单的团队组建程序在TBL课堂上运用了30多年,并取得巨大的成功。团队组建似乎浪费了宝贵的课堂时间,而实际上学生们都很享受这一过程,重要的是学生们意识到团队的建立是公平且透明的。一旦团队形成,学生们按团队入座,我们就会给他们一些时间作自我介绍。一些教师还会让各个团队自我命名。

在大班建立团队

在规模较大的班级内,让所有学生起立排队往往是不现实、不可行的。这时候我们就可以通过在线调查来收集学生的一些信息。常用的收集信息的在线学习管理系统(learning management system, LMS)有:Blackboard, Canvas和Moodle[①]。在线调查的设置必须作为小测试进行,因为我们无法通过问卷追踪到各个学生的具体信息。(不过与学生沟通时,我用的措辞还是*问卷调查*,以强调这个小测验不评等级。)我们确定哪些优势与短板需要在各个团队中都有均衡体现,然后通过一系列提问来进一步了解存在于学生身上的这些优势与短板。例如,你的专业是什么?你有工作经验吗?你有海外经历吗?为了获取信息并建立具有均衡性、多样性的团队,凡是必要的问题我们都问了。有时候我们需要确保每个团队都有成员或具备工作经验,或擅长统计,或可以把笔记本电脑带到课堂。一旦得到学生的回复,通过Excel来建立表格,自定义排序,之后只需简单分组了。

例如,我班上有180个学生的问卷回答。接下来我对我认为最重要的标准进行纵向按序排列,首先按最重要的分组标准排序,接下来按第二重要的标准排序,再下来按第三重要的标准排序,依次类推。排序功能在Excel里还是非常简单的。可以对多列数据进行排序,只需按一下添加条件这个按钮,并且把最重要的排序条件放在第一位就可以了。图5.1是Excel中排序对话框的一个截图。在这一案例中,我首先对工作经历进行排序,第二重要的是

① 译者注:三个在线学习管理的系统。

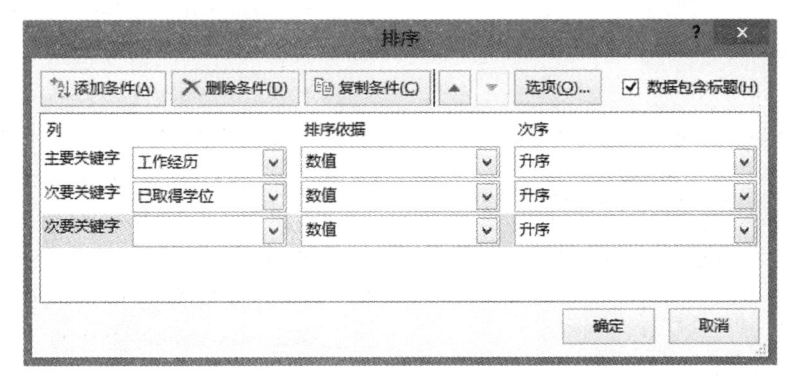

图 5.1　Excel 表格中的排序

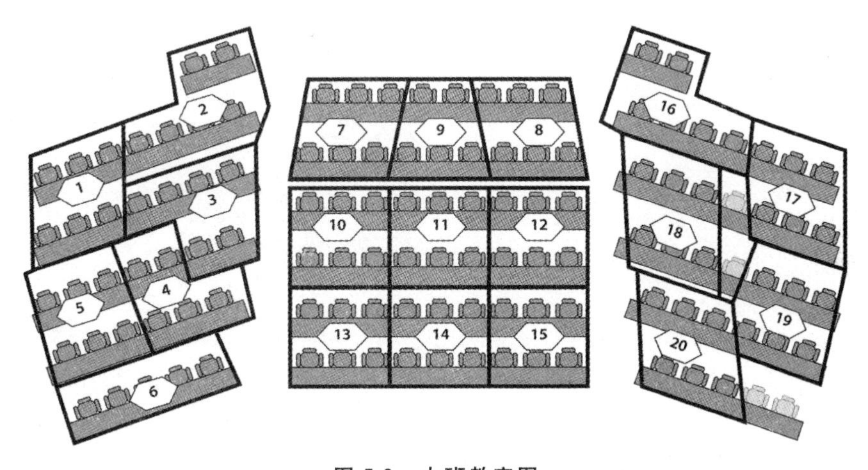

图 5.2　大班教室图

已取得学位，最后再按性别排序。这使你用简单的一步就对班里的同学进行了队列的划分。

一旦完成排序，我只需在表格中简单地按人数分一下就好了。本案例中有 180 位学生，我决定分为 30 个团队，每队 6 个学生。接下来对每一列学生标号，从 1 标到 30，标到 30 后继续从 1 到 30 标号，直到整个班学生排序完成。接下来按照学生名字排序，而 1 队到 30 队的分组就发布在 LMS 中。

当建立团队的方法没办法在全体学生面前演示时，你需要告诉学生们你的分组方法。让学生感到分组方法公平合理，这一点很重要。

学生需要知道在大教室中如何找到自己的团队。为精准演示各个团队该坐在哪里，我们制作了教室图（见图 5.2）。在第一次 RAT 开始前，我们会在 LMS 或在课堂网站上贴出这张团队分布图。并且，在学生们第一次来 RAT 时，我们也会把这张图投影出来，以帮助学生找准自己团队的位置。在大班中，我们让学生一开始就坐在自己的团队中。这防止了学生在 iRAT 结束时换座位引起不必要的混乱。

小贴士：在大讲堂上的团队最佳规模

教室的类型会影响 TBL 团队的最佳规模。团队成员要能够看到彼此，并且没有人在团队组建最后落单，使交谈打断。在大教室，尤其是座位固定的阶梯教室中，我们通常会组建 6 人团队，这样团队成员之间能够轻易地看到彼此。如果是奇数人数的团队，就会有人在团队的最后很不舒服地吊着。6 人团队是在大阶梯教室中的最佳团队规模。

团队清单
TBL的最佳规模

- □ 团队由教师指导建立而非学生自发组团
- □ 团队具有多样化而不是同质性
- □ 团队是平衡的，团队之间实力相当
- □ 每个团队有5~7人

图 5.3 建立团队清单

你也许会担心，那么在更大的班级中，TBL就不可行了。但可以确信无疑地说，即使在很困难的房间条件下或是大的班级中，TBL都取得过巨大的成功。让学生们做他们觉得有意义、令他们激动的事情，学生自己都会一直做到熄灯。当一个活动真正让大家都参与进来了，就不会有人去关心教室的条件了。无疑，更大的班级有更多的挑战，但是我们的经验表明这完全是可能实现的。

第六章 准备工作保证流程

团队合作学习关键在于让学生来上课之前做好准备，这全都要靠准备工作保证流程（Readiness Assurance Process，RAP）。这一章将会详细介绍RAP。首先会回顾个人的RAP，以及如何有效组织准备工作保证测验（Readiness Assurance Tests，RATs），最后讲这阶段的计划、管理和打分逻辑。

班级讨论一直以来被看作是可以让学生真正学到东西的方法。但是，组织一些完全没准备的学生开展讨论，大部分老师都有过困难而不愉快的经历。在小班教学中，老师对学生一一跟进，熟悉每一个学生，因此可以强制学生做课前准备。然而，随着班级容量的扩大，老师们都发现，让学生为了课堂讨论和活动去做课前准备工作变得越来越难了。

为了能让学生在课堂上进行深层次的讨论和有意义的问题解决活动，要求学生做严格的课前准备。学生不仅需要做预备工作，还需要做活动准备。拉里·迈克尔森（Larry Michaelsen）正在寻找解决这一问题的途径，通过对RAP的构想，即一种结构化的程序，能使学生做好充分的预备，并在此基础上做真正的活动准备。拉里最初设计的程序和五步程序非常相似，并且沿用至今。（见图6.1）

RAP概览

RAP是帮助学生为接下来的教学过程做好准备。RAP有五个步骤，可用于你课堂上每个模块的开端。RAP的目的在于确保学生对基本概念、定义和知识的理解，这些对他们开启问题解决是必需的。RAP的核心是执行两个简短的多选测验。第一个测验在未分组时单独进行，第二个测验是在每个学生都有了团队后再进行一次同样的测试。这听起来很简单，却很有效。

RAP使学生为后面的活动做好充分准备。关键并不在于测验。如果RAP只是另一种评估策略而不能帮助学生为接下来的活动做准备，学生们也会非常失望的。如果RAP不能与接下来的活动紧密相关，你必将会听到学生们

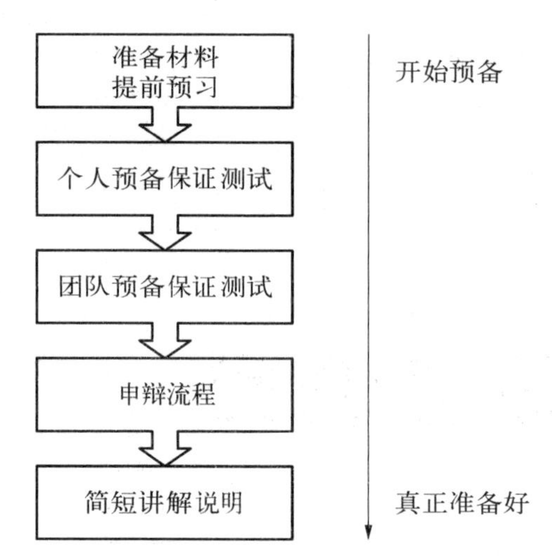

图 6.1 准备工作保证程序的各个阶段

抱怨:"课前测试毫无意义啊!"RAP 是教学过程中目标明显的一个部分,RAP 与接下来的应用活动使 TBL 更具指导力量。

典型的 RAP 用于每两周的教学序列或者教学模块开始时。RAP 的重点是解答 10~20 个关于预备材料的多选题。RAP 要随着模块容量或课程结构的变化而变化才能成功实施,举例来说,如果课程是每周一次,每次上课六小时的话,RAP 则安排在每堂课开始部分;如果课本比较厚,那么使用短模块和高频次的 RAP 也是合理的。无论选择以何种频率进行 RAP,你都需要细心而主动地观察学生的反馈。你需要让学生们明白这一程序是为了让他们认真为接下来的活动做好准备而不是为了评估什么。没有一个神奇的数字能测出正确的模块长度,而很多使用 TBL 的教师都会过度测试学生。类似于过度测试这样的问题会在本文末尾"当准备保证出错"这部分详细讨论。

短语解释:

RAP:准备工作保证流程

iRAT:个人准备工作保证测试(有些地方也会写作 iRAP test)

tRAT:团队准备工作保证测试(有些地方写作 tRAP 或者 gRAT,但我们这里习惯使用 tRAT,因为我们在表达中使用的是团队,而不是小组)

MCQ:多选题

现在我们开始学习 RAP 的五个步骤:

第一步:学生课前准备
第二步:个人准备工作保证测试
第三步:团队准备工作保证测试
第四步:申辩流程
第五步:简短讲课/说明

课前准备:阅读准备材料

每个模块开始前,学生会领到一些阅读材料,例如报纸文章、杂志文章、课本章节、播客、PPT 材料或者是教学影像。学生们必须学习这些材料来准备模块内的学习。通常我们会为两周的模块准备 30~60 页的阅读材料。准备材料的数量会根据模块的容量、学习材料的难度、学科内容以及制度文化来决定。总的来说,我们发现,简短而聚焦度高的阅读材料会更好一点。

TBL 教师发现,相比于传统课堂,TBL 课堂的阅读材料的质量尤为重要,因为老师会要求学生真正完成阅读。

还需注意的一点:假设不是每个学生都会买一本教科书,那么学校图书馆的藏书量一定会少于本班学生人数。这是个很严重的问题,TBL 课堂上学生们*必须*人手一本教科书,才能准备好 RATs。如果有学生没有拿到教科书,那么 TBL 课程的前几个模块将会产生严重混乱。所以要提醒书店,本门课程不一样,每个学生都必须在第一天上课前拿到课本。

> 我很快发现课本的质量很关键,因为学生们会花时间阅读课文。学生把自己沉浸在课本中,这时如果课本质量不好或者不适合本课程,很显然学生不会有一段好的学习经历。(基督复临健康科学大学,职业治疗,荣・卡森)

学生评论：这是我的第四学期。我每年都买课本，可从来没打开看过，然后在学期末，还能把书还回去收到全额退款。这是我第一次也是唯一一次阅读课本。（明尼苏达州立大学曼卡多分校，化学与地质学，玛丽·哈德利）

在过去的这一学期，有件事很令我高兴，就是在我任教的合同起草班内采用了RAT，每次我走进教室时，每个学生的课本都是打开的，正在回顾自己的笔记。原来每当我走进教室时，学生都傻坐在座位上等我来做些什么。有了RAT，学生们都在阅读了。这是一个好的转变。学生也说RAT督促他们阅读更加认真了。不像原来只是随便读一下，现在有了阅读的明确原因，因为他们都知道他们要为自己出的主意负责。（威得恩大学，法律，大卫·雷克-乔丹）

阅读材料的长度适中是很重要的。多年来我们已学会了少即多的道理。我们发现，不论学习材料的容量如何，学生似乎都在特意划分出一段时间来做准备阅读。而当我们发放较少的学习材料时，学生们似乎不仅仅停留在阅读层面，他们开始试图去理解这些材料。但如果我们发放的资料太长或是太复杂了，学生们只是用眼睛浏览过所有的文字，并没有吸收多少，或者因为时间限制只能读到哪算哪了。如果阅读材料太长或是太繁复都会减少学生的阅读热情。

我们也不应理所当然地认为学生们都会有效阅读。也许我们还需要帮助学生们学会阅读。在稍后的章节中我们会详细讨论到这一问题。

老师们如果利用一个TBL模块来教学几个章节的话，也许只会分配每章的一部分来作为模块教学目标。例如模块1包含了课本上的1—4章，学生只要阅读2～3页介绍每一章节的内容就可以了。

iRAT

完成准备材料后，学生们进入TBL教学序列或模块的第一堂课。然后个人单独完成大约10～20个左右的多选题测试。这些测试题目都是根据准备材料的内容设计的。RAP测试是闭卷的，但是有些老师允许学生使用索引卡。然而，老师们都应该清楚高质量的RAT问题就不是在考核死记硬背的内容。

非常简单，iRAT用于确认每个学生都做好了课前准备。学生是否完成了课前阅读材料？测验应关注于让学生掌握成功解决问题时需要掌握的词汇和重要的基础概念。拿书来做一个类比，这一测验的构建应该更靠近内容层级表而不是索引层级。建议你避开吹毛求疵的细节，专注于重要主修科目概念。然而，iRAT的题目还是相当有挑战性的。总体来看，学生的iRAT平均得分在65%～75%之间，tRAT的得分一般是在85%～95%之间。

通过信度测试提高iRAT

我阅读过原版的TBL书籍后(Michaelsen, Knight, & Fink, 2002)，就邀请了拉里·迈克尔森(Larry Michaelsen)来我们学校。在工作坊期间他演示了某种被叫作信度测试的检测作为iRAT流程的一部分。拉里的本意是想回应那些获得部分知识而想得到部分分数的学生。

在做iRAT的时候，学生有几次“蒙”对多选题答案的机会。iRAT测试不是每个问题只能回答一次，学生可以多次回答问题并且每次给出不同的答案。因为仍然只有一个正确答案，学生们选择如何分布这几次回答的机会其实取决于他们对自己回答的信心。这也就变成了一种有趣的通过元认知来反观自己的信度测试。学生们会实时评估自己现在对材料的理解程度。如果学生发现自己每次都要换一个答案的话，那么他们自己也就会发现自己可能准备并不充分。虽然RAP中已经有很多反馈环节，但是信度测试是很有力的一个增加反馈的方法。

> 信度测试是显而易见的，是一个很好的教学展开点。我告诉我的学生们，我打算给每一个回答打三次分，只要三次中有一个正确答案就可以得1分。大多数学生这时候看我好像我有三个头。这时我就问他们知不知道什么是元认知。然后我会详细地解释元认知就是你知道自己是不是真正学会了。我以一个护士为例作说明，一个护士不确定自己将要给病人用的药是否和病人用的另一种药有冲突。我解释道，这位护士必须100%的确定才可以用药啊。我继续向学生解释，在工作上也十分需要知道自己是否做对这种元认知技能，而这也正是你必须不断去学习和练习的。接下来就会自然展开一些讨论，关于信度测试和TBL的所有方面是如何帮助学生与团队成员一起在这个学期内锻炼自己的元认知。(加斯顿学院，心理学，玛丽·古尔力)

采用信度测试，老师也许会在一页答题纸上重复一样的问题，无论使用简单的纸笔表格或是专门答题纸(见图6.2)都可以。“例如，请将第一题的答案写在第1—4排上。如果你非常确定自己的答案，可以4排都涂一样的答案。如果不是很确定自己的答案是否正确，你可以蒙不同的回答，基于你的信心，认为某一回答是正确的。”可供蒙的分数应该比可供选择的问题数少一个。如果选择题有四个，那么应该给学生三分去蒙，如果有五个选择应该给学生四分去蒙。这就避免了学生每个答案都选一次，什么都不会还能得分。

第一次听说信度测试时我就很喜欢这个办法，但是我想如果在一张表格上让学生不断重复回答同一个问题会不会给学生带来混淆，回答失衡。最近的几次对几位TBL教师的采访表明，并没有学生对信度测试的使用提出问题。

作答指导
部分分数和蒙题是允许的：每个问题最多可答四次，如果你非常确定，就在四行中选择同样的答案，如果你不大确定，就把认为最正确的涂在第一行。但确保每行只涂一个答案。

1.				2.				3.			
A	B	C	D	A	B	C	D	A	B	C	D
A	B	C	D	A	B	C	D	A	B	C	D
A	B	C	D	A	B	C	D	A	B	C	D
A	B	C	D	A	B	C	D	A	B	C	D

悉尼大学发明了一种皮尔逊表格(A1699)，使得这一信度测试更加简单。这一表格在皮尔逊扫描器中是可以编辑的。

图6.2 信度测试扫描表

南澳洲大学的彼得·艾伦为信度测试自创了一个非常简单但有效的纸笔测试表格(见6.3)。他给每个学生都印一张答题表，然后用透明的塑料纸画成一样的表格，并把错误的答案涂黑。把塑料纸覆盖在学生答题卡上面就能很快且准确地得到学生iRAT测试的得分了。[①]

在网上做iRAT

也有些TBL教师让学生来上课之前在网上完成iRAT。他们使用Blackboard，Canvas和Moodle等课堂管理系统来管理测试。此做法在TBL社区中形成非常激烈的讨论，一直没有达成一致。

已经习惯使用网上iRAT的人似乎对网上测试非常满意，并且报告在iRAT或tRAT中学生没有掉档，在tRATs中学生讨论很有气势。他们还发现使用网上测试使得有特殊需要的学生有时间完成测试。

不习惯使用网上iRAT的老师就会比较担心如果iRAT和tRAT不在同一时间完成的话

---

① 译者注：类似的方法还可以用普通纸张画出表格后，刻空正确答案的地方。这样也可以直观地看到每题得分。

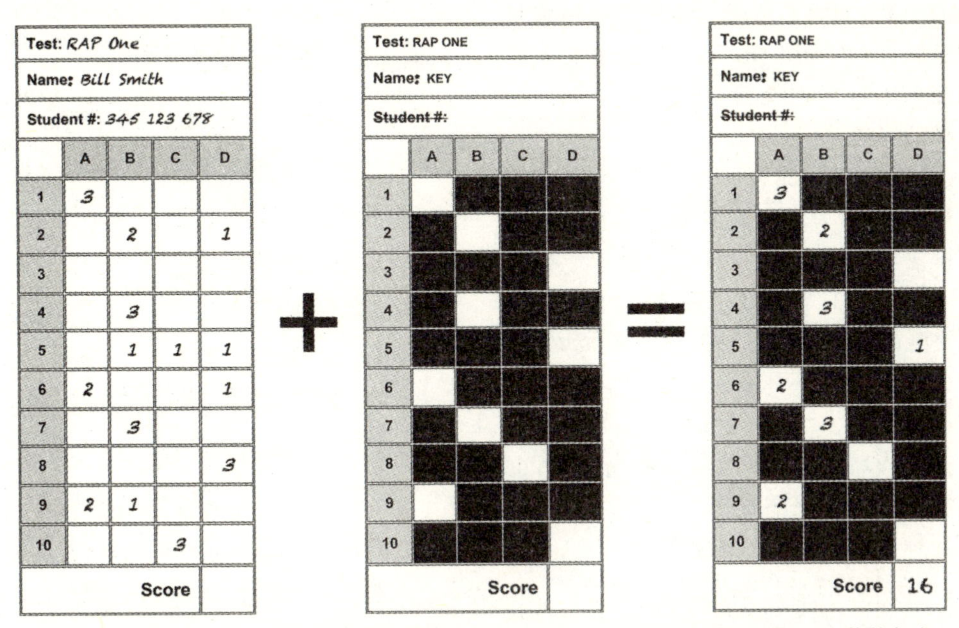

南澳大利亚大学的彼得·艾伦为信度测试发明了一个简单而有效的纸笔表，如图6.3。他给每个学生都打印表格，之后使用相同的文件打印在一张透明纸上，并且把错误答案涂黑。将两个表格重叠，他能够很快且准确地给学生的iRAT打分。

图6.3 信度测试纸笔表

会产生一大堆问题。比如在tRAT讨论时不活跃，紧随iRAT的tRAT失去内聚力，学生在网上做iRAT时作弊。

网上iRATs有几个常用的步骤。首先，需要学生签署荣誉准则，然后，网上测试时间很短，只有15～20分钟时间。如果您考虑使用这个iRAT方法但还有疑问，可以将问题发送到TBL LISTSERV(www.teambasedlearning.org/listserv)，这里有更多关于网上iRAT的信息。

用按键器完成iRAT

也有一些学校用按键器来收集学生的iRAT结果。有两种主要的执行方法。使用简单的按键器，可以让学生用纸和笔的方式完成iRAT，当设定时间一到，老师就播放PPT幻灯片，将每一道题圈一下，给学生15～20秒通过按键器提交自己的答案。还有一种更好的方法就是带有显示的按键器，使得学生可以一题一题应答直至完成测试。

使用按键器完成iRAT的优势有很多。首先，使用的软件可以让每个学生随机选取题目，这减少了作弊行为。这需要另交一份每个团队相同的标准化的tRAT，与IF-AT[①]相匹配。还有一个优势就是，测试结果的数据能够当即呈现出来，这个结果可以帮助教师了解，在简短讲课中应突出什么。

tRAT

团队RAT测试，也叫tRAT，在iRAT完成后立即开始(除了在上文讨论过的通过网络完成的iRAT，这种情况下tRAT则在iRAT完成后尽快展开)。在小班教学时，学生可以完成iRAT后和自己的团队坐在一起。而在大班教学时，最好让学生在整个RAT环节中坐到自己团队的位置上，这样可以减少在团队测试

① 译者注：这里作者提到的IF-AT，是一种新的测试技术。这种测试系统改革了传统的多选题测试，能够在测试当即得到反馈答案，把简单的测试变成了学生进行互动学习的过程。并且给教师也提供了更多的评估信息。作者在下文中会详细介绍。

开始时的中断。iRAT 结束后学生可以保留自己的问题纸，但必须在 tRAT 开始前上交他们个人扫描的卡或者上交得分纸。两个测试用的是同样的问题。

团队测试的过程充满活力、吵吵闹闹，甚至有时候很混乱，因为学生们需要讨论和商量每道题的答案，加深理解。尽管我们会让学生知道，一半以上的团队都完成了测试后，我们还会给未完成测试的团队 5 分钟时间来完成，但通常我们会预算给 25 分钟来完成 20 道团队测试题目。

尽管 tRAT 测试既可以用纸和笔方式，也可以用答题卡形式来完成，一个非常有效的、能使课堂充满活力的方法就是使用 IF-AT 刮刮卡，这将在下个部分详细介绍。

即时反馈评估技术

即时反馈评估技术(IF-AT)表格是一种特殊的答题卡，被广泛应用于 tRAT 中。IF-ATs 是一种“刮刮乐”形式的答题卡(见 图 6.4)。这一程序极大地提高了在 tRAT 阶段学生讨论的质量，更重要的是，提供丰富、即时正确的反馈。学生们当然很喜欢这种测试卡。当学生们完成 tRAT 后你可以看到他们激动地互相击掌、欢呼。我们甚至收到过学生对我们的测试表达感谢。如果你还没有尝试过这些，快来试试吧！

> 学生们非常喜欢这种答题卡。在第一次上课时，我使用这种方法作为练习测试，学生们都乐不可支。他们就是很喜欢刮刮乐的过程。这一过程很愉快且高效，这不仅是一个能得到即时反馈的过程，更重要的是学生们都很认真地刮开每道题的答案。看到他们刮到正确答案时的反应真是很有趣。整个教室都是“太棒了”“我队威武”这样激动的声音，而当他们答错时，就变成了“哎！”“真糟糕！”(不列颠哥伦比亚大学，城市与区域规划，马克·斯蒂文斯)

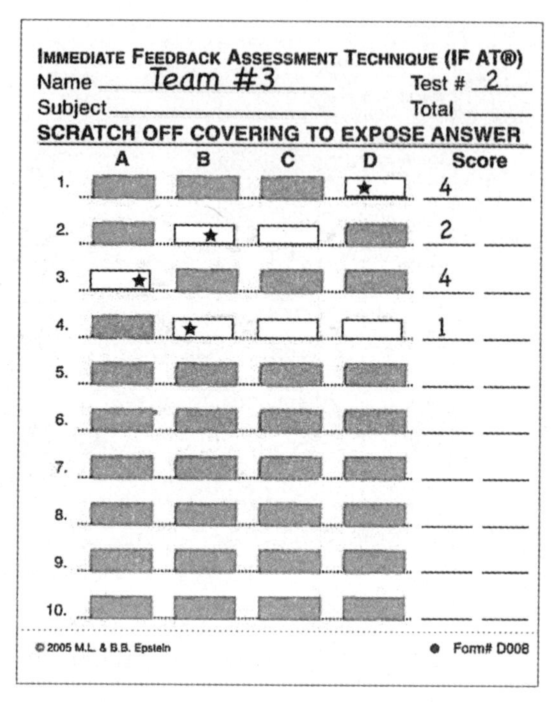
IMMEDIATE FEEDBACK ASSESSMENT TECHNIQUE (IF AT®)

Name Team #3　　Test # 2

Subject　　Total

SCRATCH OFF COVERING TO EXPOSE ANSWER

	A	B	C	D	Score
1.				★	4
2.		★			2
3.	★				4
4.		★			1
5.					
6.					
7.					
8.					
9.					
10.					

© 2005 M.L. & B.B. Epstein　　Form# D008

图 6.4　即时反馈评估技术答题卡

这些“刮刮乐”方式的答题卡是由莱德大学的麦克·艾普斯坦发明的。在一张 IF-AT 答题卡上，每个题目都有一排小格子，每个格子都可以像刮刮乐一样刮开查看结果。为了找到正确答案，学生必须刮开不透明涂层，而且一次只能刮开一个格子上面的涂层，正确答案上面有小五角星的标志。这种答题卡的神奇之处在于学生被迫进行交流，即学生在选择刮哪一格前，必须分享理解，达成共识。答题卡的另一个神奇之处在于它的即时反馈。

我们通过递减计分法来使学生在即使刮开一个错误答案后仍保持积极讨论。一个应用于 IF-AT 的简单可行的计分方法就是给第一次刮开就是正确答案的计 4 分，如果刮了两次才看到小五角星就只能计 2 分了，以此类推，刮三次才正确的计 1 分，把 4 格全部刮开显示正确答案的计零分。这种方法鼓励团队坚持投入一个问题，继续交谈，直到找到正确答案。

老师们通常都会报告目睹在整个一学期内班上的同学在做团队决策这一过程中的一

些改变。学期开始时，团队决定这一过程基本上由一些性格外向的学生来主导。重点放在每个人选什么答案上，通常采用投票表决“少数服从多数”的方法来解决争议。然而，随着学期推进，很多老师报告，已经找不到单个个体支配团队决策过程的情况了。更有甚者，可以看到学生们都在为自己给出的答案做解释并对自己为什么这么选做调整，最具说服力的答案成为团队最终的决定。

新使用 TBL 的教师经常会问，如何打印 IF-AT，使其与自己的测试匹配。实际上，每一套标号的答题卡都已经有了特定模式的星星，教师通过重新排列答案选项的顺序来对应答题卡。答题卡有多种不同的答案模式，这方便老师灵活安排答题的选项，并且能防止学生默记和猜测答案。每个答题卡的最下端都有一个“身份编号”，编号上面还有一排齿孔，老师可以在发给学生答题卡之前把卡片编号撕下来。IF-AT 答题卡分 10 题卡、25 题卡和 50 题卡，每个类型里面都有 4 选项（A-D）或 5 选项（A-E）两种。IF-AT 答题卡可以在 www.epsteineducation.com 购得。

申辩流程

申辩流程的构建在于激励团队在回答错误时寻找正确答案。在 tRAT 流程快结束时，老师会在教室内巡视一圈，并鼓励在 tRAT 中选错答案的团队进行申辩。团队使用包含在他们文件夹中的申辩表。这一表详细描述了如何成功进行书面申辩（见图 6.5）。申辩只可以以团队形式发起，而非个人。想要成功申辩一个问题，团队必须构建书面理由，形成以证据为支撑的一个案例，阐明为什么这个问题的答案也许会是错的。团队可以申辩是题目有歧义或者是阅读材料本身有歧义。为支持自己的论点，必须对模棱两可的地方特别给予标注，或者换一种说法以消除歧义。

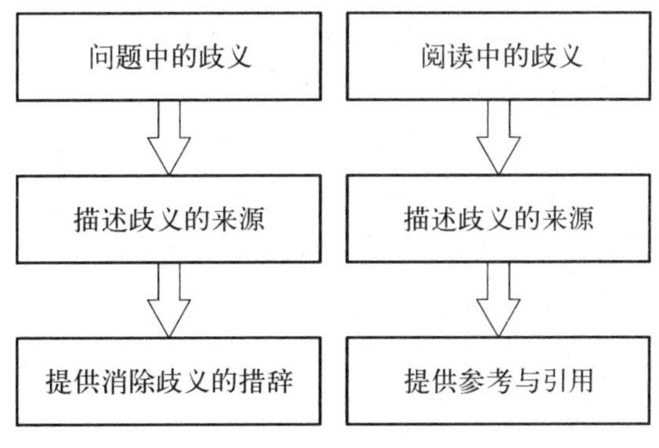

图 6.5　申辩流程

向学生强调只有团队可以做申辩是很重要的。可以要求每个队成员在文本最下面的“我们团队的每个成员都参与了申辩所需文本的撰写”这句话后面签字，以确保所有团队成员都参与了申辩文本的撰写。上传申辩的时间和方式由老师个人决定。有些老师要求一堂课结束时上交，有的课堂则要求在一天结束前上交。老师会在下节课之前仔细审核申辩，在下次上课时宣布申辩是否成功。如果一个团队申辩成功，那么这个团队的测试分数将会有所调整，所有支持申辩的团队成员的个人测试得分也相应调整。当然只有申辩某一问题的团队才能获得申辩带来的益处。一个团队申辩成功对其他没有申辩的团队也会起到示范作用，这会促进其他团队下次更认真地学习材料来看自己有没有申辩的机会。

- *论点*：“我们认为第二题的 AC 两个选项都是正确的。”
- *论据*：“材料第 121 页上说，‘糖类蛋白和配体是通过表面结合位点结合在一起的’。这使我们认为糖蛋白在其表面有结合位点。”

简短说明

在申辩流程之后，如果有必要，老师可以做一段简短的说明，来辨明在 RAP 中学生仍然搞不清楚的概念。老师只需关注学生还不知道的地方，而不用赘述学生已经掌握的知识。学生们总会急于展开应用活动。如果赘述过多，会让学生们失去热情。TBL 新教师就常常会犯这个错误，把每道题目都讲解一遍。千万不要这么做，这么做只会浇灭课堂上的热情。

> 大多数情况下，tRAT环节之后的简短说明不是必要的。tRAT结束后，学生们都已经知道自己错在哪里了，并且他们很高兴自己做到了。（奥克兰大学，商务与经济，彼得·史密斯）

对RAP教育力量的记述

记住，RAP的作用在于使学生对接下来的活动做好准备。

课前准备的结果

课前准备材料的选取对帮助学生关注最突出的课程概念有很大帮助。使用阅读导引更有益于提升学生的专注力，使他们精力更集中。重要的是要明白这不是学生学习课程内容的唯一机会。在应用活动问题解决的过程中，学生会继续学习。学生受他们自己兴趣和知识的驱动，他们的理解会表现在应用活动报告时的公开展示上，这是学生认真学习课前材料的有力促进因素。

个人准备保证的结果

iRAT能够起到一些不同的作用。测试的主要目的在于使每个人能够认真负责地做课前准备。简单来说，如果你课前没有准备，iRAT的测试结果就不好。RAP主要使学生关注课程中最重要的概念。如果加入信度测试，会产生一个有意思的元认知成分——学生能够看到自己在某些方面确实准备不足。这是非常有力的驱动力，迫使他们重新思考下一次的准备策略。

团队准备保证的结果

在tRAT阶段，会出现一些很有趣的教学结果。首先，当学生们试图在团队内统一问题答案时，通过社交对话和同伴之间的学习交流，他们会获得一种更深刻的共享知识。其次，如果你使用了IF-AT答题卡，团队就会当即得到反馈答案。学生一提交测试结果就能得到答案，你不会找到比这更直接的方法了！

第三，IF-AT答题卡能够帮助团队建立一些良好的行为准则。例如，有些学生很善于表达自己却坚持错误答案，他们总是会打断团队进程，要求大家听他的意见，使用IF-AT答题卡会有效减少这样的现象；再比如，一些比较害羞、不善于表达自己观点却选对答案的学生，也能得到更多的倾听机会并帮助整个团队进步。最后，那些没有做好课前准备的学生总会被团队成员看出来，来自同辈的压力与评估有时会极大地促进学生更努力地学习。

申辩流程的结果

申辩流程的奇妙之处就在于，敦促学生再次回看准备材料中他们感觉最难的地方。这些难点通过他们在执行tRAT时犯错的问题被清楚确认。为了能够成功申辩，团队必须再详细查看他们还没理解的概念。他们在研究答案后发现原来老师是对的，也可能发现了一个问题真的模棱两可。为了完成这一过程，学生们必须回顾复习准备材料和相关问题，并写出有论据的案例。

简短讲课/阐明结果

在RAP第一轮四个阶段结束时，老师和学生都能清晰地明白课程中哪些概念还没有被理解。在tRAT阶段，学生得到了大量反馈，并且在申辩过程中有机会搞清楚遗留下的错误概念。但也有可能仍存在一些难的概念。那么在RAP快结束时就可以通过简短讲课的环节来阐明这些概念。这一环节强有力的地方在于阐明学生自己知道自己还没有掌握的概念。而且不会把课堂时间浪费在学生已经掌握了的知识内容上。

但是，教师怎么知道哪些概念还没有被掌握呢？

如果老师有一台扫描仪就可以通过查看全班同学的记录结果来了解学生们容易出错的是哪些问题。但这一方法的弱点在于，学生也许在团队测试过程中就消除了这些问题，并不需要教师来回顾。

还有一种简洁的方法就是，在团队上交了IF-AT答题卡后，老师在黑板上写好每道题的序号，让每个团队的代表上来标记他们需要讲解的题目。这个结果看起来有点像茎叶图，能够迅速看出学生们还在困惑的地方（见本章后文中图6.9）。

小贴士：TBL新教师通常会爱上RAP的结构和结果，也许会觉得只实施RAP就够了，而不管TBL的其他过程了。但我相信这样的想法是不对的，因为TBL的主要作用在于帮助学生学习如何运用课程概念来解决在应用活动中出现的重要问题。RAP就是让学生们做好充分的准备。如果在课堂上只运用RAP，学生就有理由对教学前的测试抱怨。如果只运用准备工作保证流程，那么让学生准备好之后干什么呢？

> 我很不愿意谈及RAP，因为有些人认为RAP就是全部了，实际上并非如此。这其实是最不重要的一部分。这只是为你的应用练习储备能力，但如果你认为RAP就是全部了，那么你就错了。我认为很多人都错了。（纽约州立大学奥尔伯尼分校，犯罪学，肖恩·布什维）

准备工作保证测试的起草

在这一部分我们将会详细讲解如何做好准备工作保证测试，如何设置好的多选题，以及如何运用项目分析来提高问题的质量。

> 有一个警告：你必须学会如何写出好的多选题，因为你真的可能会使整件事脱轨，如果题目设置得不好，学生会抵制或者更糟的会消极怠工。必须让学生感到这些问题是合理有用的，并且向着好的学习方向引导。（爱德华王子岛大学，文学，布伦特·麦克莱尼）

你需要给每个模块都建立一个RAT。提醒一下，这些多选题应涵盖课前准备材料的重要基础知识，学生开始应用活动时需要这些材料。RAP适合逆向设计流程。首先，为了让学生能够解决问题并向你展示他们学到的知识，你要明确需要学生解决什么问题，需要怎样的教室环境。RAP的作用就是，为后面的应用活动的准备阶段介绍相关基本概念迈出的第一步。

有一种想象这一过程的结果的方法就是把学生的认知架构想象成一幅空荡的公路图，上面只有几条主路和一些城镇标记。而在RAP学生团队问题解决之后，这个认知框架或者说是地图中就添加了更多的细节。记住，RAP是为了检验学生的准备，而不是为了测试学生。测试一些对接下来活动不必要的细节，或测试次数过多，或过分重视RAP的最终得分都会降低学生对TBL的接受度。

好的RAP问题基于两点。首先，我期望学生通过认真学习准备材料能学到什么？第二点是，学生在开始应用活动之前需要准备什么？当你为问题选定主题时，首先要回顾阅读材料、活动和目标。你必须对结果和目标非常清晰，才有可能进行高效的逆向设计。问题从辨析概念开始，涉及的概念是学生开始解决问题所必须掌握的。记住，RAP并不是学生唯一能学习内容的地方。在应用活动中解决问题时，他们会继续加深理解，拓宽知识。

在解决问题时吸收知识有两个优点。首

先，通过边学边应用，学习者能够更好地组织正在学习的知识，可以建构更加稳定的认知结构，稳定的认知结构使学习者在问题解决过程中能更快地进行知识检索（基于布鲁纳的学习理论，在本书第 4 章详细地讲解了如何发展认知结构）。另一方面，当学生知道自己学习的东西有助于解决一些有意义、有趣的问题时，学习动机会得到加强。

TBL 教师通过几个不同的策略，找准 RAP 测试中的主题。

首先，从阅读材料中分辨出最重要的概念。然后想想学生开始应用活动前必须要掌握哪些最重要的概念。在脑中一边想着应用活动，一边回顾阅读材料，就能列出很多所需概念。当你注意到一个概念，而这个概念是学生在解决应用活动问题时可能会用到的，就将它以问题的形式记录下来。通过这一过程，可以迅速建立学生应该会回答的 30～40 个问题主干。这些问题主干待会儿被重新放入阅读指导中，作为精选出的 RAP 中必须涵盖的、最重要的概念的起始点。

第二步就是看着这一清单上的每个问题，反问自己："学生是不是绝对需要掌握这道题才能开始解决问题呢?"这将有助于你砍掉一些不必要的问题。最后的清单保留 10～15 个概念、短语或者一些重要的实例，用来作为后续测试中的题干。必须确保这些题目涵盖足够多的基本概念，掌握一大部分这些概念后学生至少能够开始解决问题了。如果你设置的测试概念与接下来的应用活动联系不大，学生就有理由抱怨这一过程只是在测试而已，而不是做准备。

在课程开始之前就应该起草整个 RAT 计划。这样才能够明确整个测试的意图，帮助你聚焦于需要在 RAP 期间用于测试的概念的选择和提交。当你看着整个结构良好的 RAP 测试，你会发现，这个测试是在帮助学习者为接下来的项目做准备。

也许你想按照布鲁姆的学习目标分类法来编写自己的准备工作保证测试。一般情况下我们都根据本杰明·布鲁姆的学习目标分类法 (Bloom Engelhart, Furst, Hill, & Krathwohl, 1956)来描述一个测试题目的级别。在布鲁姆的认知分类中，有一系列不同的层级，包括记忆、理解、应用、评估、综合和最高认知水平——创新。一个典型的 RAP 应包含 30%的简单回忆，用于测试学生是否真的做了课前阅读；30%的阅读理解，来看学生是不是理解了自己阅读的内容；最后有 40%的简单应用，通常可以使用以下结构来进行提问："哪个概念可以在此情境中应用?"这一部分可以考查学生是否已经准备好应用自己所学的概念了。我们常说，要将 RAP 编写按目录层级而不是简单知识点罗列的索引层级。更准确地说，大多数 TBL 教师编写的题目会比内容目录更深层次，但是请记住，这个测试只是学生在展开问题解决前所需掌握的最少量的知识内容。更深层次的理解在后面。

来自 TBL 教师的一些具体建议

TBL 教师认为编写好的 RAP 问题和应用活动问题是整个 TBL 中最难的部分。问题的质量非常重要。一旦完成了 RAP 问题编写和应用活动内容，你就完成了所有的累活，可以去课堂上开展有趣的 TBL 了。花时间来撰写好的题目是事半功倍，如果有条件就找其他人来一起仔细检查一下你的测试，这在测试学生之前能给你一些有价值的反馈。这个人可以是你的同辈、同事、助教，或是你们教师中心的人。重要的是有人能公平公正地评价你的测试题目。对检验者显而易见的瑕疵作者本人却不一定能发现。在办公室就发现了题目的不足总比到了教室让学生发现来的好吧。

我们采访了一些教师，他们给出了下列建议。可能并不是所有建议都适合你，也不可能将所有建议都应用在你的课程中，但是这些建议可以给你提供一个有价值的视角，去看看一个老师在组织 RAP 测试时的动机和行为。

当我在编写题目时，我不断问自己，“这是一个重要的问题吗？是学生必须要知道的内容吗？”如果答案是否定的，我就会放弃这个题目。（中部密苏里大学，商学，拉里·迈克尔森）

我教的是文学。一般我在读小说的时候每读30页左右就会停下来问自己，“在这部分内容中如果没有我的帮助，没有任何的解释、理论、上下文或者背景，我能期待学生领会什么主旨大意呢？一个智力正常的大学生，也许还没有特别好的阅读策略，不在我的帮助下读这本书时他会理解到什么呢？”这是我提的问题。然后在下一个30页后我又停下，问同样的问题，我就是这么生成问题的。（爱德华王子岛大学，文学，布伦特·麦克莱尼）

我倾向于设置较低水平但面宽概念广的问题，但是如果必要也会偶尔设计一些细节性的问题。我不倾向于细节性的问题。我试图避免那些只测试记忆的问题。（瑞吉斯大学，药学，迈克尔·尼尔森）

我设置的问题都很基础。你课前阅读了吗？你理解这个定义的含义了吗？之后我才会放置一些我真正想问的问题，这些问题能让学生做更多的思考，和团队讨论，我倾向于学是为了应用。（肯塔基大学，社会学，珍妮特·斯塔马泰尔）

缺了它们学生们就不能继续下去的内容就是非常重要的内容。（杜兰大学，医学，N·凯文·克莱恩）

因为我的RAT只有5个问题，因此我要编入五个最重要的概念。在我开始编写RAT前，我会把所有阅读学习材料浏览一遍来保证自己理解了所有内容，并能够区分出哪些将可能成为RAT题目。接下来再去思考哪5个是最重要的概念。我尽量尝试在目录层面上编写，而不是在索引层面上。但有时候真的忍不住就会多加入一些细节性的东西。（圣奥拉夫学院，管理研究，瑞克·哥迪）

我们经常会放置一些简单的问题，这些问题其实就是检测学生是否完成了阅读。我们还需确定学生容易理解错的主题。我们还要确定常识性的概念混淆，这很有可能削弱学生开启成功解决问题的能力。我们可以问哪个概念可应用于这个设定的情景中，这有点类似于布鲁姆的学习目标分类中的“简单应用”。我们可以聚焦于概念之间的关系，这可以非常有效地一下子测试两个概念。为什么要问A是什么含义，B是什么含义，而不是直接问AB之间的关系。因为只有学生既掌握了A的概念又掌握了B的概念才能理解两者之间的关系。如果在课本或者阅读材料中有案例就可以考虑基于不同的方案将案例改写进问题里。

值得记住的是RAP不是学生所需掌握的知识的简化版本，而是嵌入一个发展简图或路图的初步想法，可以帮助学生构建在应用活动中要学习的一切。

编写高质量的多选题

结构良好的多选题其实并不好编写。但是RAT中多选题的质量直接决定班级气氛。对于那些态度不确定，但愿意在你带领下尝试一下的学生，如果你匆忙赶出一些结构很差的问题，强加给学生，还指望获得好的体验，这些学生将很快成为激烈的反对者。没有什么比仓促赶出很差的题更令人难受的，还得忍受学生不可避免的激烈反应。优质的题目绝对是TBL成功的关键，因此值得你花费时间和精力努力编写好的题目。

在题目设计工作坊中，很多老师都表示，花一个小时只能编出一道题目是很常见的事。花了那么大力气的投入，老师们担心题目的安全性，生怕题目泄露。幸运的是，TBL的多选题是可以重复使用的，运用项目分析结果，还可以完善它们。

多选题型常常被认为只能测试到简单的知识掌握级别，类似理解或者回忆。然而，编写出较高级的布鲁姆水准的多选题虽然真的很难，但是是可行的。当然，这也需要额外努力和上心。

高水平多选题样例

在你的辩论中，你引用来自不同法院的一些案例。这是你第一次需要引用这些案例。那么根据引用法则，哪一个是最准确的引用语句呢(使用你的引语手册)？(这一问题是由新罕布什尔州法律学院的索菲和玛格丽特编写的。)

1. Wyman v. Newhouse, 93 F.2d 313, 315(2d Cir. 1937); Henkel Co. v. Degremont, 136 F.R.D. 88, 94(E.D. Pa. 1991), Willametz v. Susi, 54. F. R. D. 363, 465 (D. Mass. 1972).
2. Henkel Co. v. Degremont, 136 F. R. D. 88, 94 (E. D. Pa. 1991); Wil-lametz v. Susi, 54. F. R. D. 363, 465 (D. Mass. 1972); Wyman v. New-house, 93 F. 2d 313, 315(2d Cir. 1937).
3. Willametz v. Susi, 54. F.R.D. 363, 465 (D. Mass. 1972); Henkel Co. v. Degremont, 136 F. R. D. 88, 94 (E. D. Pa. 1991); Wyman v. Newhouse, 93 F.2d 313, 315(2d Cir. 1937).
4. Wyman v. Newhouse, 93 F.2d 313, 315 (2d Cir. 1937), Willametz v. Susi, 54. F.R.D. 363, 465(D. Mass. 1972), Henkel Co. v. Degremont, 136 F. R. D. 88, 94(E.D. Pa. 1991).

正如你从此例题中所看到的，测试较高级的布鲁姆水准是可行的。在这一案例中学生被要求选择一个最准确的引用，而不是选择一个准确的引用。所有引用都有错误，所以学生就会猜测，那么哪一个错误对引用的准确性影响最大？

一些重要短语界定

- 题干：有时也称作问题先导。大多数时候，这些题干是独立的，是学生不用看选项就能回答的问题。
- 干扰项：错误答案
- 关键回答：正确答案
- 选项：干扰项＋关键回答
- 题目：题干和选项；整个多选题

设定题干

开始构建多选题时，要先写下题干。结构良好的题干，在大多数情况下都是独立的问题，学生可以在不看选项之前就回答出来。题干用词和其所包含的动词决定了通过问题测试的整个题目的认知水平。

你可以应用布鲁姆的分类表帮助你选择合适的认知水平准备测试概念题目的题干。表 6.1 列出了不同的布鲁姆水准的相关动词，表 6.2 则对应了这一水平的可能的问题题干。题干动词表是由琳达·巴顿(Barton, 2007)生成，出自她完美的“为布鲁姆分类表修订版提出的快速翻转问题”。

题干生成法则

为了设置好的多选题，可以考虑下面这些题干生成法则：

- 如果可行，题干应当是可以单独作为问题提出的。
- 题干在语义上是完整的。
- 慎用否定含义的题干。
- 如果有一个选项中多次出现关键词，想办法把它移到题干中。
- 编写的题干必须有一个无争议的正确答案。

表 6.1 布鲁姆认知水平：动词

记忆 (Remembering)	理解 (Understanding)	应用 (Applying)	分析 (Analyzing)	创造 (Creating)
知道(know)	复述(restate)	翻译(translate)	区别(distinguish)	创作(compose)
定义(define)	讨论(discuss)	解释(interpret)	分析(analyze)	计划(plan)
记忆(memorize)	描述(describe)	应用(apply)	区别(differentiate)	建议(propose)
罗列(list)	识别(recognize)	利用(employ)	预测(calculate)	设计(design)
回忆(recall)	解释(explain)	证明(demonstrate)	实验(experiment)	组合(assemble)
命名(name)	辨析(identify)	改编(dramatize)	比较(compare)	架构(construct)
关系(relate)	定位(locate)	练习(practice)	联系(contrast)	创造(create)
		释义(illustrate)	引用(criticize)	构建(organize)
		操作(operate)	解决(solve)	管理(manage)
			检验(examine)	判断(judge)
				评价(appraise)
				评估(evaluate)
				衡量价值(value)
				抉择(select)
				选择(choose)
				评定(assess)
				估价(estimate)
				测量(measure)

表 6.2 布鲁姆分类：题干设置

记忆： 回忆、定义、识别、罗列、描述、检索、命名	是什么？ 怎么样？ 在哪儿？ 什么时候发生的？ 你是如何描述的？ 你可以选择……？ 为什么这么做？
理解： 解释概念或想法、解释、总结、改写、归类、阐释	你如何分类……？ 什么事实和观念展示了……？ 阐释你的语言…… 哪个陈述支持了……？ 你如何总结……？ ……的主要思想是？
应用： 在另一个熟悉的场景使用信息、应用、实施、施行	最好的第一步是什么？ 最重要的问题是什么？ 可能出现的最坏的事情是什么？ 做……将会是一个错误吗？ 最常见的失误是什么？ 下一个你将做什么测试？ 最常见的诊断是什么？ 你将如何运用……？ 你将会如何解决？ 什么是最符合逻辑的顺序？ 你将使用什么方法？ 如果出现了……你将怎么办？ 你要选择哪些事实来展示？

续 表

分析： 打碎信息到不同的部分来探索理解和关系、比较、组织、展示、询问、寻找	最好的第一步是什么？ X是如何与Y相关的？ X的主题是什么？ X的部分都有哪些？ 你会做出什么样的推断？ 你可以得出……的结论？ X与Y之间的关系是怎样的？ X的功能是什么？ 什么想法能证实X？
创造： 设计、构建、计划、生产、发明、评估、证实一个决定或者一系列的行动、假设、批判、判断、产生新想法、产品、看待事物的方式	为解决X你将做出何种改变？ 你将如何提高X？ 你将如何调整X来创造一个不同的Y？ 如何做能最小化X？ 为X建立一个理论。 如果是X将会有什么结果？ 你将如何证明X？ 你将如何优先X？ 你将如何证实X？

注：本表来自 Barton(2007)

动词转换法

有一个更简单的方法可以编写出高水平

的多选题。这个方法虽然违背了独立题干法则，但是非常有效。首先，找出问题中的动词，然后把动词换成为其对应的名词。例如，动词“描述”可以转换为“选出最佳的描述”，或动词“解释”可以转换为“选出最佳的解释”。这就把一个简单的理解题变成了评价与辨析题。这置学生于不得不对可能答案做评价的角色中，与规范标准相悖。例如，“哪个描述最好地解释了社会建构主义的基本原则？”

编写选项的一些思路

一旦构建好题目，就可以开始编写正确和不正确的选项了。选项应聚焦于对重要概念的理解和错解的测试上。编出一个看似非常合理的错误答案在设置多选题时是最难的了。柯林斯(Collins，2006)认为有两种选项是最佳干扰项。第一种是，描述很准确但不完全满足题干要求，还有一种就是，表述有误但学生看起来是对的选项。下面有一些准备建议：

- 确保每个错误选项都看似合理实质却是错的。
- 确保正确选项(关键回答)是清晰且最好的。
- 如果可以请避免使用“以上所有”。
- 使用“以上没有”要谨慎。
- 最好使所有选项长度差不多，因为一些投机取巧的学生在不确定答案时往往会选择最长的一个。(“这么长肯定不是错的。”)
- 确保选项和题干的文法一致且平行。
- 确保数字答案放在数字序列中，或递增或递减。

在编写选项时，你会发现把所有选项按照从正确到不正确的连续统计图示很有用。这一图示能将已有选项的正确性形成思维图像。如果所有的干扰项都分布在错误项序列的末端，见图6.6，那么这个问题就很清楚，不太可能激发团队讨论或者辩论。

当选项分布在靠近正确的一段时，见图6.7，题干中必须有像“*最好*”、“*最*”这样表示最高级的词。哪一个是*最重要*的？哪一个是*最显著*的？哪一个选项是*最好的解决方案*？类似这样的问题需要学生进行详细的辨析，这可能会使学生展开热烈的讨论，当然也有可能导致学生不愉快，需慎用。

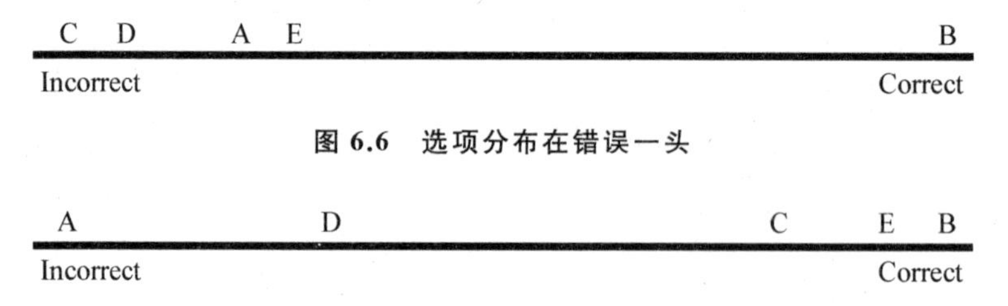

图6.6 选项分布在错误一头

图6.7 选项分布在正确一头

设置测试结构的最后一步就是打乱题目顺序，并使答案顺序能符合IF-AT模板。有些题目需要一个特定的顺序，类似数字题目。所以最好首先将这类题目安排在模板上合适的位置，再来安排其他题目。然而，不好的题目总是很难再次排序。

通过项目分析改进测试题

大多数测试扫描机和测试软件都能自动生成测试统计数据。项目分析已经广为人知。这是一个数据分析的过程，分析每个问题(或者说是“项目”)，这个分析过程也与学生在这个问题上答的情况相关，即通过与他们所有的测试分数相比较看他们在这个问题上答得有多好。项目分析通常被用于鉴别不好的题目。例如，一个学习好的学生常答错的难题，而学习不好的学生却常答对，表明问题构建存在问题。项目分析可以帮你找出这些问题。

表6.3是一个典型的项目分析表。这个表

主要由两部分组成：一个分析部分显示答对的频次，一个部分是计分表。从答对频次表这边可以看到，一是每道题目答对学生占全班人数的百分比（有时也可能是人数），二是全班学习排名前25%的学生答对这道题的比例，三是全班学习排名后25%的学生答对这道题的比例。从另外半边的计分表可以看到每个选项上的总人数，有时也用百分比来表示。不同子集之间的正确率可以被用来判定这个问题的区分度。

表6.3　典型项目分析表

	正确率				计分表				
题号	全班比例	前25%	后25%	区分度	A	B	C	D	E
1	81	97	56	0.46	8	6	79	1	3
2	55	53	59	−0.06	1	27	9	54	7
3	99	100	96	0.18	0	96	0	1	1
4	100	100	100	0.00	98	0	0	0	0
5	89	87	74	0.14	5	4	2	87	0
6	89	87	74	0.20	18	42	9	13	16

TBL课程中有两种进行项目分析的有效方法：

- 在TBL进行期间，扫描iRAT测试卷后，可以通过项目计分表部分分析看出学生在哪些问题上有困难。弄清困难所在能帮助老师在tRAT结束后及时阐明任何有问题的概念。
- 而在两门TBL课程的间歇期，可以通过项目分析的结果去修订、改进题目。通过重温每道题目的区分度价值，可以弄清这道题目在本测试中是否合适。通过回顾分析计分表上每个选项选择的人数，你可以发现从来没有被人选过的项目，那么对这样的选项有必要修订、改进，把它弄得更有吸引力，有些学生就有可能选它们。

使用区分度

项目区分度指数（表6.3中的“区分度”）代表了两种学生在一个问题上的能力差异，即对这个测试主题综合理解能力强（例如：综合测试成绩高的那些）和综合测试能力较弱的（例：综合测试成绩较低的那些）学生之间的差异。项目区分度指数可以从−1.0到+1.0。一个较大的正值数表明学生在这个问题上的表现和整体测试成绩有着非常强的关联性。如果差异接近0，表明这个问题和总体表现之间没有关系。如果他是负数，说明没做准备的学生反而比做了准备的学生更能答对此问题！表明这道题构词和主题有问题。出题的目标应该放在有较高的、正面的差异指数上，应显示出在通过充分准备对材料有很好理解的学生和没有准备或对材料不了解的学生之间的差异度。

表6.4

	正确率				计分表				
题号	全班比例	前25%	后25%	区分度	A	B	C	D	E
2	55	53	59	−0.06	1	27	9	54	7

表6.5

	正确率				计分表				
题号	全班比例	前25%	后25%	区分度	A	B	C	D	E
1	81	97	56	0.46	8	6	79	1	3

表6.6

	正确率				计分表				
题号	全班比例	前25%	后25%	区分度	A	B	C	D	E
4	100	100	100	0.00	98	0	0	0	0

以表6.4为例，第二题的区分度值就很低，告诉我们准备不足的学生在这道题上比准备良好的学生有更好的表现。这道题也许应该被修订。

而表6.5展示了第一题有很高的区分度。表明准备良好的学生比准备不足的学生在这道题上有更好的表现。所以，这道题目就不需要被修订了。

最后，在表 6.6 中，所有 98 个学生在第四题上，都正确选择了答案 A。这道题的区分度为 0，表明这道题不能鉴别出有较强综合测试能力和较弱能力学生之间的区分度。这道题列入修订备选，因为它太简单。如果你认为有的学生没有做好课前准备而他们仍能够答对题目的话，修订这道题就特别重要。

通常，当问题的区分度很低的时候，老师将会再次检验这些问题并根据它在测试中的问题，有针对性地修改。这里并没有一个区分度的临界值，能清晰地区别好坏问题。区分度给我们非常有用的参考，来判断这些问题是否正如我们所预期的那样。

使用计分表

通过检查计分部分，老师能够识别出那些从未被选择的选项。这意味着也许需要重新编写一些更具干扰能力的选项，迫使学生更加精准地区别开选项。一个极端的例子展示在表 6.6 中，在这个例子中没有任何一个学生选择 B 到 E 的选项。

使用 P 值

很多测试扫描仪还会提供问题的 p 值。p 值代表了这个问题的难度。例如，如果有道题 $p=0.6$，意味着有 60% 的学生选择了正确答案。建议一套测试的 p 值在 0.25 到 0.75 之间比较好。一道难题的 p 值应该在 0.25 左右，而一道简单题的 p 值在 0.75 左右。之前提到过，典型的 RAP 有 30% 的简单回忆或者记忆题（你阅读过吗？），30% 的理解题（你理解吗？），最后有 40% 的简单应用题，通常以以下形式提问："哪个概念可以在此情境中应用？"（你是否准备好应用你知道的东西？）。这么算来，如果一套 RAT 有 10 道题，比较可行的是包含 4 道比较难的题，3 道中等难度的题目和 3 道简单的题目。

课程组织

RAP 是通往每个模块的端口。记住，我们的目的是使学生做充分准备，而不是想刁难学生。学生在做 RAT 时不应该看到意外的题目。做好 TBL 的诀窍就是管理好学生的期望值并给予他们取得成功必要的帮助。

再次推广 RAP

在任何 TBL 课程开始的时候，很必要向学生介绍 TBL 的基本流程，包括你选择 TBL 的原因和你对学生的期望。学生需要知道他们为什么和怎样做课堂准备，而你需要推广它。在第一次 RAP 测试之前，你应该重申一次选择 TBL 的理由，并提醒学生 RAP 的作用在于帮助他们做准备。你还可以在导读中再次强调这一观点。在课上，你可以再次推广 RAP，告诉学生使用 TBL 来解决复杂、真实的问题是很有趣，很管用的。记住，RAP 是关于如何做好准备的，而不是很难的考试或者练习测试。我建议不要用*课堂测试*这样的短语，因为这个会传达误导信息。

帮助学生准备 RAP

在每个模块开始时，特别是在课堂早期，你需要再次提醒学生如何好好准备 RATs。很多 TBL 教师都提供导读。

这种帮助学生进行准备的材料大致分为两种：一般阅读材料会介绍一些批判性的阅读技巧[①]。还有另一种特定的导读，强调概念、定义和其他从准备材料中应该学会的基础知识。不论是哪种材料，都应该提醒学生批判性阅读是一个主动投入的过程。他们应该记笔记，记录重要的概念，定期测试理解程度。

---

① 译者注：Critical reading，原来翻译为批判性阅读。在这里 Critical 不是我们平常意义中的批判，而是独立判断读到的东西。然后在此基础上，得出自己的结论。

一般阅读材料指导

一般阅读支持给学生介绍不同的提供批判性阅读课文策略的材料。材料会强调一些专家使用的阅读策略，例如认知地图、列提纲和其他的策略。专家的阅读方法和一般学生的阅读方法很不同。

专家阅读材料的时候会思考。他们通常从阅读摘要开始，辨别出研究的问题，然后通览整篇文章，主要看每部分的标题和文章结构，这时候也可能会看看文章的结论和讨论部分，查看数据，然后再回到文章，阅读那些他们觉得可以帮助理解全文的部分。

将这种阅读方法与典型的学生阅读方法相比较。学生一般都从开头看起，逐字逐句，并且认为只要眼睛看过每个词语，他们就能够学会这些。如果读到结尾，还是没有理解，他们会跳回到文章开头重读文章，并且期望这次能够读进去。学生很需要更有效的阅读方法指导。

批判性阅读小贴士

批判性阅读主要是主动、投入和思考的阅读。没有我们的帮助，学生可能很难做到。这里有一些方法来帮助他们开始批判性阅读：

1. 首先快速浏览全文，研究全文的结构、标题和意义。
2. 把主要观点和要点写在空白处。
3. 阅读时写概要和归纳。
4. 边读边问自己：这里是什么意思？主要观点是什么？
5. 思考清晰度、准确性、重要性和相关性。
6. 查找联系和对比。
7. 辨别是不是有很好的理由来支持结论。

特定材料导读

特定材料导读可能是学生在阅读布置的课文或准备材料后应该能回答的一系列问题。导读可能以一串概念和事实的形式或者是一系列问题的形式，例如，“哪三个主要原因？”“……定义是什么？”“……是什么意思？”

例如，在文学课上，老师会建议学生写下一句话来概括读到的每一段。这给学生一种简单、具体且更有效的阅读方法。导读给你一个机会把学生的注意力集中在将要在 RAP 中测试的重要概念上，使学生能成功地开启问题解决。

这里有一些具体的导读材料案例。第一段摘录自彼得·奥斯塔夫丘克给二年级机械工程课的导读，第二段摘自沙拉·留本给本科生生理学课程的导读，第三段是玛丽·汤姆斯给高级心理统计学的导读。

机械工程导读案例

要求：“埃格特—失败模型影响分析.pdf”被发布在网上。这篇文章简要介绍如何使用失败模型影响分析(FMEA)程序，对部件、设备和进程进行风险评估。这是一个在工业领域常用的工具。完成阅读后，你应该知道失败模型是什么，影响风险的参数是什么，以及我们如何量化风险。你并不需要记住 FMEA 的步骤，但是你应该熟悉它。

要求：乌利齐和埃平格，第 15 章，附录 A(325 页到 328 页)。这部分让你快速浏览，为什么同一笔钱由于利益的关系，在不同时刻的价值不同。完成这部分阅读后，你应该对如何计算净利润和沉没成本的概念熟悉了。建议你先阅读附录，再去阅读下面的内容。

要求：乌利齐和埃平格，第 15 章，308 页到 313 页。重点理解展览 15-2 是如何描述的，以及如何使用 NPV 来评估所有目前和将来的现金流。

生理学课程的导读：目标部分

所有的目标列表中，用斜体的目标是你在 RAT 中必须要达到的目标(在这一章中，RAT 在课程的第 12 周，春假后的第 4 周)。

在这个单元结束时，所有的目标都会通过随堂测验或者考试来进行评估。

一、完成这些目标除了用你聪明的大脑(也正是这些目标所指向的)你不得利用任何资源：

- 词汇：*自主神经系统，交感神经系统，副交感神经系统，类胆碱的，肾上腺素的烟碱样受体，毒蕈碱受体，α肾上腺素能受体，β肾上腺素能受体，激动剂，拮抗剂，自主神经病变，血管扩张，血管收缩，高血压，雷诺氏病。*
- 罗列交感神经系统、副交感神经系统和神经系统的主要作用，识别出交感神经系统和副交感神经系统的一个主要效用(例如提高心率)。
- 预测交感神经系统或者副交感神经系统在某个器官或器官系统的大致作用。
- 区分副交感神经和交感神经系统之间的差异(a) 在什么条件下被激活(战斗或飞行 vs 休息和消化)，(b) 它们产生什么作用，(c) 它们使用的神经递质，(d) 它们的纤维起源于脊髓的什么地方。
- 列出或确定由交感神经而不是副交感神经支配的器官和组织。
- 认识烟碱乙酰胆碱受体介导的效应总是有刺激性的。
- 举例说明交感神经和副交感神经部协同工作的情况。

二、这些目标需要用你的书籍和任何你有的笔记来完成(通常，但并不总是，与你的团队成员合作完成)：

- 预测药物的作用，被确认作为对任何一种ANS受体亚型的对抗药或激动剂对任何器官的影响(例如，肾上腺素受体B1受体拮抗剂对心率有何影响?)……
- 选择一种药物来针对特定的临床问题，并预测其副作用(例如，你会采取什么样的药物来增加胰岛素分泌? 答：药物阻断α-2肾上腺素能受体。你预测这种药物会产生什么副作用?)

注：来自“Chapter 14：Reading Guide and Goals,” by Sarah Leupen(2011). Retrieved from http://www.teambasedlearning.org/misc. Adapted with permission.

心理统计学导读

阅读任务是大卫·霍威2013年出版的《心理统计方法》的第6章。

- 我可以描述卡方分布的特点。
- 我能够定义期望值和观测频率。
- 我会做卡方拟合度检验(人工计算或通过软件计算)，并且会解释结果。
- 我会做卡方列联表分析(独立性检验)(人工计算或通过软件)，并且会解释结果。
- 我可以描述期望值很低的问题。
- 我可以描述卡方检验的假设。
- 我可以使用卡方检验描述一种依赖性的或重复的检验方法。
- 我可以解释和证明如何计算d族群和r族群影响规模的测量。
- 我可以解释或者证明如何计算kappa系数。

不论从短期还是长期来看，教会学生如何有效阅读都是非常有益的。短期来看，帮助学生做好RAP的课前准备，长期来看，它帮助发展重要的终身学习技能，这不光对其他课程有价值，而且最终使他们的职业生涯受益。

阅读并不是用眼睛扫过全文。而是要弄明白在课文中要学到什么，讲了什么。这样才能进行下面的工作。而这一切都要在上课前完成，所以我对RAT和TBL都很喜欢。我喜欢这样一个事实，它创造了正确的诱因，迫使学生在课前做大量准备。(纽约州立大学奥尔伯尼分校，犯罪学，肖恩·布什维)

处理在RAP结束时的焦虑情绪

在RAP测试结束时，学生可能会因为自己的得分而非常沮丧，这时就需要你来处理这种焦虑的情绪。iRAT的分数大多会在60%～75%之间，但是那些总是拿到A的学生可能会因此而焦虑。需要让他们明白，这是一个很正常且典型的结果，当与85%～95%的tRAT分数综合在一起时，实际上他们已经做得很好了。还需提醒这些学生，iRAT的成绩在整个课堂成绩中只占非常小的一个部分。如果RAP使他们已经准备好了接下来的活动，那就成功了。

课堂组织

在这个部分我将介绍如何在教室中组织RAP。RAP和其他教室活动一样，课前准备会使程序进行得很顺利。

老师的课前准备

许多老师通过团队文件夹来和学生进行材料的传递。团队文件夹内预先会有测试卷、答题卡（在大班中有可能是Scantron卡）和申辩表格，见图6.8。文件夹简化了材料传递的

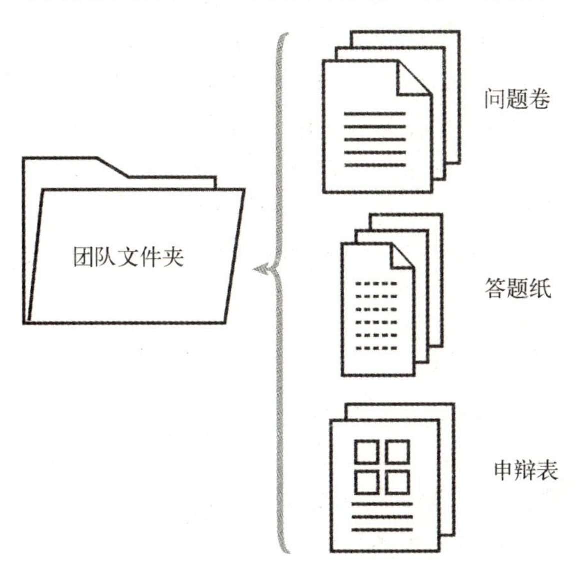

图6.8　团队文件夹内容

程序。我们请团队代表到班级前方交接他们团队的文件夹，所以教师只要待在教室前方就可以了。使用团队文件夹不仅简化了材料上传下达的流程，而且可以向学生传递你花时间准备好的重要信息。

开始上课

在iRAT开始前，有些教师可能会给学生最后几分钟来问问题，大多数教师会直接进入iRAT。我们在开始RAP时会告诉学生今天的课程时间安排情况，每个环节安排多少时间。一般有3～5分钟时间供学生们翻阅分发的团队文件夹并署名，iRAT每题有1分钟时间作答，tRAT每题时间可以略长一点(1.5分钟每题)。

上课时间只有50分钟，所以老师经常把RAP的时间控制在10～20题，这样整个RAP能在一节课中顺利完成。还有另外一种可供选择的方法就是在第一个学生或者第一个团队完成后再给全班五分钟时间。

iRAT

开始iRAT之前，我们会让学生收起所有的材料和笔记。然后请每个团队的代表上来拿走自己团队的文件夹。在所有团队都重新坐到位置上之前，不可以打开文件夹。接下来，我们让所有团队一起打开文件夹，分发试卷开始做题。当学生们在做iRAT时，我们在教室内巡视，解答学生对题目理解方面的任何问题。

一旦规定的iRAT时间到了，学生们把自己的答题卡交给团队代表，并由他一起交给老师，并领回IF-AT答题卡的答案纸。学生们则在原位等待tRAT的开始。

除非提前说明情况，缺席RAP的学生在iRAT和tRAT上的测试都是零分。特殊情况应该提前与教师说明并做出iRAT另行测试的计划。例如，提供医检证明说明不参加RAP的理由且不计分；或提供有一份团队人员签名

允许分享团队分数的请求条。如果有学生做了充分准备，又一直对团队有很大的贡献，团队成员是很乐意分享团队分数给这个缺席的学生的。

tRAT

tRAT开始前，我们先宣布允许完成tRAT的时间，然后再让学生开始测验。开始前还需提醒学生关于IF-AT卡片使用中会减少分数的原则。在一个四选项（A-D）的IF-AT答题卡中，通常一道题4分，如果刮一次答对得满分4分，刮2次答对得2分，刮3次答对得1分，4个全部刮开的不得分。不同的教师可能用不同方法计分。但不论用什么方法计分，重要的是要奖励那些一直认真讨论问题的学生。如若第一次刮出错误答案后，就将全部答案刮出，会失去宝贵的学习机会。

在tRAT期间，我们会在教室内巡视并注意观察学生们的进度。如果发现大多数团队在规定时间前就完成了测试，就问一下全班谁还需要些时间。如果只有少数几个团队还需要更多时间，那么就宣布还有2分钟左右的时间结束tRAT。

如果教师有课堂测试扫描仪，可以在学生做tRAT时扫描iRAT。记住，iRAT主要是用于统计总量情况，所以如果可以直接在教室扫描答案当然很好，但这并不是必须要的。如果你直接扫描了答案，计分表和项目分析可以帮助你辨别学生对哪些题目理解有困难，你可以在RAP进入最后一步前去澄清。计分表和项目分析的使用可助你将简短的讲课调整到最佳。如果不用测试扫描仪，你可以直接在黑板上写好题号，让每队代表在需要讲解的题号后面做出标记（见图6.9）。这实际上是一个很好的选择，因为有些概念在tRAT过程中已经解决了，学生就不需要进一步的讲解了。但如果只根据计分表和项目分析来决定讲解的题目的话，可能就会浪费时间在已经解决的问题上了。

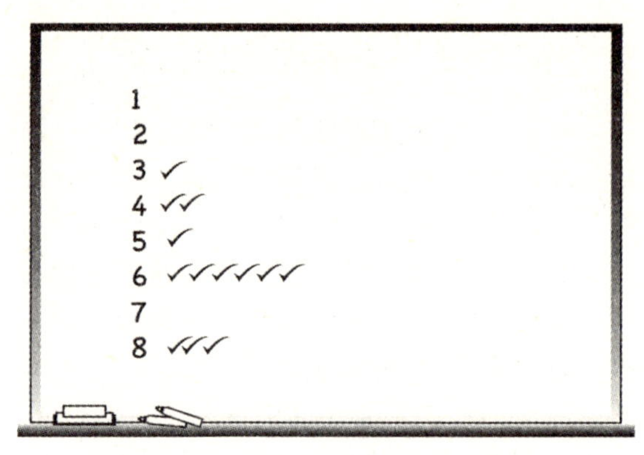

图6.9　学生在RAP题目上的反馈

教师往往会把iRAT分数和团队平均tRAT分数记录在黑板上。这么做有两点好处。首先，可以向学生展示团队协作的价值，因为团队合作的成绩往往比个体成绩高出10%～20%。其次，通过友好竞争可以激发团队比他们的同伴表现得更好。

申辩程序

tRAT结束时，要鼓励团队对做错的题目提出申辩。任何团队都可以提出学术性申辩，填写在文件夹内的申辩表上。教师必须明确，申辩内容会在课下审阅，并在下节课宣布申辩结果。有些学生会找你讨论某一题目的对错，那么你可以告诉学生申辩只能通过申辩表完成，你在下课后会审阅申辩表。你需要建立明确的制度，规定申辩表递交的截止时间。有些教师会把提交时间规定在一节课结束时，有些教师则安排在一天结束时通过电子邮件发送。必须要求每个成员都在表格末尾签署合作声明，以确保每个成员都参与了申辩程序。

教师简述

测试和申辩结束时，教师会简要讲解一下同学们仍感困扰的题目。这时你*不能*对每道题都进行讲解，而是要针对学生还不理解的概念和问题来选择性地讲解。学生们之所以喜欢“简短讲课”这个环节，也是因为他们都知道这个环节时间不长，并且老师讲的是他们不懂的东西。

做好课堂收尾

课堂结束时所有学生都要上交答题纸和IF-AT表到每个团队的文件夹里。我们通常会要求团队学生在IF-AT卡背面署名，这简化了防止那些缺勤的学生想拿到学分的请求。我们会提醒学生，所有答题卡必须全部交回，不然会对团队进行处罚，通常是记零分。我们会在团队文件夹上标注每个团队的学生人数，方便快速检查是否所有的答题卡都上交了。最后由团队代表把团队文件夹交上来。

RAP的计时

典型的RAP有20个左右的测试题，通常需要50～70分钟。如果课堂时间较短，教师通常会减少RAP测试题。50分钟的课堂内，我们通常会设置12～15个问题，这给我们充分的时间去完成RAP的五个步骤。

我们所做的让学生和老师都接受TBL的一个很有用的方法就是在课上明确整个程序的过程，这样每个人都知道接下来该做什么。我们用幻灯片展示TBL的每个环节来引导这一过程。这不包括内容。例如，在这一环节开始前，屏幕上的第一张幻灯片会指导学生从教室前面领取阅读材料，并找到自己的队友。第二张幻灯片指导他们打开文件夹并独立完成iRAT。这里会提醒学生本测试为闭卷考，而且学生不能抄写问题，这样教师就不用浪费时间重复这些信息了。在规定的15分钟内完成iRAT后，通过按键器收集学生的答案。如果有学生忘了按键，或者按键器没电了，在团队文件夹内还会事先准备好一些卡片，上面写着“我的按键器有问题”，以减少紧张。接下来幻灯片会指导学生进行tRAT，并提示，在此环节可以与团队成员交流，但是不可以上网或者查阅资料。我们监控tRAT测试全过程，当团队一结束tRAT任务后，他们就亮“完成”卡。当有一半的团队完成了tRAT后，我们就宣布还有几分钟就要结束。一般来说，这一过程需要30～45分钟，这时可以让学生休息一小会儿，这段时间我们正好可以审阅IF-AT卡。

学生休息期间，老师可以通过IF-AT卡看出有哪些问题是很多团队都答错了。我们不要求学生来解释错题，因为这太浪费时间和精力。类似的，如果每道题都讲解也是浪费时间。记住，因为有了IF-AT卡，学生们已经知道了正确答案，并会在tRAT期间进行讨论。所以，教师只需要花上大概5分钟的时间来讲解一下比较难以理解的题目，10道题左右的测试，大概需要讲解1～2道题目。收集好每一份申辩表格就完成了准备工作保证流程。因为时间限制，在课后审阅这些表格。当然，如果有道题目有很明显的错误，我们会当即纠正，以使班级继续下去进入到应用活动中。这一过程真的很有趣！（伊利诺斯大学，微生物学，克里斯·伯恩斯）

当准备工作保证流程出错了

RAP出错的原因有很多。学生对进入新角色和对在TBL课上承担的责任不习惯。总结经验我们发现在实施过程中，在几件重要的事上出了问题。我们可能无意地做了激起学生不满情绪的事。记住，如果学生觉得RAP就是测试的话，那么他们就会抵触。如果测试又和接下来的活动没关系，那么他们也会抵触。建立并推销一个帮助学生准备接下来的活动的 RAP 很重要。

给 TBL 出一道烂题

在我的工作室里常常看到烂题反而能带来激烈的讨论。因此就有老师问我，可不可以在 RAP 中设置一些烂题，这样就能让学生有热烈的讨论了。答案是不行。我们应尽最大努力写出好的问题。我们想让热烈的讨论按照我们计划的轨迹进行，而不是因为突兀的偏题打乱学生的思路。

对烂题的讨论也会让教师不舒服。我们都编写过烂题，关键是从中吸取经验，并且以最高效有用的方式控制好全班导向性的讨论。有的老师可能觉得向学生承认“这不是一道好题”很丢人。其实要摆正自己的心态，主动倾听学生的不满之处，如果可以，去做一个主动的倾听者而不是一个在工作上一贯正确的老师。申辩程序有助于解决一些烂题，但是如果烂题成常态，学生会对 TBL 过程和教师都失去信心。

一旦发现烂题，记下来，方便下次 RAP 测试修正。没有什么比下一年带着一模一样的测试卷和没有修改过的问题到课堂上更令人泄气的。听起来不大可能？其实不是，我就做过。站在教室前面面对所有学生的不满的那种尴尬应该可以激励你更努力地去改进题目。这样在明年就可以不用这么尴尬了。

烂题的类型

很多 TBL 新手在设置 RAP 题目时，要么编写一些太高级别的布鲁姆水平测试题目，要么太聚焦细节。如果太多难题成常态，会吓退学生。我们需要在心中记住 RAP 的根本目的：关注那些最基础的知识，来帮助学生做好开始解决问题的准备。

> 第一次用 TBL 的时候，我设计的题目都太具体、太关注细节了，并不适合 RAP。现在我编的问题质量已有了质的变化。当我开始编写出更多针对大纲而不是针对细节的题目时，才有所进步。（基督复临健康科学大学，职业治疗，荣・卡森）
>
> 我开始编写的问题比现在的问题要难得多，并且会有一些基于案例的测试问题。但是我现在不出这样的题目了，而且尝试出更基础的题目。真正的准备工作保证测试题目不应当如期末考试般复杂。（皇后大学，外科学，林赛・戴维森）
>
> 我在开始的时候可能把题目弄得有一点复杂。（爱尔兰国立大学，地理学，玛丽・吉尔马丁）
>
> 我在第一个 TBL 学期中最大的失误就是 RAT 测试题太难了，除此之外我还在申辩提交后讲解了每一道 RAT 的问题。后来我在不断总结错误中认识到宁可把问题设置得过于简单也好过问题太难。简单的 RATs 的好处就是学生可以带着积极的态度和情绪进入应用活动中，类似“耶，我了解了！这也不是很难嘛！”然后在应用活动中我就可以让他们做更有挑战性的活动。我知道这样我也可以在应用活动环节激励学生，让他们知道材料其实不像他们想象的那么简单。如何应用 RATs 尤其重要，因为一旦学生有了沮丧情绪，他们总会觉得 RATs 太多、太难、风险太大了。（圣奥拉夫学院，管理研究，瑞克・哥迪）

RAPs 太多

另外一个 TBL 新手常犯的错误就是做太多的 RAP 测试。测试并不是越多越好。过度测试会使学生的反馈非常消极。

> 我一直没有意识到过度测试会多么糟。学生开始认为整个过程只关注于测试而非学习。(悉尼大学,商学,马克·弗里曼)

积极回应学生的不适应

TBL 就是把学生猛推进另一个在课堂上他们不熟悉的角色中。作为自主学习者,他们可能会质疑自我效能,因为通常学生都是在老师的期待下被动学习。学生对必须与人交谈和讨论的理念有思想斗争,所有这一切都可能使学生感到不适,一旦感到不适学生就会寻找替罪羊。这时老师就很容易成为他们的目标。无论你选择什么教育策略,总有学生会抱怨。你要预期到这一点,并做好准备。尽管十年来上课前我们都会深思熟虑,但总会遇到 10%的学生来抱怨。大部分学生都会非常喜欢 TBL,但是我们出于人的本能,往往更关注负面的声音。

> 挑战是如何定位课程,如何应对退缩和抵触情绪,预想到会有一些抵触,并且这没什么不对的——如果需要两到三个来回才能到达你要求的那个主题上,也是正常的。(纽约州立大学奥尔伯尼大学,教师兼教师发展师,比尔·罗伯森)

TBL 课堂上的抱怨可能和你在传统课堂上遇到的不一样。你把不愉快的学生分到组里,他们的抱怨影响力更大。关键是要让自己的教学基本原理坚如磐石,这样你就可以忍受这些抱怨,并更有效地回应学生抱怨。我们经常通过在教室内公开讨论这些问题来调节抱怨情绪。大多数时候并不是所有学生都有相同的感受。我看到过一些学生对那些老是抱怨的同学说,“我们在做的事情非常重要,而你却使我们不能完成我们的工作。”做好计划,坚持计划,不要后退。

> 我 80%的学生在他们走进教室的时候就很喜欢我。也许在他们离开教室的时候仍然还会喜欢我。他们选择来上课是因为他们必须来,而且他们都想有个好的分数,他们中的大多数在课程结束时都很满意我的 TBL。但是有 10%的学生不喜欢我,不管我做什么他们都不喜欢我。然而另外有 10%的学生也是不管我做什么,都真的很喜欢我。
>
> 总体来看,我的课程评估是有所进步的,而且评论还很有趣。关于 TBL 课程的评价比我原来上的传统课程的评价有意思多了。一个有 30 人的班级,我至少会得到 15 个特别好的评价(例如,我上大学以来最好的课程;TBL 太棒啦;这个方法应该被广泛应用)。我也会收到一两个非常差的评价(例如,我没有学到任何东西;我不得不自学;我希望老师真的教了些什么)。而在传统课堂上,我并不记得有这么糟糕的评价。在每学期与团队合作学习直接相关的教学上,我总会得到两到三个很受伤的评价,但这没有什么。(加斯顿学院,心理学,玛丽·古尔力)

总有学生会不满意这完全正常,记住这一点很重要。不幸的是,作为老师,我们也有人类的共性,会倾向于关注不好的新闻。那些来自有不满情绪的学生的评论真的很难接受。尽管大多数学生都很喜欢 TBL;但那些抱怨仍然很令人痛心。当你对团队合作学习更有经验以后,你会去看待这些不满和抱怨是学生学习过程和 TBL 过程中的一个必要阶段。

尽管学生还在抱怨 RAP,他们却为应用活动做好了准备。

RAP清算单

完善TBL

- □ RAP是做准备，而不是测试
- □ 测试题目与应用活动有关
- □ 只问重要的概念
- □ 测试不要太过频繁
- □ 使用IF-AT卡
- □ 使用申辩程序

图 6.10 准备工作保证流程清算单

第七章 应用活动

应用活动是团队合作学习的核心。正是在这一环节，学生的学习大幅度深入，首先会通过和团队里的成员讨论而加深，然后在团队讨论时得到的即时回复能更进一步加深理解。讨论的神奇之处就在于，讨论由“正确选项是哪个？”开始，很快就会变成“为什么？”“为什么是这个？”“你这么选择的证据是什么？”“你是怎么得出这个结论的？”

传统课堂是很舒适的。对于我们大多数人而言，传统课堂教学方式让我们在大多数时候只接触我们的学生就可以了。很可能你的大部分同事也只是通过传统教学方法在授课。如果做一些改变，比如使用 TBL 教学活动，你可能会有点紧张，感觉进入了一个未知领域。但可以肯定的是，此领域已积累了丰富的经验和久经考验的技术可供借鉴吸取，使未知变成已知，帮助你更好更顺利地展开第一步。

打一个比方，来说明 TBL 和传统教学的不同之处，想象你是一个户外爱好者，你试图教会学生如何漂流。在传统讲授法中，这一活动过程类似于你在筏子上，定锚在一条河中流速较缓的区域，学生都集合在岸边附近的区域观看、听讲。在给学生讲解之前，你非常详细谨慎地写好讲演稿，并且准备好教案写好讲解重点，确保自己在讲解中能够面面俱到。你自己站在筏子上试着教会学生关于漂流的所有事情，并且告诉他们这件事情非常有意思。整个过程你非常投入，非常有热情。你是这部剧的主角，而学生是你的观众。有时你会鼓励学生尝试一下你告诉他们的事情。等到了下一批学生，你再重复这一过程，并且不断优化自己的剧本和讲演的方式。

现在我们想象一下在 TBL 中是什么情况。第一个改变就是学生的角色从被动的观众变成了主动的参与者，在河面上他们自己的筏子上。他们通过实践来学习如何漂流筏子。当然啦，在活动前你也需要做好详细的计划，而且需要在学生进入河流之前让他们掌握一些必备的基本技巧。你认真分析后选择一处让学生上筏子的地点，这个地点需在学生的能力范围内，但又能给他们带来一些挑战，学生还需和同一个筏子上的人团队协作。在漂流期间，你仍需进行简短的指导和讲解，但是这些指导都是因人因情景而施教，具有针对性。你的角色也转换为活动推动者，如果有必要你会随时投身进去。学生现在对自己的学习更加负责了，团队成员之间也有了更多学习交流。尽管每个团队都会顺着河流的方向前进，但是你不知道他们究竟走哪条航道。尽管现在的关注点在活动上而不是在你身上，学生仍然认为你是专家。轮到下一批学生的时候，尽管在同一条河流里，这将又会是一个全新的旅程。

那么，这两种方法哪一种会使漂流者更有决策权、更自信呢？哪一种会令学生更积极参与并快乐学习呢？哪一种会给作为老师的你带来更多乐趣呢？

对竹筏漂流比喻的众多方面做了对比，可以看出最重要的一点是，TBL 教学和传统授课有不同的思维模式和技巧模式。老师来设计、组织和实施活动，同学们通过应用材料共同学习。历经这种转换后，你可能放弃了一些控制权，但是在整个过程中，你从教案中解脱出来，并给整个活动注入了学习的动力。重要的是要明白学生的角色从被动学习者变为了主动参与者。

建导：一种不同的技巧模式

较之传统教学，团队合作学习需要一套不同的技巧，这正是我们在教师中尝试研发的。有些人在建导方面比其他人做得好，但是说真的，我觉得对我们来说都是在学习中。（布拉德福德大学，药学，西蒙·特韦德尔）

这一章是 TBL 的核心内容：应用活动。TBL 的结构为团队有效运作提供了基础框架，准备工作保证流程确保了团队为使用课程内容做好准备，但是是实践活动产出高水平、深入的学习。实践活动是在课堂上动手的练习。学生们在练习中通过应用知识、技巧和评判会达到更高水平的学习结果（批判性思维、综合理解、评估等等），这也是实践活动名称的来源。

课程计划的高水平

不论你是在思考一堂课还是一整套课程，或者是一个完整的项目，心中牢记三元素——目标、活动和评价是很有帮助的。有时候这三元素被称为“教学三元素”或“芬克三元素”，名字来源于德·芬克精彩的书《创造有意义的学习体验》①（见图 7.1）。

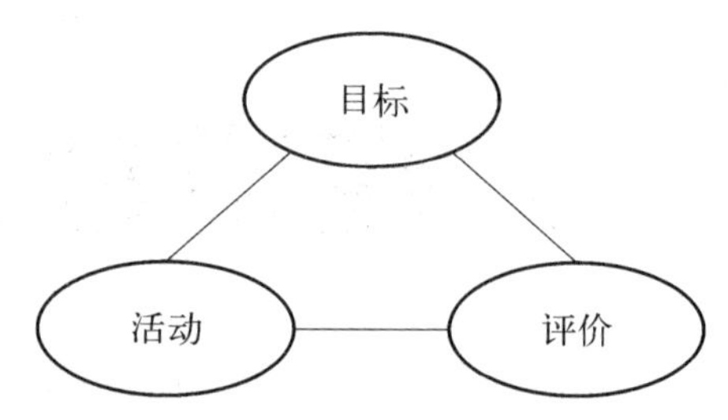

图 7.1 芬克三元素：目标、活动和评价

本章内容主要是关于实施实践活动，现在就让我们先来思考一下在一节课中组织一个或多个实践活动。从目标开始，如果你习惯称之为结果也可以，你需要问问你自己，“我希望学生在课程结束时能做到什么？”也许你希望学生们能够应用一个新工具或新技术，或者是用新知识解决一个问题；也许你希望他们能够根据新观点和新信息来做批判性的评价；也许你希望学生通过直接练习来提高专业技能或发展一个新的视角。确定了我们希望学生在活动最后能做到的，接下来就可以问“我们是如何知道学生已经能够做到了呢？”（这里的“我们”指老师和学生）。这也正是评价的基础，当然评价会以数据的形式回答是否达到了目标。最后，就可以导出课堂活动：学生们应在课上做什么才能达到既定目标并通过评估得到证实？

我们发现，牢记芬克三元素特别有助于组织 TBL 的实践活动。为了让实践活动更有趣，教师很容易跑题，所以三元素就生成一张简单的检查清单来确保实践活动不仅仅是有趣好玩，而且有意义，能很好地融入整个课程中。课堂活动学习目标和你希望学生掌握的具体的课程学习内容直接相关，但是很遗憾本书不能提供那一部分内容。现在，停下来想一

① Dee Fink, Creating Significant Learning Experience, 2003.

想较高水平的认知学习结果，大概包括与你主题相关的批判性思考、归纳或者是评估。设计一个能提升学生技能的活动并不难，通过解决一个互相矛盾的、信息不全的复杂问题即可。显然，与传统讲授法相比，这更有利于获得更高阶的学习结果：通过记笔记和听某人讲课怎么可能让学生获得高阶的学习结果呢？

从终结点入手

从终结点开始的一个优势就在于知识的应用。这不是简简单单的获取知识，而是真的给学生一个应用知识的机会，代表着一个与学院派不同的学习角度。所以你的起点是“想让学生在课程结束时应该会做什么”，这对我而言是很大的改变。（普利茅斯大学，护理与产科，珍妮·莫里斯）

芬克评估法既可用于形成性评价（在学习过程中的评价），也可用于总结性评价（课程或学习单元结束后的评价）。也就是说，有时适用于对学习的评价，有时又适用于学习结果的评价，可分别进行。就实践活动而言，我通常把评价理解为对“学习是否符合教学目标”的反馈。这既有形成性评价，也有总结性评价的成分。而在传统课堂中，更偏向于学习内容结束后过几周，通过期末考试或者学期论文来进行总结性评价。（当然这里也建议传统课堂可以引入过程性评价，一些实用工具，类似于个人反馈系统或按键器可以在传统课堂上使用，来加强主动学习和促进即时反馈。课堂评价技术[Angelo & Cross, 2003]，或者是 CATs，例如一分钟问卷和疑点调查，都可以给被动学习的课堂带来新的评价方法。）

形成性反馈贯穿于 TBL 实践活动中。友好随便的互相反馈不仅在团队讨论、辩论期间而且持续到应用活动中。同样，当你在教室内巡视，听团队讨论时，你也可以即时给团队或者全班提供反馈指导和帮助。最后，练习结束后，你或是学生都可以在全班范围内展开讨论或简短说明，做即时反馈。在 TBL 的实践活动中，你（和学生）都要清晰地明白课堂活动是否与目标相吻合。当然也会有正式的量化的总结性的评估空间，以考试、家庭作业或者是论文的方式进行。

三元素（目标、活动和评价）之间具有两两一致性，如果有不一致的地方，很可能会导致学生的挫败感，使学生止步不前。牢记这一观点，现在我们开始看一下好的实践活动具备哪些元素、实施策略和班级管理技术。在本章结尾，我们会主要关注你第一次进行实践时应期待什么以及如果活动没按计划实施的话该怎么办。

实践活动与 4 个 S

那么什么会成就一个好的应用活动呢？当班上人声喧腾，充满活力，围绕活动展开讨论，有很多学生都因为发现了更深层的问题而主动询问更多信息时，我知道我成功了。最引人注目的是学生都忘记了时间，在一堂课快结束时还在继续讨论活动，而我反而要告诉他们需要给下一个班腾出教室了。对我而言，这是学生投入课程学习材料的一个重要标志（是紧扣任务的喧腾和活力），学生们享受并珍视这次学习体验（他们持续讨论、不肯离开教室）。这相比于原来没有使用 TBL 时，临近下课前就能听到学生收拾书包的声音来说，是巨大的进步。

为创建卓有成效的应用活动，你可能会用到 TBL 的一个指导原则——4S 法则：有意义的问题、一样的问题、明确的选项和同时报告（见图 7.2）。

*有意义的问题*提醒我们，问题必须对整个课程来说是有意义的，并且还需内容丰富，这样才能让整个团队都积极参与。一个人就能解决的琐碎的问题是不能构建出好的团队应用活动的。我们宁愿选择一个信息不完整或者矛盾的复杂问题，因为这样会有一个丰富多样的视角。丘奇曼（Churchman，1967）的“邪恶的问题”的概念抓住了有意义问题的一些本质，即不那么好回答，至少是没有一个明确的答案。

正如下面这段引文，凯文和迈克尔·尼尔

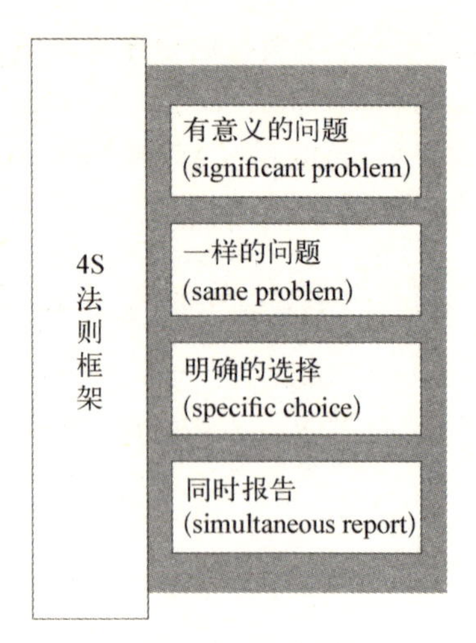

图 7.2 4S 法则

森(N. Kevin Krane & Michael Nelson)为有意义的应用活动设计了人格测验。

> 对我而言,黄金法则就是,如果题目可以谷歌搜索到答案,那么这并不是一个好的应用练习,这一法则听起来很简单,但是真的很管用。因为我曾经遇到过学员拿着练习和我说:"看着,我没有阅读任何你提供的学习材料,并且不了解关于这方面的任何知识。但是,我可以用谷歌搜索来回答这个问题,尽管我答对了这个应用练习,但是我还是什么都没学到。"你知道当我们向学生强调他们可以利用任何资源来回答一个应用练习,同时必须强调仅仅知道信息是不够的,也就是说,编一个好的应用问题还挺难的。(杜兰大学,医学,凯文·克兰)
>
> 当我们在回顾应用问题或编写新的应用问题时教员之间最常用的短语就是:"这是需要全团队合作解决的事吗? 它会使整个团队都参与进来吗?"(瑞吉斯大学,药学,迈克尔·尼尔森)

*同样的问题*是让全班同学在同一时间讨论同一个问题。通常情况下,如果所有团队都在讨论同一问题,那么在全班讨论或说明环节学生们的参与度会更高。有了对问题更深层的理解,你能对其他团队的工作做出有理有据的评判。更何况,如果各团队在同一问题上观点有所冲突,会引发更有趣、更热烈的评论。这一方法与 TBL 之外通常的实践形成对比,通常的实践是老师会让每个团队讨论不同的问题,这样,团队之间可以分享更多的学习结果。但这样一来,每个团队就自然而然成为本团队所研究问题的"专家",对别的团队也无法质疑或者提出相反的意见。

*明确的选项*要求团队在表述他们的问题解决方案时能用一种简单的方式来描述他们的选择。在我们来看一些具体选项的例子之前,先来看看下面这几种不明确选项的情况:一个很多页的报告,一个口头演讲,一个功能性器皿或过程的演示,或者一份清单,在此先列举以上几种情况。使用这种信息传递的方式也许会给学生带来很丰富的体验,也许也和课程结果相关,但是并不能让学生在 TBL 应用活动中有很好的体验。相反,一个好的应用活动中的明确的选项要求团队全体成员能依据可能是模糊的或矛盾的信息一致达成一个定义清晰的答案。选出一个明确的选项能够迅速看到并比较不同团队的答案(下一个"S"的一部分)。使用多选题是一种避免琐碎问题、提供明确选项的最常用的方法;这也正是上文提过的有意义的问题。当然还有很多其他的方法,例如开放式的、要求只有 1～2 个词的快速回答;按要求在一幅图画、图标或地图上辨别出某一特征;还可以是包含具体数值的任务(例如,最小利润或者是最大安全剂量)。正如马克·斯蒂文在下面的引言中所说,适于团队的答案并不必须有一个清晰"正确"的答案;我们的目的是激发讨论和对课程材料的运用以及支持团队的思考或是使他们反思。

> 在应用练习中我常常比较纠结的一点是,当我给团队提供了五个毫无关联的选项时,是不是一定要有一个正确答案?

> 于我而言,如果不是必须找到一个正确答案,这些练习不仅更有练习价值,而且更具有实际意义。如果你可以充分解释每一个选项,这个练习就变成了"当没有一个明显正确答案的情况下,我们该如何做决定呢,又如何评价我们作出的这个选择呢?"大多数情况下,我的应用练习没有一个明显正确的答案。(不列颠哥伦比亚大学,城市与区域规划,马克·斯蒂文斯)

"同时报告"是最后一个"S",要求所有团队在同一时间内向课堂做报告。报告要求以明确选项(前面提到的"S")的形式呈现,使得同一时间报告成为可能,因为一个明确的选项很容易做汇报。同时报告促使每个团队都认真负责,因为每个团队都知道,任何人都能看到自己的回答,没有一个团队想显得与众不同,因缺乏共识而草率地选择答案。换句话说,公开同时报告是团队认真投入到活动中的推动力。而且同时报告很公平,因为一般情况下没有团队想被点名第一个上去报告。更重要的是,后面报告的团队不会因为前面报告的结果而修改自己的答案,因为大家都在同一时间做报告。最后,同时报告能激发教室内的参与热情、积极性和投入度;每个团队都想将自己的答案和其他同学的答案做比较。至于做到同时报告的相关技术应取决于团队对作答类型的选择,本章后面会具体介绍多种不同的同时报告类型。

最后提醒一下,同时报告是团队同时揭晓选择的答案,而不是团队选择的记录。例如,各个团队可以在一定的时间内把自己的选择告诉老师或者助教,老师就可以记录下来(也许是在电脑上,也许是在投影仪上),然后老师就可以通过数字或投影同时公布每个团队的答案。因此一个促进递交的方法就是"最后报告的,最先开始演讲"。

在继续之前,我们最好先看几个应用活动的例子,这样可以帮助我们构建应用活动真实的样子。本章接下来会介绍一些例子,希望对你设计自己的活动能有一定的启发。

案例 1:使用表决卡学习英语语态

先来看看下面这个在英国语言文学课堂上的团队练习(改编自 Michaelsen, Knight, & Fink, 2004):

> 想象你是一个英语老师,要培养学生对主动和被动语态的理解。你正要开展下一项任务。下面的哪种表述会最有可能促进高水平的思考和丰富的汇报讨论?
>
> A. 列出作者在使用主动语态时,经常出错的地方。
> B. 阅读下面一段文字,并确定哪一个句子明显是(a) 主动语态和(b) 被动语态。
> C. 阅读下面一段文字,并确定最适合使用被动语态的句子。

每个团队会提前收到三张大彩色卡片,明显标着 A、B 和 C。给团队恰当的讨论时间让他们做选择,然后老师要求所有团队同时举起自己的卡片("数到三,举起你们的选择")。由教师推动的课堂活动接着展开。

在这个例子中以下几点突出说明 4 S 法则:

1. 问题不仅要求区别主动和被动语态,而且要求学生有能力批判性地评价潜在学习经验的有效性,以增强学生的理解(有意义的问题)。
2. 所有团队在同一时间、同一场景下一起解决问题(相同问题)。
3. 每个团队从三个可能的答案中选择其一(明确的选择)。
4. 所有团队在同一时间以举起某一种颜色的卡片为提示,揭示他们的选择(同时报告)。

案例2：使用图钉为干洗店选址

第二个案例中(改编自 Sweet & Michaelsen, 2012b),想象在一堂经济课堂上,要求团队为如下生意做最佳选址：

> 一位干洗店老板打算在俄克拉荷马州的诺曼市内开一家新干洗店,来向你咨询。你会建议他把新干洗店开在哪里?(为什么)?

教室前面贴好了一张俄克拉荷马州诺曼市的街道地图,并发给每个团队一个图钉。在规定时间内,团队需要协作分析本场景,得出一个统一的结论,并对此结论持有充分的论据。然后每个团队派一名代表上前把团队图钉钉在地图上。地图上分散的图钉自然而然地激发了每个团队去理解其他团队的思考选择过程的动机。由教师推动的课堂讨论以以下方式展开。

本案例也有效地利用4S法则：

1. 根据学生的课堂材料,团队必须分析干洗店和选址的特征,选出可能的店址并评估其可行性,在对备选店址进行评估比较的基础上,推荐并确定一个选址(有意义的问题)。
2. 如上所述,所有团队都分析同一个问题(同样的问题)。
3. 每个团队都有且仅有一个图钉来表示他们在地图上的选址(明确的选项)。
4. 所有团队在同一时间放上自己的图钉(同时报告)。

由于团队在课堂讨论环节,还需要为自己的选择做出支持和辩护的准备,就不用担心有的团队因为偶然看到其他已贴出图钉团队的不同选择而在最后一秒钟改变自己的选择。

尽管4S法则最有价值之处是指导我们选择有效的应用活动元素,但实际上它也构成了练习,架构了一节课,或是临近的几节课,并且促进了活动的实施。这将是接下来两个部分要进行的讨论。

构建应用活动

组织有效的TBL应用活动堪比任何有效教学活动;想要TBL应用活动有效实行,就需要对其开始、中间环节和结束都进行深思熟虑。有很多框架描述这种构建,但是这些框架只不过是在同样的元素上进行不同方式的组合。在这里我将使用一种最简单的顶层框架来描述这一结构：开始、主干、结束。您也可以采用自己喜欢的框架。

开始、主干、结束这一结构几乎适用于在任何时期的任何大小的团队(见图7.3)。这套框架既可应用于一堂课的活动,也可应用于一堂课的开始部分、中间部分或者是结尾部分。开始部分首先会构建好活动步骤和原则,要让学生对接下来会发生什么了然于胸;最重要的是,这确定了课堂基调,传达了为什么要讨论的主题是重要的,并且概述学习目标。主干是课堂的核心,在传统课堂中,教师会在这个部分讲授内容,而在TBL课堂上就是应用活动(包括团队协作练习和接下来的讨论辩论环节)。最后,结束环节要回顾所有内容。总结这堂课或者是总结活动,强调已经完成了什么,并将此结果与开始环节设定的目标相关联。

着手展开活动

典型的团队练习一般从介绍开始。我通常会花5～15分钟来介绍练习和内容。通过实践,我发现给每个练习都设定清晰的目标会帮助我做好练习活动,我准备以后花更多精力在这部分。我还没有做到自己所期望的那么好,但是我正在学习如何去做。我想能够解释“我们在做什么,为什么要这么做。作为这一类型案例中的从业者,你会遇到这一类情况”。我在练习前和练习后都可以这么做。(不列颠哥伦比亚大学,城市与区域规划,马克·斯蒂文斯)

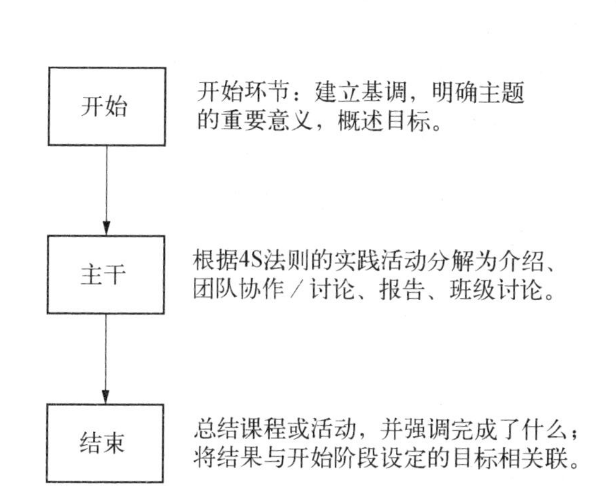

图 7.3 开始、主干、结束结构

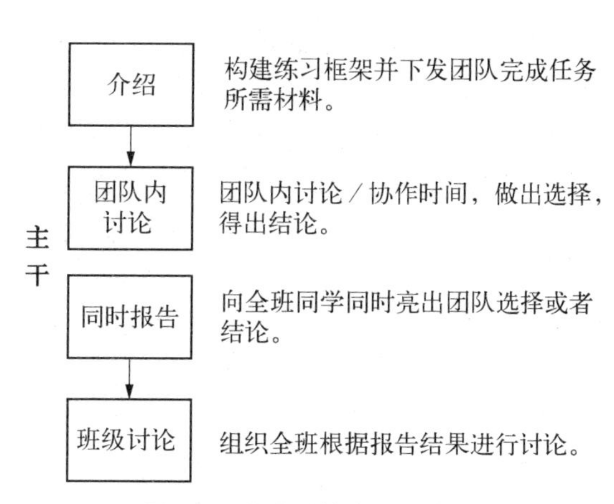

图 7.4 实践活动主干的步骤

在促进 TBL 活动时，教师在开始、主干和结束环节都很重要。开始和结束环节是你融入整个班级最重要的机会。在课程中，这两个环节能有效地向新学习者解释为什么 TBL 教学法优于其他教学法。这是兜售 TBL 的机会，并且可以消除学生在接受新事物时可能会有的不安和抵触情绪，便于新课程的继续。如果活动没有达到预期效果，这也是常有的事情，结束环节坦然承认不足，但还是完成了部分甚至全部之前设定好的学习目标（本章后续将会详细讲解这一问题）。

换句话说，应用活动是主干，开始和结束阶段用于搭起一个框架，以强化学习。如果应用活动设计合理，学生的关注点不再是得出一个“正确答案”，而是关注到了自己的思考过程和支持选择的论据。在课堂上强调这些很重要，在开始和结束环节更多支持这种学习关注点转换也很重要。当然，TBL 应用活动的主干也值得特别关注；我们将在下面这部分详细讲解很多构建主干的方法和技术。

实施应用活动

实践活动的主干基于之前讲过的 4S 法则。具体如图 7.4 所示，主干部分可以分解为四个阶段：练习介绍、团队协作/讨论（也称作团队内讨论）、同时报告和班级讨论（也叫团队间讨论）。

在介绍练习时，你给团队发放他们在完成任务时需要的材料。讲义或者其他材料都早已放入团队文件夹内，这样就可以加快分发材料的过程，并向学生传达了一个信号：关心和努力都已进入活动和它的准备中。介绍可以用来引导团队根据时间和资源的情况开展活动，明白从中应学到什么应用知识和技能。最后，在此还有机会明确地提醒团队期望获得什么样的学习结果，包括他们需要做出具体明确的选择，以及为自己的选择提供论据。

在下面的场景中，玛丽·哈德利就意识到了提前做好准备的重要性，它可以使课程进展更加顺利：

> 在学生走进教室前，我已经在每个团队的文件夹内放好了所有的东西。他们将要展开协作的工作内容就在文件夹内。当学生们开始协作时，我就在四处巡视。（明尼苏达州立大学曼卡多分校，化学与地质学，玛丽·哈德利）

团队讨论（团队内讨论）的时间是给团队完成活动的时间。考虑到 4S 法则，团队要在这段时间内应用课程材料来研究有意义的问题，并做出一个明确的选择。团队还需要在此阶段准备好接下来的汇报，以及他们在后续班级讨论中可能需要提供的支持材料。

尽管大多数的 TBL 课堂都只给团队做出

明确选择的时间,并在此时间内为自己的选择做已准备好的辩护,但其实还有另外一种方法,即要求团队在活动过程中或者是在课堂最后提交工作表、摘要或其他材料。一个简单的工作表要求团队填好三个空:团队编号、在活动中做出的明确选择和能支持自己选项的最具说服力的简短总结。工作表在课堂讨论完成后还应该扩展第二部分:如果团队基于课堂讨论改变了最后的选择,那么团队的最新选择是什么,为什么这么选;如果没有改变选择的话,有什么新的信息强化了团队原来的选择?工作表还可以有其他两种形式:使用阶段性问题,在整个活动中一步步正式地引导团队完成活动(阶段问题将在本节末尾进行讨论)或者让团队在一张简洁的海报上展示自己总结的选择及其支持理由(这里可以使用打擂台的方法,将在下节进行介绍)。使用上面介绍的工作表或总结法,都有助于构建活动,并且能够清晰地看到学生在思考;如果要求团队上交这些工作结果还会使团队更加认真负责,如果需要的话,还为评估和分级提供了可能性。

在团队讨论阶段,老师的角色很活跃,而且老师要不断地去查看每个团队的进程。老师在队与队之间巡查,并参与讨论也是在强调活动的重要性和价值。此外,这还给老师提供了跟进团队进程的机会,方便把握活动时间,还可以预测到可能发生的问题。团队提出问题的当下,有的问题能得到很好的解决,有的却不能。玛丽·哈德利和马克·史蒂文斯在下文详细描述了老师在团队讨论阶段,应该如何去监管团队的对话与控制活动时间:

> 如果学生们乐意,他们会向我问问题。而我并不直接回答问题,我会试着反问一些问题来引导学生自己找到答案。我经常会说:"啊,你可以去咨询一下团队4。我刚才正在看他们的讨论情况,并且发现他们正在接近正确答案了。"所以,时不时的学生之间会相互咨询讨论,我只需巡视四周。学生们也很少关注到我;他们在结束时还在争论。学生们想让我来解决争执问题。但是我从来不这么做,我试图去引导学生,因此会说:"好吧,那么你们有没有想过那个?有没有想过这个?"并且止于此。(明尼苏达州立大学曼卡多分校,化学与地质学,玛丽·哈德利)

> 我把时间用在巡视教室,观察、倾听并记录学生们的谈论。如果听到一个学生的评论很有趣,我会记录下来,或者如果评论有了问题,我也会记录下来。(不列颠哥伦比亚大学,社区和区域规划,马克斯·蒂文)

掌握团队的进度可以帮助你决定团队在此时是否需要暂停活动,如果很多团队都进展不顺利,就可以先帮助团队获取更多的额外信息,澄清概念,甚至可以做一个简短说明。教师的角色并不是一成不变的;桑迪·库克指出,新加坡国立大学的教师就发现"如果老师在教室内,学生们就有依赖心理,想让老师告诉他们答案,而试图回避问题",但现在团队讨论时教师都坐在另外一个房间内。

练习的"同时报告"部分,是团队发出不同声音或揭示不同答案的时候。有很多方法可以做到同时报告,在下一节还会介绍一个简单的技术,附录B中也有一些相关案例。尽管在本阶段会有很多技术,但基本的元素是一样的:所有团队在同一时间公布自己的选择(这里也要学生承诺,不会在得知其他团队的答案之后再公布自己团队的答案),团队选择的不同会直接清晰地让所有人看到。

班级讨论(团队间讨论)紧跟同时报告。这一阶段,各个团队有机会去审视其他团队的方法论,并质疑他们的决定。同样的道理,这也要求团队之前就准备好如何为自己的选择辩护。在思考结果同时揭示并产生不同看法时,自然而然就会带来团队间的讨论。有些情况下,团队会急于寻找机会攻击不同意见或者是不同选择,而有些情况下则需要老师来做一些调节，带动讨论。然而不管是哪种情况，大家都是关注思考过程和支持自己选择，而不仅是寻找一个正确答案。

教师在班级讨论阶段的主要任务就是促进讨论，所以要忍住不能直接加入讨论。重要的是保证每个团队都在讨论，都有自己的意见，而这一阶段如何进展取决于班级氛围和已经形成的行事风格，以及团队对自己答案的信心。

打开讨论的一个方法就是让得到最多评论的团队先选出一名志愿者来做回应，或者随机选择一名团队成员首先发言，回应为什么本团队会坚持自己的选择，并为该选择做出辩护。另外一种方法就是给所有团队2～3分钟的时间，来组织对其他团队的提问。最后，一个有代表性的做法就是老师要求整个团队一起回应其他团队的提问，而不是选择一个代表作回应，但这种方法是不是你用于课堂的最佳方法值得思考。正如比尔・布雷西亚所强调的，指定某一团队中具体某人来回答也许会更好：

> 我们指定团队中的具体某一成员来回答问题，而不是说“17团队中派人来回答一下这个问题”。这么做是因为我们发现，在经过了一年的团队活动后，开始出现“团队代言人”。但不论这个人是最聪明或是最不怯场或是任何其他人，我们想打破这种定势，让所有学生都能自然而然地站起来回答问题。（田纳西大学，药学，比尔・布雷西亚）

本节开始的讨论和图表都建议从开始介绍到课堂讨论的主干是单向线性发展的，但这并不是唯一的方法。有些科目和练习会更好地延展增加，一个大的问题会变成阶梯形的各部分，结果是在一堂课上多次循环运转。正如桑迪・库克索描述的，这样循环往复的阶段也应该正式认真对待，而不是打马虎眼过去：

> 在应用活动中，你并不想让学生因为一个错误而导致后面一直出错，但是你也不想为了提前把线索告诉学生，而直接告诉他们正确答案。所以我们很多应用活动都在“阶梯”问题。也就是说，学生在同一时间内获得很多问题，他们回答完一个，得到反馈后再开始下一个问题。也许接下来的问题信息会帮助他们回答前面的问题。但是，因为学生们已经递交了答案，因此不能改变前面的答案了，但是他们仍然可以在改正的道路上继续解决下面的问题。（杜克-新加坡国立大学医学研究生院，医学，桑迪・库克）

同时报告技术

在课堂讨论中，应用活动的特点和课堂讨论中的激情和参与度很大程度上是由同时报告的方法决定的。前面的章节我们介绍了表决卡和图钉法这两种方法的使用，但其实还有很多其他方法。在详细介绍表决卡和图钉法两种方法后，再详细介绍白板法和打擂台两种。其他一些方法在附录B中有介绍。所有这些案例的目的都在于让你认识同时报告，对它有一个正面的看法，同时激发你想出用于你自己的班级里的好想法。

表决卡

标准的TBL同时报告法就是每个团队都同时举起代表自己选择的彩色卡片（见图7.5，图中卡片上的铁环可以让所有表决卡都串在一起。）本章前述案例一中提到过表决卡：“使用表决卡学习语态”。使用表决卡，每个团队的答案都清晰可见。而且，很容易与其他团队的答案做比较。这种报告方法可以引导讨论开始，学生团队会为自己的观点辩护，并质疑其他团队的观点。这种方法既可以有效地用于简短问题（每小时解决4～5个），也可以用于长问题（一个问题需要一小时或更长时间），并与4S法则相符合。

图 7.5 A-B-C-D-E 表决卡

写好干扰项("不正确"或不全正确答案)是这种技术的关键。课堂讨论的节奏大部分时候由那些希望弄懂、挑战、排解在思考过程中导致不同决定的争端的团队所引导。设置的干扰项,最起码要看起来是合理的。更进一步来说,使讨论更加活跃的方法并没有明确的正确答案,正如马克·史蒂文斯在上文对 4S 讨论这个部分中所提到的"明确选项"。有些时候还会出现所有团队都选择了同一个答案,这种情况在本章末尾"当活动没按计划进行时该怎么做"中会详细讨论。

编好干扰项

编写"好"干扰项是做好讨论的关键,因为有些时候,所有团队都选择了一样的干扰项,同样的正确答案,在我看来,这就是因为我的选项写得不好,所以就没有很多的讨论。而不像其他一些情况下,当有很多可能的多项正确选项,就会有很多的讨论,因为团队不得不为他们的选择辩护。(基督复临健康科学大学,职业治疗,荣·卡森)

让团队同时举起表决卡既适用于小班级,也适用于有 50 个团队甚至更多团队的大班教学。大班教学的一个最大的挑战就是有效地让全班每一位同学都投入讨论。大班报告的另一个困难就是举起表决卡展示的时间可能也就几秒钟,但汇报却需要更久的时间,一旦放下表决卡就无法清楚地记着每个团队的选择。一个解决方案就是使用旗帜支托(一个类似于在婚礼或者宴席上面使用的使卡片能立在桌子上的支撑)团队在完成讨论、准备好汇报时,可以通过卡座来提示老师。表决卡可采用卡座,这样一来,在接下来的讨论中仍然可以看到表决卡。

另外一个可能存在的问题就是,一些优柔寡断的团队可能会选出不止一个答案(A 和 B,而不是 A 或者 B),他们也许会等着看其他团队的答案然后再举出自己的卡片。一个有效且快捷地解决这两个问题的方法是,告诉全班同学你会关注举卡这一过程,并且要求那些最后举卡的团队最先起来为自己的选择做解释和辩护。一两次以后,就几乎没有团队采用那种策略来做选择了。(另一方面还需说明,如果有团队确信是题目有歧义导致两个答案都一定是正确的话,那么他们可以举起两张表决卡。)

图钉或者标签贴

当学生们在解决一些图形数据(地图、表格、图画、建立计划、概念地图等)类型的问题时,你通过让团队选出具体的一点作为回答来达到有效的同时汇报。团队既可以使用图钉也可以使用标签贴来表示他们的定位。本章前面讨论的俄克拉荷马州干洗店选址练习就是在地图上钉图钉的一个例子。一旦团队做好决定公之于众,你就可以组织辩论,让持不同观点的团队为自己的位置选择做辩护并且质疑其他团队的位置。

下面是一个试用这种技术的土木工程课程例子,你可以试着把握图钉法的要领:

> 一辆超重货车驶上了一座桥。货车的重量远超过了桥的承载力。货车行驶到了桥上的哪一点时,桥会断裂?请在图上辨别出具体的一点,并做好为自己的观点做辩护的准备。利用图钉钉在图上来表明具体的一点。

第二个例子是用"虚拟标签贴",要求学生向老师汇报自己的答案,然后老师在同学们看不到的电子影像上做好标记后再向全班公布:

仔细拆下给每个团队提供的利盟Z615打印机，并检查拆下来的每个部件。找出这些部件中最不符合设计组装说明书的部分（即，如果重新设计这个部件，整个组装过程将获益最大）。在上午10：30前向老师汇报你们的选择。之后会有一场班级讨论。准备好为你的选择做辩护。

白板

白板法虽然只是表决卡的一种变形，但是更为开放。每个团队在一块小白板上写下自己的决定，白板的样子类似于图7.6。这样大小的白板也正好限制了汇报的复杂性，所以各个团队看一眼就能够和其他团队的答案进行比较。而且也不会像使用表决卡时，观察大多数人的选择而猜测到正确答案。下面的这些案例就可以使用白板来进行汇报：

图7.6　白板汇报

- 在下面这种投资组合、投资人个人情况和市场情况，你应该在何时先卖出哪只股票？
- 一个来到急诊室的患者有如下症状，那么你行动的第一步是什么？你会让患者首先做什么测试？

思考过问题以后，团队把自己的答案写在白板上。这时的同时汇报方法和表决卡时类似；例如，“数到3一起举起你们的白板”。教室的大小和布局对这种方法有一定的限制，因为要让所有团队能看到其他团队的答案。

需要注意的是，白板不像表决卡，两面都能看到答案，白板只有一面可见。

打擂台

打擂台可以迅速确定一支队伍向全班汇报，即为擂主。这种方法在几种不同的情境下都可以使用，而且用不同的方法可以激发讨论或者找到“最好的”答案。其中的一种随机抽签正如图7.7所描述的，如图中(a)你可以从一个信封或者桶里随机抽取出标有数字的一张卡片纸或者是小球；如图中(b)可以摇骰子（文体店里会出售有不同面数的骰子，4、6、8、12和20面的骰子都很常见）；或者可以像图(c)一样下载一个抽签的手机软件，看起来像是命

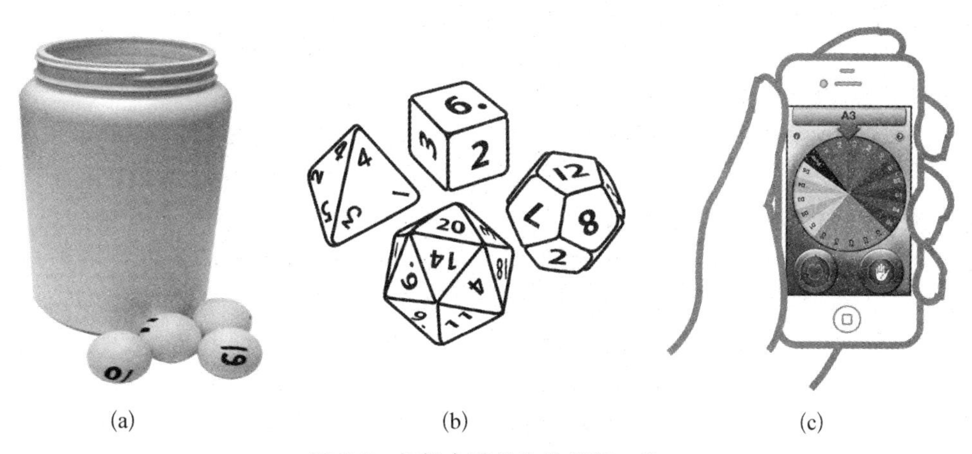

(a)　(b)　(c)

图7.7　打擂台随机法的样例工具

运的车轮在转动，可以随机选择组队。如果把后者的转动过程投射在大屏幕上，通常会使班级非常兴奋（小贴士：如果真要在班上制造兴奋情绪，把你自己的名字也加入车轮中，这样你自己也有可能被抽中做回答。）随机抽签后，被选中的团队可以通过摄像机或投影仪来展示自己团队的工作表，并做出分析，把自己的思考结果分享到全班。

我们已经详细讨论了四种同时汇报方法。还选出了另外一些案例放在附录B中，包括另外两种打擂台的方法。当然，方法是无尽的，只要你的想象足够丰富。

经验之谈

讲到本章此处，我们已经掌握了理论框架和一些具体的实施应用活动的方法。正如我们所知，有时会感觉理论和实践没什么关系。这部分将为你分享几个很具有挑战性的实践经历，当然也会把他们充满智慧的建议提供给你，以克服挑战。

首先，明白你接下来要做什么很重要。开发新的课程需要大量的工作投入，但其实采用新的教学法修改已有课程也需要投入大量的精力，比如把传统的讲授法课程改用 TBL。以我个人的经验，准备 TBL 课程所需的时间和传统讲授课程所需时间差不多。不同的地方在于时间都花在哪。原来为了能让讲义涵盖我所有要教授的内容，我努力制作清晰全面的讲义，并且费尽心思组织讲义；现在我的时间都花在构思可能的应用活动，思索实施过程中学生会如何处理它们。珍妮·莫里斯解释过这种转换：

> 我立挺一个坚定的教学团队，他们报名参与 TBL，认识到 TBL 全过程的重要性；特别是，编写好的问题、设计好的应用活动并认识辩证质疑的重要性。万事开头难，但只要头开好了，过程自然会进行得很顺利。（普利茅斯大学，护理与产科，珍妮·莫里斯）

要记住很重要的一点是，好的应用活动技术源于实践。这和其他任何教学活动一样。如果你是一个好的讲师，就可以通过实践精炼来发展这样的能力：准备大量的讲义，有能力组织讲授内容和谈话的节奏，知道如何停下来检查学生是否跟上进度。对于应用活动而言，所面临的挑战是不同的，但学习的过程是一样的。你需要明白课程内容和学生适合什么风格的活动，决定活动的适当难度，并且开发出一种在使用前就能评估应用活动是否合适的方法，等等。迈克尔·尼尔森强调了这种学习过程：

> 应用活动。在过去几年里我们都吸取了很多经验。最初，我们的应用活动大多数都是在纸上，大家都非常努力地去想出巧妙的应用问题。结果是由于问题都太过琐碎和复杂，没有抓住信息的关键。我们得出的一条经验就是，评估学生的核心概念还是有方法的，就是让团队得出一个统一的结论。（瑞吉斯大学，药学，迈克尔·尼尔森）

一个相关的方面就是发展教学策略和教学技术。根据你班级的大小、学生的水平和任务以及你活动的难度，你可以自己来实施实践活动，有时也需要一个支持团队。西门·特韦德尔在谈到一个有 105 个学生、18 张桌子的班级时，建议道，如果你是刚开始做活动，也许会需要一支额外的助教团队在现场：

> 一般情况我们倾向于在 RAPs（准备工作保证流程）和应用活动环节设有 2～3 名助教，这么做的原因一部分是因为我们也是新手，一部分是因为确实有很多内容。当我们逐渐熟悉后，我想我可能只需要一位学术成员同事，也许还可以加一位助教，但根据我的经验来看，建议最好还是至少有两人来辅助你比较好。（布拉德福德大学，药学，西蒙·特韦德尔）

最后，要明白，事情并不是总会按照计划来发展的，有时甚至让你当场出丑。这并不意味着学生就会分心或者停止学习。正如莉斯·温特所说，也许还恰恰相反：

> 是的，我这个人总是很谦逊的。但是你知道吗？这是件好事，是值得骄傲的时刻，同时也是你受到惊吓的时刻。我看着学生们做应用活动，当我们开始谈论活动时我才发现，我之前精心编写的答案并不是那么好。我带领的是一支非常聪明的团队，带着我做这个任务，我说："好吧，你们既不觉得B完全正确，也不觉得D完全正确，两者之间很难抉择。因为你们觉得这两个都不对。那么你们的理想答案是怎样的呢？"然而，这个团队是如此的清晰，这是一个词的一种不同解释，我觉得。而他们抓住了它，他们完全抓住了它，它完全匹配。"好吧。我接受这个建议。并且你们获得了学分。"（匹兹堡大学，社会工作，莉斯·温特）

当然了，尽管我们教学团队都倾心准备并且在课堂上竭尽所能，有时候还是会跑偏。本章的下一节将会介绍几种策略和想法，来应对活动没按计划进行时的情景。

当活动没按计划进行时该怎么做

面对活动没有按照预计展开这种情况，在给你提供建议之前，先来思考一下活动进行得不同于计划的几种情况。几年来，我都在分享这些，在我的案例中，最常见的原因就是应用活动要么太简单，要么就是在现有的时间内完成难度太大。其他一些常见问题是，团队没能投入到班级讨论中，或者是在应用活动中，所有团队都做出了非常相似的选择（这通常也会导致缺少积极讨论）。

如果活动过于简单，那么团队在一开始就掌握了相对清晰的解决方案，即便完成活动要求团队投入相当的时间和精力。这将会导致低参与度和沮丧情绪，因为学生觉得他们已经完全掌握并能够应用学习材料了，却还要不得不解决一个耗时长而琐碎的问题，简直就是走过场。根据4S法则，活动如果存在这样的情况，可能是问题设置得不够有意义。当有一个或多个团队找到了解决本以为是复杂问题的捷径，会引发相应的麻烦。这种事就在我身上发生过，一些学生解决问题的方法是我从来没有想象到的，他们解决问题的方法能够绕过我原先设想的讨论内容和分析内容。实际上，如果只有几个团队这么做的话，这倒是一个绝佳的施教机会，但如果几乎全班同学都找到了这个捷径，就需要一个备用计划（在后面会讨论到）。

下面将分析几个案例，来看看为什么团队不能在规定时间内完成活动：

- 老师没有给完成活动设定足够的时间（每当团队表示时间不够用时，我都会有负罪感）。
- 学生对材料没有充分掌握，无法将其应用到活动中。
- 学生缺乏解决问题的辅助知识或技能（例如，在一堂经济学课上，老师并不知道学生们还没有掌握解决问题所需的微积分）。
- 提供给团队的活动说明缺少关键信息，过于复杂或者不够清晰。

这些问题在活动中同样会引发沮丧、恐慌或者是绝望的情绪，尽管学生们都竭尽所能了，可还是不能完成既定任务。

还有一种可能性就是，活动没有吸引力或激发不起团队的参与。如能秉承本章开头所讲的4S法则，对解决这个潜在问题会有很大的帮助。如果所有团队都在解决同一问题，都力求得到一个明确具体的答案，最后都同时汇报，就会有一种自然的动力去找到一个合理且经得住推敲的答案，以避免在课堂上不合群。

有时，我会给练习一些小分数，但大多数时候，我不给活动直接打分。

有鉴于此，精心计划活动是关键。然而不幸的是，很难预料团队对一个活动的反应，或预测他们会采取何种方式进行活动。如果能掌握一些策略，对遇到麻烦的活动会很有帮助，类似于玩袖子戏法让摇晃的活动旋转起来。

计划策略

下面介绍一些可以在计划阶段使用的策略：

- 一旦你设置好问题后，试着使用多个不同的方法来解题，并确认每个方法都不琐碎（即使问题不够有意义），还要避免在团队投入大量时间和精力后发现他们的方法是行不通的，这可以通过设计阶梯级的活动来实现，正如桑迪·库克在本章前面“实施应用活动”这个部分中所描述的做法。
- 在计划课程时，要预先设想好，如果活动比预期的要短该怎么办。你会通过附加信息或者不同的案例来延长或者改换活动吗？你有其他材料来填充吗？
- 预先考虑好如果活动时间超出计划又该怎么办。是不是必须限时完结课程？还是可以下一节课继续呢？有没有可以自然而然缩短的部分，或者能不能通过提供额外信息来简化问题呢？
- 还需要考虑到，你将如何检验每个团队是否步入正轨。

活动太简单时的策略

当活动进行时，你需要主动并经常地去检查团队的情况。你的部分角色在于解决学生提出的问题，或至少思考这些问题，还要跟进团队的程序，为可能发生的情况做好准备。如果你发现活动太过简单，学生完成任务的时间比你规定的要快得多，你可以考虑采用下面这几条策略：

- 增加一个复杂因素或者使用替代方案。例如，设想一个医药课上的老师说：“我看到很多团队马上就要完成屏幕上的练习了。一旦有人完成了这个题目，我希望你们继续思考第二个案例，病人现在陈述了这种附加症状。”这可以通过一张幻灯片或者描述并发症这种方法来改变题目的复杂性，或者直接提供一些相反的信息，也能够改变团队的反应。另外一个案例是工程课的，一个老师可能会讲：“在这个问题中，我们假设摩擦力是微不足道的，如果有团队完成了屏幕上的场景，请思考一下，如果这个场景中摩擦力变得很重要的话，你们的答案会改变吗？”
- 活动结束前，留给团队大概 2 分钟左右的书写时间（我发现一旦进入讨论，这个时间会变成 5 分钟甚至更多）。你可以让团队总结一下从活动中学到了什么是最重要的；也可以让他们总结一下，如果活动再从头开始，他们会给自己怎样的一条最重要的忠告；如果他们扮演魔鬼质疑过其他团队的选择、决定、总结，那么可以总结一下他们最好的攻击论据。这 2 分钟的书写好处就在于，你可以有机会喘口气并整理自己的思路。
- 活动结束后可以要求团队编写与活动主题有关的多选题，并承诺，所有团队中编得最好的题目将会出现在即将来到的考试中。
- 活动结束后，告诉团队他们的表现超出了你的预期，并请他们提出建议：“哇！你们在活动中表现得太棒了，并且比我预期的还要更快速完成了任务。这很好。这样一来我们就有富裕的几分钟，希望你们对本次活动多提建议，活动是不是太简单了？明年的活动我一定让它更富挑战性，对此你们有什么建议？”
- 或者单纯地感谢学生任务完成比你预期的快，然后，继续下一课程的主题。

活动太难或者耗时太长时的策略

现在我们来看看学生在规定时间内无法完成活动，这种状况提出了另一组不同的挑战。第一步要明白他们为什么时间不够。

如果是由于缺乏对课程材料的理解(或者相关材料，类似于前面一个经济学课程和微积分的例子)，早发现、早干预是关键。可能有必要对所需的材料展开一个简短的即兴的小讲座，让团队重回正轨。在我的执教生涯中，我经常使用这个方法。对于简短的练习，尤其是那种多选类型的题目，推进团队进入汇报阶段的做法，对所有团队以基本一致的步调前进是很有效的，即使所有团队对自己的选择还不够自信。在不揭示正确答案前，可以对回答进行讨论，并且每个团队都可以重新思考和重新报告他们的答案。还有一种变量是找一个很时尚但错误的答案，引导全班讨论为什么这不是一个最好的答案，并让团队再次进行组内讨论，重新提交她们的汇报。

如果这一问题是由于活动时间不够，可以考虑下面这些方法：

- 给活动更多的时间(即，如果课程计划允许可以把活动延伸到下一节课上)。
- 简化问题(例如，发现大部分团队都在赶时间，就可以帮助他们排除一两个选项，或者为他们提供一些额外信息来帮助他们加快工作)。
- 让团队在下课后继续工作，下节课直接来汇报答案。如果经常使用这个方法，或者学生处在一个比较繁忙的学期中间，这也许并不是一个很好的选择，所以用这个办法前要谨慎思考。

需要提醒的一点是，一个活动如果持续很长时间，可能不完全是因为设计得不好，也有可能是你在团队讨论时没有注意控制时间，正如马克・史蒂文斯在下面描述的他上课的三小时的规划：

> 我在自己早期施教 TBL 中的一个不好的做法是，不限制团队做活动的时间，由他们自己来控制时间，然而，发现学生基本上就不会控制时间。所以，到了一节课快结束时，并没有多少时间来分享结果和进行团队间的讨论。所以我现在就采取时间控制的方法，要保障至少有45分钟的团队间讨论。(不列颠哥伦比亚大学，城市与区域规划，马克・斯蒂文斯)

班级讨论中的挑战

尽管你选择了合适的活动，设计的难度也适中，安排的课堂时间也正好，在班级讨论阶段可能还会存在挑战。一个比较常见的问题就是，没有团队自愿站出来讲话。如果教室里鸦雀无声，这对老师和学生来说都是很尴尬的。你也许想尝试通过自己代表团队做回答和缩短这一讨论部分来缓解尴尬，使活动继续。但其实，这两种方法都给下面的环节埋下了更大的隐患，因为即使你刚刚讲过希望各个团队都作出贡献来，但是他们还仍然保持沉默等你来解决这些问题。为长远打算，一个解决这种潜在问题的有效策略就是什么都不做，继续保持沉默，让尴尬和不适感在团队中蔓延。记住，也许这对你来说很不舒服，但是对团队来说会更不舒服。此时，最好说一些肯定、支持和鼓励的话，类似于“我知道你们都讨论过这个问题，并且在团队讨论时，我听到过一些很好的观点，所以我现在很乐意等一个勇敢的团队先上前来解释他们的思考过程”。另一种方法是，让团队回去重新讨论和思考准备怎么来回答，也许可以这么说：“看起来似乎还没有团队准备好分享他们的思考过程，所以我希望你们再多讨论 2 分钟，准备你们的回答。”你可以加一句，如果没有自愿先起来回答问题的团队，也可以随机选取一组先来回答(随机选择的方法在本章前面的打擂台法中讲过)。另外第三种方法就是给团队几分钟时间向其他团队提问，这样还能对同一问题的不同选择有更好的理解。这改变了团队所做的奉献，即从发表自己的观点到询问他队怎么做的这样不太令人害怕的任务。

与此相关的问题是，当被要求发言时，一个团队的回答可能比较简单，缺少细节和论据。遇到这种情况，你的第一念头可能让学生自己进一步扩展回答，或者转向下一组。但是，正如前所述，面对这种情况，你能做的最好的选择就是鼓励学生或者给学生略施加压力，让他们进一步展开自己的观点。你可以直接询问学生（“谢谢你的回答，但是你能不能解释一下这个?”），也可以直接提问某一个领域的细节（“我看到你想到了 X，那么你怎么解释 Y 呢?”）。另外一个方法就是把问题交给班里：“这个团队是这么说的……那么其他团队对这个论证满意吗？你们对他们的回答有什么问题吗?”在这个讨论环节，比尔·布雷西亚有很多小贴士可以帮助你，让团队和个人在讨论中充分展示：

> 每隔一段时间，就会有一个学生不能够回答问题，或者感到不舒服，但这种情况并不常见……当一个学生在回答问题时，[我告诉助教]不要走向那个学生，因为他们总是有这样的冲动，去走近正在谈话的人，这样就会削弱其他学生的参与度。所以他们就会在教室前面踱步，或者有时围绕教室巡视，在他们巡视之前我会把学生分组的名单给他们，这样一来他们就不会说：“好吧，那个 16 队的同学你来回答一下。”而是会说：“16 队的米歇尔，你为什么不告诉拉尔夫，他们团队的答案完全错了?”（田纳西大学，医学，比尔·布雷西亚）

所有团队的答案都一样时怎么办

在应用活动中，没有什么比所有团队的答案都一样这种情况更让讨论开展不起来。如果所有团队一起选择的答案是一个不正确的答案，这正是你施教的大好时机，你可以告诉学生他们的选择是错的，让他们再返回重新讨论的环节，或者你也可以引导他们讨论他们出错的问题，让他们自己找到出错的原因。关键是，活动还持续活跃着，并且学生逐渐发现问题实质上比他们一开始想的更加棘手时，参与度会更高。

还有一种完全不同的情况就是，全班同学一起选了正确答案。这种情况下，你可以组织一个简短的讨论，确保每个团队真的理解了问题并且他们的选择是合理的，然后你可能会进入下一个问题。还有一种做法也是可以的，你在这一点上承认他们的一致性，同时询问所有的团队是如何达成共识的，这对学生来说是一场有意义的讨论，对你而言也是很有意义的指导，在未来的应用活动中你就可以考虑改换题目了。如果你并不希望继续推进活动，比如你还没准备好后续活动的材料，你就可以采用我们之前讨论过的那些太简单的活动的策略。如果你采用了一些包括多选题在内的同时汇报的形式，那么可以考虑来自里克格德的策略，在小框内容中有详细描述：改变选题类型，不要让团队选择最好的例子或最想选择的东西，改变问题，让他们选最差的例子或最不想选的。

调整问题，让活动更有趣

[我最喜欢的一个实践活动案例研究]就是为多伦多银行的副总裁职位选出三位候选人。学生会得到所有候选人的简历和面试回答。这个案例有 17 页之多。然而并没有正确答案到底应该雇佣哪一位候选人；每个人都各有千秋。活动目的在于了解整个选拔过程，并且明白每个候选人与该职位最相关的优缺点。

上课前的几小时，学生们会使用 Moodle 的小测试功能来提交关于本案例问题的答案。其中一个问题是哪一位候选人是最佳人选和哪一位候选人是末位人选。大部分学生在第一人选上都达成了一致，但是在末位人选上却有很多不同的意见。我原本打算让团队使用表决卡展示他们的第一候选人，然后再展开讨论。但在上课前我看到了 Moodle 上的答案，我决定让讨论从末位候选人的表决开始，因为这个讨论会更热烈丰富。（圣奥拉夫学院，管理研究，瑞克·哥迪）

结论

本章开始时讨论过实施应用活动与传统授课大不相同。开始可能会引发沮丧和不安，但是这种教学法真的可能让学生学得更好，对课程材料有更深的理解，能力也得到提升。也很有可能使教室活动更加有趣、充满活力，这对学生和你都是深深的回报，玛丽·吉尔马丁解释道：

> 所以我认为在课堂上的那种能量水平和参与度也许是我在本科生课堂中最好的体验了，因为学生投入到问题当中，并且围绕问题展开辩论……通常，学生一直在寻找那个正确答案，因此就有了有很多可能回答的想法，重要的是他们是如何确定他们的答案的，有时候有点混乱。而我喜欢看到的是他们如何辩论，如何对话，如何争论一些甚至我都没有问过的问题。（爱尔兰国立大学-梅努斯，地理，玛丽·吉尔马丁）

我一直认为学生最看重的就是老师把学生的利益放在心上了。我的经验告诉我，对于你尝试新事物学生会把握一个“度”，如果他们认为你所做的一切都是为了他们的利益，为了他们能够有更好的学习体验，他们对课堂或活动的偶尔失败会宽容得多。事实是你在读的这本书建议你在执教中的主要任务不是传授更多的内容或者提高学生的分数，而是提高学生运用课堂材料的能力、对已有信息做出质疑的能力、在复杂信息中做出抉择的能力和为自己的选择做辩护的能力。我相信最重要的是和你的学生一起分享这一愿望，给他们提供更好、更深、更丰富的学习体验，努力奉献你自己，让这一切实现。

活动清单

最佳TBL

□ **有意义的问题**
有意义、有挑战性的问题

□ **同样的问题**
所有团队都解决同一个问题

□ **具体的选择**
解决方案是一个简单的选择

□ **同时报告**
所有团队同时报告

图 7.8 应用活动清单

第八章 责任制的重要性

本章主要帮助教师建立打分标准和评估程序，以保证公平地奖励学生的独立工作和团队工作。本章主要目标在于不断优化学生行为和公平奖励他们的贡献。

打分和同伴评估

在基于团队的学习(TBL)中，老师应鼓励学生多做以下三种事情：

1. 鼓励学生独立做准备。
2. 鼓励学生为团队贡献。
3. 学生必须意识到，自己要为团队的贡献负责。

为达到这些目的，我们需要在设计整个课程时，考核三个相关维度以确保我们鼓励我们所期待的行为：

1. 个人表现
2. 团队表现
3. 团队贡献

个人表现的一个重要保障来自个人准备工作保证测试的分数(iRAT)。这些分数能让教师直观地测量每个学生准备工作的完成情况和质量。这部分分数必须在最终分数中占足够的比例，以迫使学生去做准备，但也不能大到使 iRAT 变成高风险的测试。还有与 TBL 无关的，其他衡量个人表现的方法，包括个人作业、期中期末考试。开始学生对 iRAT 分数之低可能会很惊讶。一般平均分都是 65%～70%，这完全正常。需要再三向学生明确，RAT 测试是事先设计好的，并且占课程最终得分的比例很小，另外，团队准备工作保证测试(tRAT)的得分一般较高，有 85%～95%，也平衡了较低的 iRAT 分数。

团队考核指标根据整个团队的活动表现打分。其中包含了 tRAT 分数，有的课程还会包含应用活动。

学生对团队的贡献考核主要来自同伴互评过程。同伴互评保障了学生的积极参与。还能防止消极怠工的学生复制其他团队的结果；这是互评过程积极的一面。

实施同伴互评的方法很多。帮助你的学生理解同伴互评的意义是很重要的，你可以在课上花一点时间介绍互评过程，如何去进行，为什么它对团队合作学习和对团队发展这么重要。不论你选择哪种评价方法，必须要有行之有效的实施手段，以防止消极怠工的学生不公平地分享团队的高分。对团队作出贡献并不仅仅是知道正确答案。团队人员需要得到奖励，奖励他们支持互相学习、调解矛盾、促进公平讨论和支持团队一切功能。

每当你宣布你将要采取任何形式的团队学习时，学生们都会表示关切。你需要让学生们相信 TBL 是专门设计来解决他们关心的问题。毫无疑问，在过去的团队工作中，他们遇到过这样的情况，他们的队员没有尽责做好自己的工作，拒绝为团队作出贡献。许多 TBL 教师在第一天上导论课时候，会与学生一起进行一次头脑风暴，形成团队工作利弊的清单（正如第 3 章所讨论的）。接下来老师就可以解释在 TBL 中评估结构和评分原则将如何公平地奖励对此有贡献的人，不会不公正地奖励没有贡献的人。

TBL 与其他团队工作、团队项目很大的一个不同点就在于，它不需要团队在课下继续碰面。这对许多学生来说可能是松了一口气。

因为团队得分总会高于个人得分，我们需要保障如果有学生没有对团队作出贡献，他们就不能得到较高的团队分数。相反，如果一个学生能够经常做好自己的准备工作，并持续为团队作出贡献的话，那么他的成绩应该在分数中体现出来。你所设置的评分标准和同伴互评结构应该能够充分考虑到课程中可能遇到的问题，比如来自较高分团队的分数虚高问题。

典型的评分方案

在不同的 TBL 课程中，有很多评分方案。评分方案要根据自己的课程量体裁衣，需要考虑课程背景、制度文化、教学目标和课程目标。在有些制度环境中，让学生去给自己的同学评分是不被制度和地方规范所允许的。以医科大学预科生为例，同学之间的竞争相当激烈，要推广一个包含总结性同伴评价过程的评分方案会非常难，在这一过程中，一个学生对另一个学生的评价会影响到最终的课程评分。在这些情况下，形成性同伴评估的评价方法更常见，因为它不直接影响学生的成绩。形成性反馈与总结性反馈的特征比较见表 8.1。评分方案往往会两者兼顾。

表 8.1　形成性反馈与总结性反馈的比较

形成性过程反馈	总结性结果反馈
过程反馈	结果反馈
学生汇报给学生	学生汇报给老师
开放共享的	保密的
加强团队进程	保证没有分数膨胀
对个人和团队行为负责	减少社交
进行中	终结
给团队提供相关信息，帮助团队提高凝聚力和效率	为老师提供关于在最后成绩中团队分数应占比例的细节

资料来源："Peer Feedback Process and Individual Accountability," by Derek Lane, 2012, in *Team-Based Learning in the Social Sciences and Humanities*, p. 54. Adapted with permission.

想让学生们都能够喜欢 TBL 的一个有效方法，就是在课程开始前，和学生一起决定评分的权重。学生可以决定每个 TBL 构成在课程评分中的占比，通常在老师界定的范围内。在附录中会详细描述此类评分权重活动。无论由你还是你的学生来决定评分权重，你都需要把握好两个相对立的因子：你需要设置足够高的权重，使学生能认真对待准备工作保证流程的每一阶段，但是也不能太高，使之变成了一个吓人的考试。我通常会拿出整个课程中 25% 的分数比例给 TBL，其中 10% 分配给 5 次 iRATs，

10%分配给5次tRATs，剩下5%用于同伴评价。这对我来说效果非常好，但是一些TBL教师认为如果每个iRATs只有2%的比例，不足以激发学生认真准备的动机。你需要根据你的情况决定合适的比例，但我建议从35%左右开始设定是一个比较安全的开端。一般来说RAP会占整个课程20%～50%的分数比例，同伴互评通常占课程评分的5%～10%。在此需要澄清一点，RAP是指整个准备工作保证流程，RATs则是特指RAP中的iRAT和tRAT。

机械工程二年级TBL课堂上的典型评分方案

- 个人准备工作保证测试(一共有5次)：10%
- 团队准备工作保证测试(一共有5次)：10%
- 同伴评价：5%
- 个人家庭作业：20%
- 期中：20%
- 期末：35%

是否需要给团队应用活动评分

在TBL中是否给应用活动评分，还没有一致的结论。

一些TBL教师担心如果应用活动不评分，那些以分数为导向的学生可能就没有很强的学习动机。而另有一些TBL教师从未给应用活动评分，却发现对学生的学习动机、参与度和学习过程都没什么影响。实际上，他们可以使应用活动更具有挑战性，因为学生不用担心有一个差的评分。如果学生们能意识到应用活动是期中、期末和其他考试完整的一部分，还是会有较强的动力的。

因为应用活动不打分，我一直很担心医学生会不努力完成活动，不积极投入。但令我意外的是，他们的工作质量和讨论质量几乎是一样的。这令我很高兴，因为这样我就可以把实践活动的难度提高到我自己所设想的高度，而看起来似乎是设置分数越高，讨论效果越好，与此同时还完全不用担心在评分时会出现的痛苦与愤怒。(美国莱特州立大学，医学，保罗·科莱)

即便你不给应用活动打分，仍要收集好团队工作表。如果以后需要，可作为附加证据。例如，如果一个团队很努力地在完成一个重要项目但却拿了较低的分数，这些原始物件可以用来做决定，看学生是否真的弄懂了材料，必要时可放宽项目评分。

如果你选择给团队打分的话，这里有一些规则要记住：

- 学生必须很清楚地知道自己的任务。
- 学生必须清楚在课堂里需要完成什么任务，将生成怎样的原始资料并给予评价。
- 学生必须清楚，课堂原始资料和工作表将如何被评判和评价。

课堂上完成的作品往往会体现在团队工作表上，因为工作表体现了学生做出的各种决定及其支持理由。通常会有一个配有工作表的评价量规，使得学生明白工作表是如何被评价的。

活动工作表

有些老师设置可提交的工作表，要求团队在应用活动结束时提交。整个团队在报告前的内部讨论环节完成工作表。这些完成的工作表应该包括决策讨论“浓缩”的总结。可以包括以下内容：

- 你们团队做出了怎样的选择，为什么？
- 最能够支持你们选择的证据或论据有哪两个？
- 最能反对你们选择的证据或论据有哪两个？
- 如果允许你多获得一条信息，你想要什么信息？
- 你们的第二最佳选择是什么？为什么？

并不是每个人都会用到工作表。一些老师就只是让学生随意记下他自己认为重要的内容。有些老师则很喜欢结构化工作表中的模块作用，能够促使学生进行思考，而有些人则认为工作表太多构建，可能会夺走学生有价值的学习机会。

> 本来我是不做中期的同伴互评的，但是现在我开始做了，而且我发现学生根据他们团队成员的反馈，改变和调整了自己的行为。（不列颠哥伦比亚大学，城市与区域规划，马克斯·蒂文）

实施同伴互评

同伴评价是TBL课程一个基本的构成（许多人会说没有选择的）。同伴互评提供了给团队成员反馈信息的一个重要机会，包括成员的准备情况、表现情况和对团队的贡献等。因为通常情况下团队分数会远高于个人得分，所以可以通过同伴互评这一程序来调整团队表现分数，更正确地反映个人在团队中的贡献和表现。

不论你选择怎样的同伴互评方法，都应该是公平、禁得住推敲的评价方法：公平的意思就是合理奖惩学生在团队中的表现，禁得住推敲的意思是，当学生问你“为什么你要这样对我?”的时候能够合理回答。当学生在质疑同伴互评的必要性时，你应该准备好如何作答。重要的是让学生看到，实施好同伴互评才会给他们自己、他们的团队以及他们整个课程体验带来多种益处。

同伴互评的潜在好处包括以下几点：

- 为学生在工作场所中面临类似的评估做准备
- 培养个人和彼此的责任
- 激励团队成员采取最优行为
- 帮助解决冲突
- 激发团队成员为未来活动发挥潜力

同伴互评的三个总体目标如下：

1. 帮助学生学会如何给出有意义、有建设性的反馈
2. 帮助学生学会如何接受和面对反馈
3. 帮助学生反思他们的准备工作、参与程度和个人对团队成功的贡献

我们推荐，在同伴互评中形成性评价和总结性评价都要使用。通常来说，形成性评价是一种向前的评价，聚焦于改变未来的表现，总结性评价则是向后的评价，衡量过去的表现。形成性同伴评价通常在课程开始前三分之一的部分实施，而总结性评价则是在课程快要结束时实施。形成性评价使学生有机会了解同伴的反馈，这可以帮助学生成长、改变和进步。很多TBL教师都汇报过发现学生在接收到重要的形成性反馈后有行为变化。如今，一些TBL教师更频繁地使用同伴互评，例如在每个模块中都会使用，这样就会给学生很多额外的机会获得同伴的反馈，并且建立起丰富的数据库，给最后课程评分提供依据。

我认为有益的形成性评价的例子如下：

- 我们希望你能够多来上课
- 多发表你的意见，你有很多可以说
- 让其他人作出贡献
- 你的态度不够积极
- 不要停下正在做的事情——它很有帮助
- 你需要做更多的准备

> 以下方法会让学生们稍感不适，但是他们都心服口服。有关这一想法我采用类推，即你不能给两个人同样的分数：想象一下你是一个小生意的老板，学生是你的员工，并且你只有很少一部分钱给他们加薪，如果你给每个人一样多的钱，那么每个人都不开心。所以你必须区别出不同的努力水平，他们得到的是哪部分钱。（肯塔基大学，社会学，珍妮特·斯塔马泰尔）

选择一种同伴互评的方法

在 TBL 中，通常会有四种常用的同伴互评方法。到底哪种最适合你，要根据你所处的环境、课程目标和教学风格来决定。

迈克尔森法

学生被要求根据团队成员对团队所作贡献来打分。评价占课程成绩有一个固定比例构成(通常是 5%～10%)。互评可以基于量规的或简单的“分钱”评估。

在基于量规的评估中，学生使用里克特量表来给自己的团队成员打分，量表中会有一系列关于团队体验的问题。典型的量规标准包括以下几个：

- 准备：你的团队成员在上课前是否准备好了？
- 参与：你的团队成员来上课了吗？
- 贡献：你团队的成员是否为团队胜利作出过贡献？

在简单的“分钱”评估中，给每个人一笔钱在团队成员中分发。一个典型的评估提示可以是：“你们项目团队获得了 1 000 元的红包。请根据每个成员的表现，将这 1 000 元分配给你的团队成员。”

无论你选择什么系统，学生都会尝试“博弈系统”。有时，他们会给每个成员都打满分，以确保每个人在课程成绩的同伴评价部分都能得到满分。例如，一门课程中有 5%的分数是同伴互评分，学生们则希望给每个同伴的互评都是最高分，这样在 5%的部分，大家都得满分。想要解决这一问题，你可以指出，如果给每个成员都打满分，最后大家将得到一个平均分数(可能同伴互评分数的 75%)。此外，如果学生认为同伴互评是一个零和博弈，给某个成员非常低的分数就可以让他们给其他成员较高的分数了。通常通过设置同伴互评最低分数限制这种现象，可以发布类似于下面这样的规定来限制最低分数：“如果你想给一个同伴的评分低于 6/10，请先与导师商量。”我们也发现，如果学生能够向他人证明低分是合理的，他们自己也会感觉更舒服。基于量规的互评允许学生在给某队员打低分时“展示他们的工作”。但使用“分钱”互评很可能会使学生失去坦然面对反馈的机会。很多老师既要求学生有质的评价，又要求学生有量的分数。也有老师要求学生打出有区别度的分数，这样就不可能给每个学生都评 10 分，一些人必须得 9 分甚至更低的分数，而有些人则能够得到 11 分或者更高的分数。

开始时我都使用迈克尔森法，但是后面我就改用芬克法了。

芬克法

芬克法也被称为课程乘数法。与迈克尔森法类似的地方在于芬克法也要求学生根据团队成员的贡献水平来分配一个分数；不同点在于如何产生和使用这个分数。学生在互评过自己的团队成员以后，个人互评分数除以团队平均互评分数计算出一个乘数。个人得分与平均互评得分的比率，将会作为调整团队成绩的在整个课程成绩中比例的一个依据乘数。

案例 1

有种情景是某个学生的表现特别好，比如全队的团队平均互评分数是 10 分，而这个学生的得分是 11 分，将这一分数除以团队平均互评分，也就是 1.1。1.1 成为课程乘数。因此，这个学生分数是团队分数(例如 80%)乘以 1.1，调高至 88%。

案例 2

也有情景是学生表现不佳，比如整个团队的同伴测评平均分是 10 分，而这个学生的分数却是 8 分，个人分数除以全队平均分 10 分，得到 0.8，之后再乘以整个团队的分数。因此，这个学生的得分是团队原始分数(例如 80%)乘以 0.8，分数下调至 64%。“学生会认为这种方式很公平，因为这样一来，他们可以给每个有一样付出的学生一样的分数，而且还可以给有突出贡献的学生更高的分数。”(Michaelsen, Parmelee, McMahon, & Levine, 2007, p. 106).

克莱斯法

学生使用这种方法评估自己的团队成员，会使用大量的量化测量和质性测量。但是难点就在于，学生的分数并不仅仅是根据自己得到的评价，而且要根据自己给出别人评价的质量来综合决定的。所以学生最终的成绩综合了自己所作出评价的质量和同伴给自己的评价两方面。很多大量有特征的事都可以通过这种方法进行评估。包括合作、互助行为、出勤、态度、准备工作、积极性、领导力、沟通和建导。

克莱斯法：量化测量

依据下面的量表给每个人打分：从未、有时、经常、总是如此

合作学习技巧

- 准时到场并且和团队共同完成任务
- 在主动倾听和积极参与活动两者间保持平衡
- 提出有益或有针对性的问题
- 分享信息和个人理解

自主学习技能

- 是否为团队活动做好准备
- 对知识的深度有恰当的掌握
- 认同个人知识的局限
- 向他人解释问题是否清晰

人际关系技巧

- 给予他人有益的反馈
- 接受他人有益的反馈
- 能否听清并理解其他人在讲什么
- 对他人的观点和感受表示尊重

Note. From “Peer Feedback Form and Peer Feedback Grading,” by Paul Koles. Retrieved from www.teambasedlearning.org/misc. Adapted with permission.

在之前的案例中，量化评价里克特量表中的问题是根据三个主题来设定的：合作学习技能、自主学习技能、人际交往技能。每个主题元素都被细分为一系列的问题，要求以“从未、有时、经常或者总是如此”作答。

质性部分的测评则会用到两种提示：“这个人对你们团队作出的最有价值的贡献是什么？”和“这个人做了哪一件事使你们团队的运营更加有效率？”

克莱斯法的优势在于学生可以收到大量优质的反馈，与此同时，学生也能学会如何为他人提供有效的反馈。但其不足之处在于指导者要耗费大量的精力来检查学生提交的内容。老师就难免给出“这些努力非常值得”或“这是我最喜欢的部分”这类评价。和所有教学改进一样，我们必须衡量投入和产出，毕竟虽然学生会因此受益，但教师的时间资源是有限的。所以，适合小课的内容在大课上可能就难以实现。

这种方法和丹尼尔的 SKS(DeLong, 2011)非常相似：停下、继续做、开始。SKS 的指导提示非常简单，如下所示：

- 我应该停止做什么？
- 我应该继续做什么？
- 我应该开始做什么？

这些质性部分可以显著增加学生个人和职业发展的价值，因为质性反馈的目的在于打分。

克莱斯法：教师如何评价学生评语

下面的评论来自五个不同的团队成员，评论的是同一团队成员，针对的问题是：“哪一个方式可以让这个人改变他的行为以更有效地帮助团队？”每个反馈评价可以分配0～4点的分值，标准如下：

- 4 分：收到的反馈非常有用
- 3 分：收到的反馈一般有用
- 2 分：收到的反馈小部分有用
- 1 分：收到了反馈，但对收到的人没有什么用
- 0 分：没有写反馈

1.“继续在你需要完成的任务中发现正能量。你能够提供知识和洞见,但有时也可能受不太积极的态度所影响。你在本学期进步了很多,我们团队因为你的新的、提升的能量而得到发展。”3 分(有用,但“不够积极的态度”缺乏细节)

2.“你偶尔会对某个特定回答的选择犹疑不决。由于你的思考通常是正确的,因此我们团队可以从你大量的意见中获益良多,即使你不完全自信。”4 分(有用,明确的行为描述,清晰的期望值)

3.“有时在团队讨论中你对于给出明确答案过于谨慎,因此会给团队中的其他人带来压力。”4 分(具体的、明确的行为描述,明确了有待改进的部分)

4.“有时你会表现出对团队学习材料的挫败感,而这常常会影响团队动力。所以,如果可以请尽量不要表现出对学习材料的挫败感。同时,停止带有害物质像泡菜之类到团队学习场所,这令人作呕并分散其他队员的注意力,也会降低团队工作效率。”3 分(有用,幽默,但是“挫败感”的定义不清晰。)

5.“尽管你上课前做了充分的准备,但是也许你可以有更积极的态度;我们很期待在你脸上看到微笑!有时你的不积极态度就像给团队带来一片乌云,让团队学习更难了。我知道,团队学习的路是漫长和艰辛的,但是少一些负能量,你能够鼓舞大家总有一天我们会活着走出来。”4 分(与第 1 个评价相比,这段评价更加明确了行为改进部分)

Note. From “Peer Feedback Form and Peer Feedback Grading,” by Paul Koles. Retrieved from www.teambasedlearning.org/misc. Adapted with permission.

UT 奥斯汀法

在这个比较简单的方法中,学生需要回答两个问题:

1. 你欣赏这位同学的哪一件事?

2. 你会要求这位同学做什么事情?

在老师将各种评价和评语随机编辑好以后,学生会得到一份来自同伴的反馈,从中能了解到关于自己什么做得好,什么需要改进。这种方法用于应对特定学生的反馈,尤其是有的学生不喜欢其他学生量化地评价自己。

我最早使用迈克尔森法进行同伴互评,并且分配了 5% 的课程分数给这一部分。渐渐地,我对这个方法感到不满,因为学生会钻评价系统的空子,给每个人都评满分,这样课程分数的 5% 就全部到手了。面对这一行为,我将平均互评分数乘以 75%。这样一来虽然规避了博弈评价分数,但是我自己对这样的方法很不满意,我认为这种方法没有起到作用。有学生在第一天就来向我抱怨,因为他们已经不可能得到 100% 的分数,认为这一过程不公平。现在我都推荐芬克法或课程乘数法。如果每个人都做好自己的工作,每个人都作出同样的贡献,那么每个人得到的全团队成绩也是合理的分数。我开始很不喜欢这种评价方式,因为我觉得这种方法可能会让高贡献的学生拿到一个很高的团队成绩,甚至超过 100%。然而我从未遇到过这样的情况,并且如果遇到这样的问题,我很乐意解决这样的“问题”。在我们研究所第二年的工程设计课上,使用芬克评价法的有 98% 的评价都在 0.77 到 1.15 之间(取样基于 5 年间的 3 000 份评价)。

有些老师会继续对过程作修正,以消除系统中博弈的机会,但是另外的老师接受了操控系统的共谋,把它视作团队工作合法延伸。

帮助学生做出并接受反馈

任何时候,当我们要求学生做出质性反馈时,我们应该帮助他们学会如何做好它。许多 TBL 教师都会使用迈克尔森和舒尔特·海斯的文章《做出有效反馈》(Michaelsen & Schultheiss, 1989)。这篇文章列出了有效反馈的 7 个元素:

1. 描述性反馈，而不是评价或评估
2. 具体细节，而不是大致描述
3. 诚实且真诚
4. 用对被评价者有帮助的方式表达
5. 及时且结合语境
6. 只有在被评价者需要时给予评价
7. 有用，只针对被评价者可以控制的行为

有时我们使用"三明治法"进行反馈，具体方法就是，在一条正面评价后面跟一条批评的评论，接下来再跟一条积极正向的评论。这样一来，对于被评论者来说，更容易接受批评，与此同时，反馈也会越来越准确可信。为了实现这一方法，我们可以在编辑我们的反馈时首先给出一个积极的评价，然后给出一个消极的评价，最后再给出另一个积极评价。有些人认为"三明治法"传递出一些混合信息，会导致误解和困惑，所以并不是对所有人适用，也不是适用于所有情形。

瑞德和朗美德（Rider & Longmaid, 1995）发表了一篇精辟有用的文章，可以帮助学生理解如何最有效地利用收到的反馈。

选择正确的同伴互评方法

要根据教学环境和教学目标来选择同伴互评方法。无论选择什么方法，你应该考虑同伴评价在三种可能的学生行为场景中所起的作用：

1. 第一类学生总是不做准备，对团队也没有任何贡献。一个设计良好的同伴互评程序需要对这类表现不好的学生的分数做出调整，不能因为团队高分，他就能不公正地获得团队高分。
2. 第二类学生总是准备得很好，而且有很多贡献。设计良好的同伴互评必须能够奖励这类学生。
3. 第三类学生是过于爱表现，并且在这一过程中会支配甚至欺负团队其他成员。一个设计良好的同伴互评必须只对良好的团队行为和贡献给予奖励，并且对破坏团队作为紧密合作体展开工作的学生情况及时给予反馈。

设想一下这些场景会帮助你为选择评分方案和同伴互评方法找准基调。最终选定的评分方案需要有足够多的措施来应对这些场景。

一些关心的问题

有些老师担心同伴互评会破坏成员间的信任感和团队团结。一个有破坏性的、伤害的评价可能会毁了整个团队，但实际上有许多种可供使用的方法来控制或至少减少这类事。我们在公布评价之前会先审阅评价，并将评价做成匿名的形式。我们找到那些起不到任何帮助作用还具有伤害性和破坏性的评价，然后扣押下这些评价。在过去十年的教学中，我们过手的评论有一千多条，只扣押过两条这样的评论。这不意味着你要扣下所有的负面评论。你扣下具有伤害性又无价值的评论。消极但有建设性的评论应该被保留。我们需要指导学生哪些构建是建设性意见，哪些构建是非建设性意见。

一旦各团队各就各位后，我就会解释评分系统和同伴互评，以及它们会承担什么角色。第一次使用同伴互评时，没能给学生足够的指导，学生们对同伴互评也没有清晰的认识。因此这次评价以失败告终。现在我都会在第一节课上就向学生解释评分系统，并会在第三周结束时再次强调。他们能看到打分形式，并且思考这一机制，在课程开始不久时就能实践一次。我会分享这次实践的结果。需要告诉某些学生，他们没有尽到自己的职责。这些孩子都还是新生，同伴互评可能会吓到他们，但我发现学生们都很诚挚。在课程过半时，我们会再做一次；我

> 会再次和他们分享评论，因为这时振作起来还不算晚。之后在学期结束时，我们会做一次总结性评价，这次是真正记入分数的打分了。（明尼苏达州立大学曼卡多分校，化学与地质学，玛丽·哈德利）

一些教师报告说，当他们试图实施同伴互评时，遭受了很大的抵制。其中有些老师会重申自己的理由，坚持他们的立场，而有的老师则被迫放弃使用同伴互评。在一些机构中，特别是竞争非常激烈的环境中，一个学生有任何可以控制另一个学生分数的想法都是可恶的。在这种环境中的学生常常会认为，给他们打分是老师的工作，不能让其他学生来给自己打分。此时，你就需要在此兜售你使用同伴互评的理由了：

- 反馈对于帮助团队良好运作很重要。
- 团队成员处在观察和评价其他团队成员的行为的最佳位置。
- 同伴评价使打分变得公平。
- 在工作环境中反馈是常态。其他人评价你，你也评价其他人。
- 课程体验是学习这些技能最安全的地方。

第一天上课介绍完同伴互评后，我们需要在整个学期中不断讨论这一话题，尤其是在学期中形成性评价之前。一学期通常是安排一次形成性评价和一次总结性评价，但是你的课程如果能安排更多次评估将会更合理。迈克尔森法和芬克法让我意识到只做一次评价的陷阱；例如，有些行为对于团队初期需要融合的阶段来说，可能很有帮助和价值，但是到了后期团队已经磨合好以后，可能就会变得令人厌烦和难以忍受。我们不仅仅是要给学生反馈，更重要的是要给学生创造合适的机会去改变行为。

线上同伴互评

随着班级规模的增大，实施同伴互评和数据收集统计的难度会越来越大。这时，很多人都在寻找一款软件来简化实施同伴互评工作。最常用的两款软件工具是 SPARK^{PLUS}和 iPeer。SPARK^{PLUS}是澳大利亚悉尼大学研发的一款软件，能够有效简化同伴互评程序。SPARK^{PLUS}软件可以在 http://spark.uts.edu.au 获取。iPeer 软件是加拿大的不列颠哥伦比亚大学研发的，这款软件可以让你实施任何一种同伴互评，最近刚发布了 Blackboard Building Block 新版本。软件可以在 http://ipeer.ctlt.ubc.ca 获取。这两款软件都有许多忠实粉丝，主要区别就在于 SPARK^{PLUS}是一个托管解决方案，而 iPeer 要求你下载软件后进行安装。

你需要开发能够公平奖励学生个人工作和团队工作的评分方案和评价程序。这个深思熟虑的评分方案的目标是塑造并提升学生的行为，与此同时能够恰如其分地奖励学生的所有付出。

责任清单
最佳TBL

- □ 使用iRAT——个人准备工作保证测试
  对教师负责
- □ 使用tRAT——团队准备工作保证测试
  对同辈负责
- □ 使用同辈互评
  对同辈负责
- □ 同辈互评计分
  责任的影响
- □ 即时反馈

图 8.1　说明清单

第三部分

自我准备

第九章 通往团队合作学习模式的情感之旅[①]

比尔·罗伯森　比莉·弗兰基尼

即便团队合作学习的四个基本要素落实到位，新手在实施初期通常还是会遇到一些问题。这可能是由于缺乏经验所致，也可能是由于从讲授转向TBL时态度和思维方式随之发生变化所致。本章为你顺利转入TBL模式提供帮助，从提醒你注意新手们面临的共性问题着手。

斯蒂夫·罗杰斯采用了TBL，并为此付出了异常艰苦的努力。在教学中的每一个新尝试都是对自己根深蒂固的信仰的挑战："如果我不讲授，怎么保证他们会了解所有的内容呢？""如果我把他们分为小组，他们会浪费时间吗？"尽管有所担心，但是他积极主动，坚持不懈。学期初，他就组织了首次的个人准备工作保证测试和团队准备工作保证测试。学生的个人准备工作保证测试成绩很低，令他震惊，之前他还担心测试过于容易。相比而言，学生的团队准备工作保证测试成绩比较鼓舞人心。他就有几个团队漏掉的两个问题与学生简短地交流了一下(他很想复习测试的每项内容，但学生强力抵制他的这一冲动)，然后紧张地放出一张幻灯，宣布第一项应用性活动："每个团队有3分钟时间做出下列决策：根据阅读材料所呈现的理论，四项中哪一项最有可能是.....的结果？"斯蒂夫刚做完提示，教室里就传出喧闹声，因为所有学生小组立刻开始了讨论。下课后，罗杰斯博士告诉同事："我今天上课真的很开心。很多年都没有这种感觉了。"

① 本章所有案例完全真实，但有所改编以保护相关授课教师的身份。

斯蒂夫的故事代表了我们在纽约州立大学奥尔伯尼分校坚持观察到的一种教学经历。对TBL的许多尝试者而言，实施TBL的过程成为他们重振教学实践的宝贵机会。最重要的是，这一过程使得他们改变了对学生和教学内容的看法。但这种改变往往非常缓慢并会遭遇相当大的阻力——既来自教师也来自学生。对教师的引爆点通常就是斯蒂夫所描述的那种经历，即显示学生行为变化的证据促使教师的态度发生相应转变。而达到这一引爆点需要克服的主要障碍是，放弃旧的教学设想，坚信TBL方法直到变革时刻。

本章旨在为TBL新手提供一个框架性的视角，帮助他们努力坚持到斯蒂夫·罗杰斯所描述的关键时刻。对于TBL筹备阶段所面临的挑战和所需作出的决策，本章将予以解析性和系统性的概述。我们希望你能走上这条虽然崎岖但被很多人走过的路，成功实施TBL。

TBL新手面临的问题

可以观察到即将实施TBL的新手对教学思考处于各种阶段，而他/她处于哪个阶段将直接影响TBL的实施效果。这些不同阶段可以在指导老师生动的简介中捕捉到，反映出课堂经验、自我感知、对教师角色和学科的理解、对学生的看法以及教学态度等特征。

简介一：新教师缺乏经验或没有教学经验及其相应的劣势与优势

这个群组包括许多研究生助教和第一次进入学界的非学术型专业人士。这个群组也包括新入职的助理教授。他们在研究生期间从事教学的机会非常有限。对于这一群组而言，首要的挑战是学会如何定位和利用自己的课堂权威，并对此作出调整。TBL破坏了大学课堂传统的权力结构，这有可能让新教师感到不适，因为他们得设法应对不确定性和惶恐不安。另一方面，年轻教师尤其希望与其他年轻的成年人保持朋辈关系，因而不愿意对课堂活动进行明确的组织和安排，这将导致致命的后果。师生互动是随着时间的推移而逐步优化的。在这一过程中，新教师冒着风险采用TBL教学元素，他们要么严守规程，唯恐失控，』要么随机而动，小范围内试行，不至于过分专断。而且，许多长聘教职的新教师面临着外部压力：如果他们的院系或学校不积极支持教学创新，他们可能会受到鼓励不去尝试新教学模式。这些教师深信应谨慎行事，只要确保学生评教分足够自己晋升终身教职就行，因而不会去全面推行TBL模式。

另一方面，我们也看到新教师对于教学方法的推介持欣赏态度，而且在实施中取得出色的成就，因为TBL模式非常有黏着力，思路连贯清晰。

> 安东尼奥·克鲁兹十多年来一直在一家计算机服务公司担任工程师。为了使自己重新焕发活力，他申请去一个较低级别的大学教计算机科学课程并被录用了。他突然意识到自己根本不知道如何教学。虽然教材在手，但如何将干巴巴的书本内容转化为学生在课堂上的生动体验，他对此毫无感觉。一位同事指引安东尼奥参加教学中心每学期都提供的TBL培训，学校也强烈推荐他采用这一方法。他对教学几乎没有什么先入之见，只是一一遵照培训指令设计出课程大纲、准备保证测试以及应用性活动，尽可能地符合TBL的最佳实践。TBL培训并没有消除安东尼奥的焦虑，但提供了极大的帮助。作为专任教师，他更欣赏这种能亲身实践、以行动为导向的方法，而不是准备90分钟的讲授让学生保持清醒。随着开课的临近，他知道自己第一堂课以及接下来几堂课该做的事情。也明白了做这些事的理由，因而提升了信心。后来他这样评论TBL培训："这的确很有意义。我不需要自己发明这一切——它们组合起来就给了我一个教学设计的框架。"

新教师初次规划课程时头脑中充满了各种观点和想法，全盘采用 TBL 可以规避一些他们不擅长的决策。当新教师们充分理解了 TBL 的目标和内在逻辑，并忠实地追随这一模式，他们就能成功实施 TBL，即便是初次教学也不例外。

简介二：工匠型教师，可以是经验丰富的教师或者是相对较新的教师

工匠型教师是指有些采用 TBL 的教师，通常已经尝试了各种技术但往往总在尝试新方法，很难保证自己的种种努力具有基本的连贯性。但如果教师已经尝试以学生为中心的实践，并且相信用课堂时间让学生自己解决问题是有价值的，那么向 TBL 转变就相对直接得多。然而，过去随意尝试各种技术使他们变得漫不经心，由此带来的挑战是，教师缺乏规则，不注重任务设计，实施中即兴成分太多。结果可能会采用一种混合而成的方法，削弱了 TBL 的有效性。资深的工匠型教师往往非常自信，有时候这是明显的优势，而在另一些情况下就可能是不利因素：他们过往的努力不符合 TBL 的关键原则，但他们对这些做法有效(或无效)深信不疑。比如，学生需要做充分的课外准备才能对 TBL 严谨的结构和过程做出良好的回应，而我们常常会听到工匠型教师对此表示疑虑。同样，对于赋予学生通过同伴互评对彼此负责的权利，他们也表示怀疑。工匠型教师们之所以疑虑重重，可能缘于他们认为教学结构的递增和学生责任的加重，限制了学生在参与教学方面的选择和自由。最后要指出的是，从始终相伴学生左右、深入投入手把手教学生的帮助者转变为较少授课的观察者和任务促进者，工匠型教师对这种角色转变的态度表现可能比较勉强。

简介三：传统型教师，很少尝试将课堂时间用于讲课之外的其他活动

传统型教师之所以对 TBL 有兴趣，是想让自己的课堂恢复活力，但他们往往对如何设计和管控以学生为中心的课堂活动毫无经验或感觉。他们肯定需要学习一套全新技能，而更大的挑战在于他们需要审视并改变原先一些根深蒂固的观念。其中，最强烈的观念是关于教师该做与不该做哪些事。让学生独立学习，对自己的成绩负责，相互评价课堂参与的质量，或者只是互相交谈，传统型教师很难接受这些都是有效的学习行为。而且必然还存在诚信的问题。种种理由表明，教师放弃传统的、以自身为中心的角色而成为学生学习的观察者，这似乎有诚信缺失之嫌。教师“不作为”，因为她没有站在课堂中央讲课，这种潜在的感觉真的令人担忧，而如果学生在课程评价时表达同样的想法，那就更令人不安了。而且，传统型教师普遍都担心，将课程聚焦在学生的课堂活动上(而不是仔细听讲上)会导致教学内容的严重缩水。他们多年的经验证明，学生不愿意或者没有能力自己获取知识。但传统的教学环境中，只有一小部分学生能够参与进来，在这样的环境中教学，前景非常令人沮丧。这为传统型教师实现理念、实践和角色的根本转变带来了希望。

情感之旅的不同阶段

第一次采用 TBL 的教师，他们的教学身份集合了上文所描述的各个简介的若干特征。这些简介没有要将教师分类的意思，而是要激发他们反思自己的视角应放在哪些挑战上。工匠型教师在以学生为中心的学习过程方面已经有所尝试，由此就可以把采用 TBL 描述为简单的调整吗？或者说，由于传统型教师必须改变大部分的教学习惯，因而向 TBL 转变会导致人格的彻底分裂？第一次从事教学的焦虑会不会成为此旅的一部分？反思自己的教学身份对教师实现 TBL 之旅的期望是一次有意义的实践。

由于个性和经验的差异，实施 TBL 过程中的细节可能因人而异，但我们发现许多采用

TBL的教师(除了新教师之外)经历的情感变化过程近似于悲伤,只是程度有所不同(库伯勒-罗斯,Kubler-Ross, 1969)。

第一阶段:举白旗(我放弃——完全行不通)

我们与许多成功实施TBL的教师合作过,他们教学经验丰富,有很高的积极性。他们已经意识到如今的课堂不再如自己当初决定从教时所想象的那样。这样的认识有时是来自外部因素的驱动,比如,学生评教持续低迷,威胁到自己的职业发展。更多时候,这样的认识来自内在因素的驱动,比如,学生学习没有充分发挥他们的潜力,令你深感沮丧;或者,课堂缺乏学生参与,令你深感失望;或者,因内容深奥而无法与学生交流,令你深感徒劳;抑或,本该让人兴奋和满意的专业工作偏偏令你感到毫无乐趣。无论驱动源于何处,变化的强大动因使得潜在的TBL教师在学习这一教学模式的过程中能够应对压力,包括学生的抵触或者同事的质疑甚至轻视。

举白旗阶段的一个关键方面是教师意识到自己错过了某些关键信息或特定视角,而这些关键信息或特定视角是能帮助自己独立解决问题的。很多情况下,教师做出极大的努力去尝试改变,但没有取得实质性的结果。这种"我实在没有法子了"的状态开启了关于教学的正式对话。举白旗阶段相当于一个指示器,表明教师做好了学习的准备,乐于去接受新思想,甚至那些在以往看来过于激进、风险过高的新思想。

第一阶段的主要需求:与志趣相投者进行对话交流,他/她会表达同情但不做评判。

第二阶段:怀疑一切(TBL把我推得太远——我不能改变太多!)

即便教师挥舞白旗,他们初次接触TBL模式时往往会产生抵触甚至嘲笑的心态。"什么?你让他们做*课前*阅读,还要进行测试?简直一派胡言——他们才不会做呢!你要我把课堂交给学生?你要让学生整堂课一起合作学习——在没有我直接指令的情况下?我还要让他们相互评价?那*我*还剩下什么事情好做?"这些担忧合情合理,因为多年来教师们经常看到学生毫无准备,缺乏灵感,被动地坐在课堂里,自己真诚的努力化为泡影。然而,对一切持怀疑态度的教师要成功实施TBL模式,就必须改变原有的信仰体系。也就是说,需要颇具策略地、令人信服地对他们的主观臆测提出质疑。

这个阶段,如果出现具有同情心、有TBL成功经历的同事,那对你特别有益。他们的经历必然交织着幽默和卑屈,让你详细了解到,即使实施过程不无缺陷而且预期较低:但是TBL一旦生效,疑虑和不安会随之化为惊喜和兴奋。谁也不愿意率先尝试高风险之事,处于怀疑一切阶段的教师如果尝试TBL模式,需要确信已有先驱成功的案例。这一阶段引入正式的教学发展历程(见附录C),让教师在有利的环境里就使用TBL模式自由地表达和讨论内心的担忧,这会带来巨大的心理改善。

第二阶段的主要需求:与其他成功使用TBL模式的教师接触;提供触手可及、方便阅览的研究文献,介绍如何通过主动学习改善TBL的实施成效。

第三阶段:勉强让步(因为绝望,我会试试TBL——但按照我自己的方式做)

这个阶段,教师可能仍然深深地依附于原先的教学角色。这意味着他们往往只愿意做部分的或尝试性的改变。他们表现出愿意采用TBL的某些元素,而最常用的是保证准备测试("如果能让他们阅读,其他一切就水到渠成了!")他们以为TBL工具可以简单地转置到原来的课程设计上——这个想法是行不通的。这些教师还没有完全正视这样一个现实，那就是，学生的低水平学习和不温不火的参与，不仅仅是因为缺乏某项神奇技能。或许我们需要对学习进行更完整的再思考。而 TBL 就是一个全面的教学方法，其组成元素之间相互协调相互配合。而且，促进转变的催化剂是教师角色和教学理念的转变。

不出所料，对许多采用 TBL 模式的教师来说，放弃自己原来的课堂身份是最为艰难的转变之一，而且在初次（通常通过信仰的飞跃）尝试 TBL 之前几乎没有可能发生这样的转变。一旦课程有了进展，开始获得正面的反馈，特别是来自学生的正面反馈，教师角色的转变才真正开始。正如我们在斯蒂夫·罗杰斯的开篇案例中所报道的那样，一旦教师亲眼见证了 TBL 带给学生的成效，就开启了新的教学身份之旅。

*第三阶段的主要需求：*安慰；TBL 的构成模式；鼓励教师尝试 TBL 各种构成模式后再考虑是否放弃。

第四阶段：顺应并投入（好吧，我全程采用，不过只是因为没有其他更好的点子了——其实我怕得要命）

相当一部分尝试 TBL 模式的教师会止步于第三阶段，以缺乏实质内容的 TBL 收场，即，在传统教学中添加小组活动或采用团队预备保证测试的互动评估元素。这往往不算失败；因为与单一讲授的教学模式相比，缺乏实质内容的 TBL 所提供的学习体验更胜一筹。然而，我们在成功实施的 TBL 模式中看到的对学习产生的变革性影响和促进才智的成熟在缺乏实质内容的 TBL 中是没有的。

有毅力充分实施 TBL 的教师常常以完全顺应的姿态投入到 TBL 模式中。他们考虑到继续修修补补不足以解决根本问题，因有强烈的变革动因。他们权衡了风险和潜在的不利因素（学生可能有抵触，评教得分可能走低，同事们可能会嘲笑自己），他们已作出决定，为了提高课堂参与度和学习成效，这一切代价是可以接受的。

这个新阶段代表了重要的心理转变和能量水平的变化。我们在思考学生时发生了转折：学生的抵触是可以预见的，是变化所致，而不是模糊不定的威胁。事实上，令人担忧的学生抵触，现在却带给我们新的视角：如预期的那样，有迹象表明课堂文化正在发生变化。当变化来临，那便是一个积极的征兆：表明学生们与这一令人惊喜的新方法发生了很有意义的关联。首要的担忧不再是这一方法是否有效，而是：如果教学活动没有按计划展开，该如何应对这些意外？

*第四阶段的主要需求：*向指导教师或有经验、有共鸣的同行汇报并反思自己的教学及课堂情况。

第五阶段：轻松而愉快（嗨，这方法有效，而且有趣！）

一旦启动实施过程，采用 TBL 的教师就掌握了真实的数据，而不是停留在想象的画面或场景中。学生一起合作加工信息、汇报思考过程并就形成推理的过程作公开答辩，由此可以观测到学生的思维水平在显著提高。而且显而易见的是，由于学生参与到与教学内容和同伴的接触中，他们从无名的个体转变为真正开展对话的人并在这一过程中结识到新朋友。对于有些教师而言，或许这会带来新的感伤，因为他们早期的教师角色将无可挽回，不过，这一切将被学生参与度与学习成效提升的事实所遮盖。

*第五阶段的主要需求：*学生参与度与学习成效提升的持续性证据和保障；改进实践的反馈。

调整态度

虽然 TBL 规定了明确的设计结构和行为守则以确保成功，但掌握 TBL 课程设计和管理的技巧并不是整个旅程中最难的部分。就我们教师支持策略演变而言，我们已学会了更多坦然介绍旧的观念，培养为获得成功所需的新的态度和思维模式。我们意识到思想和态度的转变不是通过准备和规划就可以达成的。变化是通过学习慢慢发生的，类似学生的学习经历。在实施TBL的整个过程中，教师需要得到同事们经常性的宽慰、示范以及他们早期的积极经验，得到学生们有意义的反馈，朋辈们持续不断的鼓励，还有庆祝成功的机会。这些考虑都已经包含在我们的TBL支持策略中了。

而且，随着时间的推移，我们已经将改变观念和意识的过程提炼为成功实施TBL所需的理想化态度。如果TBL实施者已经具备这样的态度，他们就可以专注于重新构思自己的课程，还有规划和管理学习过程所需的方法及技巧。如果理想化的态度还不够明朗，那么教师的准备工作重点放在提供支持，以促进、鼓励并引导理想化态度的生成。以下是我们所期望的四种理想化态度。

抱着玩心，期待乐趣

珍妮特·黑尔讲授一门通识教育人文课程已有三年。这门课程吸引了许多非人文专业的一年级学生，他们大多没有该领域的修读经验。她对学生越来越失望，学生们不阅读，不来上课，就算到了课堂也很少参与课堂活动。随着时间的推移，她发现自己越来越怀疑这门课程的价值，对学生的能力也越来越持否定态度。她尝试用课堂答题器来增强与学生的互动，确保他们课前预习。令她失望的是，学生似乎仍然想方设法钻空子避免全身心参与课堂教学。发现TBL模式后，她让学生以团队为单位各自开展学习，并很快注意到了由此带来的学生行为和学习的变化。然而，她之所以能真正接受TBL，是因为这一模式使她自身发生了变化。她不再害怕上课了。

对我们有些人来说，教学成了一件苦差事，唯恐失败或失控。更为糟糕的是，即便已经明显出现问题，我们也不做改变，因为体制不鼓励冒险和我们固守的观念，加上同事们的观念，使我们更坚信，教学不得不以某种方式呈现出来。教学改革会带来高风险：比如，学生的评教成绩下滑，确实会给一些教师造成直接的影响。在非常公开的学生世界里做些不同寻常的事犹如在走钢丝："万一学生不照着我的要求做怎么办?""要是他们顶撞我，那该如何是好?"然而对大多数教师而言，真正面临的生死存亡的是更个人的、涉及生存的，但又不太确定的东西，即他们自身在课堂上身份的意识。资深教师多年来在教学中形成了自己的角色定位，一旦他们与课程内容和教学对象的关系面临深刻变革，许多人就会忐忑不安。这种惶恐不安会抑制教师的能力和意愿去接受完全属于TBL教师的思维模式：如以娱乐性的实验法表达"看看这样做是否奏效。"因此，准备开展TBL教学的教师，关键要抱有这样的期望：课堂能够也应该成为我们尝试冒险、获得乐趣的地方——即便犯错后才领悟会令人不爽。

还有些对完成特定量的讲授内容(见前文讨论过的简介三：传统型教师)具有很强的责任感的教师，也会特别疏远TBL的观念。对他们而言，抱着玩心开展教学的想法特别不可思议。他们往往担心根本没有时间可以让教学充满乐趣。这些教师涉足TBL教学时，往往坚信可以通过准备保证过程让学生对阅读负起责任，但对于将课堂其他时间交给学生为中心的应用活动，他们心存顾虑。究其根由，还在于他们对自己的身份、对以往教学实践投入与付出的价值产生怀疑。对那些传统型的教师来说，初步实施TBL教学的积极结果，也可能会因为自己新老身份之间的认知失调而被遮盖。这些教师受困于旅程的第二阶段，有必要提供一个同伴支撑体系，支持他们专注于帮助学生成功，从而避免他们过早放弃TBL教学。

相信学生：相信他们的才智和学习意愿

> 那天下午，我去听珍妮·迈耶上课。她正在组织本学期的首次个人准备工作保证测试和团队准备工作保证测试。学生们十分投入，就一些关键概念展开讨论，对答题选项进行辩论，时而苦思冥想，时而欢呼雀跃。学生完成测试和申诉过程后，教师提请全班安静下来，在投影仪上放出幻灯："问题一的正确答案是……"接下来的30分钟，迈耶博士对准备工作保证测试的问题逐个回顾，而学生们的热情逐渐消失殆尽。

在首次尝试TBL教学的课堂上，这种情况屡见不鲜，而且最具潜在的毁灭性。在迈耶博士的课堂上，准备保证测试显然有效——学生们开始讨论相关内容并准备好应对挑战。可是，教师违背了TBL与学生之间的契约，即学生课外自行准备，课堂时间用于探究如何运用知识解决具体问题。迈耶博士中断了这一探究过程，使学生意识到*她*是课堂上唯一真正的专家。导致的直接后果是课堂活力明显流失，长远后果是整个课程陷入困境。迈耶博士的学生必然会感到不满的是，准备保证测试过程变成了强制他们阅读，他们没有获得真正的学习体验。这最终会毁掉课程。教师点评的这些材料，学生们已经至少看过*四遍*（阅读，个人准备保证测试，团队准备保证测试，申辩），教师再去逐一点评，会让学生感到自己的智力和学习态度受到了侮辱，因而不再信任教师和教学过程。

对教师而言，特别是那些从"粉笔＋讲授"传统模式中的优秀学生转变而来的教师，他们很难想象本科生*无需听教师讲课*就能自己完成阅读和理解。第一次实施TBL教学成败与否，就取决于理念上的这一飞跃。当然，学生有时会使得我们的TBL旅程更为艰难，因为他们会直接或间接地把你推回原处。他们会直截了当地说："你没在教我们啊！"或者，他们会转弯抹角地提议："你讲课好棒！多讲讲吧。"有些学生不会马上意识到你采用TBL体现了对他们才智的尊重。许多学生觉得这是令人不适的新体验，加重了自己的责任和负担。他们需要持续不断地得到提醒：相信自己的能力。我们也需要得到提醒：相信学生能够学习很多东西，即便不在我们的视线里，即便没有我们的直接帮助。

别让学生受制于你的专门知识、权威地位和自我意识——应该让TBL方法自行其道

> 吉姆·巴恩斯之所以找到我们，是因为学生评教得分偏低，他意识到自己需要有所行动，改进教学。他初次采用TBL教学时持谨慎乐观的态度，没有完全吸收TBL教学法的所有元素。我们第一次应邀去听他课时，建议他在准备保证测试过程中加入申辩环节，他对此有抵触，因为他认为怂恿学生争辩会削弱教师的权威，导致全班争先恐后捞高分。

我们每学期都与初试TBL的教师合作共事，巴恩教授的顾虑代表了他们中许多人的心态。他们本能地意识到这种教学法的某些要素会带来直接而明确的效益（例如，个人准备工作保证测试和团队准备工作保证测试），但对于那些会从根本上改变课堂权力关系的要素，他们则心存抵触（申辩，同伴评价，学生反馈在成绩评定中的权重）。初试TBL的教师往往还没有认识到，TBL教学法的不同要素相辅相成，集成一体，起到强化效应。所以他们采取自助餐的方式，只挑选部分要素，这些要素必须符合他们已有的对学生、教学内容和教师定位的理解。

实质上，这些教师仅仅部分接纳了 TBL 教学法，而没有重新思考自己作为权威专家之外的作用。将课程成功转化为 TBL 教学，不仅仅引入，而且需要高层次的反思和自我意识。

这种反思特别具有挑战性，因为对许多准备采用 TBL 的教师来说，教学是特定的教学实践和技能的积累，这种积累或源自个人体验，或取之于同行经验，偶尔也采撷自教学方面的文献。他们知道学生们需要在实践中学会运用知识和批判性思维，但他们只是采取了一些孤立的、单一的做法。他们许多人从未尝试过一个成熟的教学法，从未考虑过采取一个综合方案，一个具有理论基础并获得教育和认知的研究证据支撑的综合方案。因此，我们致力于引导 TBL 新教师们转变态度，“停止怀疑”，对经过全面测试的 TBL 规程充满信心。对这一方法足够信任，去采用它。

巴恩博士的故事结局美满：虽然他没能马上消除疑虑，最后还是将申辩环节融入准备工作保证测试过程中。他发现赋予学生这样的权利的确给课程注入了活力，也改变了他在课程中的作用。学生们以更为自信的批判性思维的视角审视课程内容和测试题。令巴尔博士始料未及的是，允许学生对答题提出申辩，不仅没有削弱反而强化了他的专家作用。他发现自己对问题和讨论的介入之深，是以前的教学实践根本无法想象的。最终他还发现，学生们表现出前所未有的自我担当精神。他原本担心学生们会利用申辩环节抱怨题目“不合理”，然而据他的报告记载，学生们在准备保证测试中被难题卡住时，实际的反应却是，“哇！我怎么就没把那部分文章仔细读透呢！”

包容真实状态下的探究性学习：包容其错误、不确定性以及杂乱无章

> 福斯特博士对周一的政治学概论课充满期待，因为她设计了一系列引人入胜的问题，要求学生将阅读中学到的概念用于家庭作业中。学生们做了个人准备保证测试和团队准备保证测试以考察阅读理解，整个过程进展顺利。她确信学生们已经准备就绪，可以进入她预设的高难度应用活动了。她先提供了一个微型案例，来源于选举改革方面的研究。这个案例涉及一个复杂的问题——重新划分选区。她让学生们分析各种可能的解决方案，并预测最后真正实施的是哪个方案。学生们阅读完案例就投入到各自团队的热烈讨论中。过了 5 分钟，福斯特博士要求中止讨论，达成共同答案。接下来的讨论是这样进行的：“好吧，我们来看看各位的答题情况。我数到 3，大家举起卡片。1，2，3！哇，真有趣！看来你们大多数人都选了选项 B，这个选项运用了 X 理论。实际上，这题答案应该是选项 C。你们想想为什么是选项 C？”刚刚还在团队里热烈讨论的学生一下子沉默了。“来吧，同学们！我知道你们有答案的——刚在大家讨论得多热闹啊！”

对于初次实施 TBL 的教师来说，这种情况也十分常见。教师没有完全放弃权威专家的角色，对学生的高阶思维能力没有足够的信心，他们过于关注学生是否掌握“正确”答案，而没有去考量学生的思考过程。在这个环节的讨论中，专业知识应该有所保留。福斯特博士需要了解的是*为什么*大多数学生选择了错误的选项 B，这关乎他下一步的行动：学生们没有理解某个关键概念？他们是不是陷入了某种常见的误解？他们是不是在用一套更复杂的原则解答问题？福斯特博士此次教学活动的设计很好，符合迈克尔森 4S 设计原则（迈克尔森 & 斯威特，Michaelsen & Sweet，2008），但他询问学生的答题情况，使这次活动的意义付之东流。他没有让学生按他们自己的议程去研究问题，这样做的风险是讨论可能会朝着意

料之外的方向发展。迈克尔森博士阻断了学生的思考进程，插入了自己的安排。于是，学生们停止了独立思考，陷入了无动力状态。

拥抱情感之旅

作为学者，我们是制度环境的产物，而我们的制度环境并不重视情感在学习中的作用，无论是学生的学习还是我们自己的学习。然而近年来，关于认知和大脑功能的研究确凿地表明，智力的运作离不开情感的现实。这有助于解释为什么学生对成功的TBL体验反响积极：因为社会性因素为学习提供了基本的情感框架。

相比之下，采用新教学法的大学教师虽然也回归到学习者的角色，但他们的情感框架更难概念化，更难建构。至关重要的是，我们要更注重情感的作用，它影响着我们作为教师所做的一切决定，也影响着我们为教学效果所付出的努力。我们的情感难免会通过我们的教学实践在课堂上表现出来。有时候，我们的教学反映出我们害怕混乱，需要绝对有序和可控。在乐观的案例中，我们的实践表达出与生俱来的乐观，相信那些为激发智能发展而设计的可信的、值得尊重的挑战会获得学生们的热烈反响。

我们可以将TBL有效教学之旅，总结为这两种情感状态之间的距离。对于TBL的实践者而言，首要的目标之一是学会尽量减少恐惧感和控制感，倡导相信学生，相信他们有能力为自己的学习承担责任。

第十章 后记

现在你已经掌握了成功实施TBL所必需的工具和知识。在最后这章，我们要强调你可以有所作为的10件事。它们可以确保你充分享受TBL教学带来的乐趣、体验和兴奋。

TBL可以改变师生的体验。他们将社会学习作为精心设计的团队合作的一部分，自然而然地为学生创造深度学习的良机。TBL发挥团队所长：做决定。TBL有效扩展到大班课堂，学生越多，实际上学习机会越好。这一点我深有体会。有位教师抱怨说她18人的班级规模太小，根本做不了真正有效的活动。她希望能有70名学生，对话和讨论就会更深入更丰富。TBL教学法能为你开发和实施课程提供强大的框架。你可以依靠这个精心设计的框架，它具有自我校正、协同作用的结构，适用于各种班级规模。

希望我能成功说服你，相信TBL是适合你的。但你不必只信我一家之言，很多教师对TBL称赞有加。我们来听听他们的喜悦心声吧：

成功实施TBL教学后我看到了什么？学生们对学习充满兴奋，教师们热爱教学了。课堂上洋溢着活力。大家非常投入。学习就应该是这种氛围(爱荷华州立大学，兽医学，霍莉·本德尔)

太有趣了！我不需要从头讲到尾了，我讨厌这样授课。我开始了解学生了。比起一个人讲课，TBL的工作量大多了，不过乐趣也大多了。(明尼苏达州立大学曼卡多分校，化学与地质学，玛丽·哈德利)

我爱学生的热情和活力。真的太有趣了。(中部密苏里大学，商学，拉里·迈克尔森)

回报简直不可思议。课堂上活跃非凡。教师对TBL大为青睐，评

价很高，再也不愿像从前那样一个人讲课了。（伊利诺斯大学，微生物学，克里斯·伯恩斯）

要我说的话，如果你想让课堂充满乐趣，你想享受每一堂课，你想让学生离开课堂时充满活力，那就用这个方法吧。现在，只要开课，我都采用 TBL 教学法。（纽布伦斯威克大学圣约翰分校，会计学，布兰达·柯林斯）

TBL 十条成功秘笈

以下是我最后归纳的十条建议，帮助你即刻开启 TBL 旅程，让你的课堂洋溢着学习、参与和令人兴奋的气氛：

1. 以合适的方式提合适的问题。
2. 重新思考教学内容的功能。
3. 积极尝试逆向设计。
4. 课堂组织要有条理。
5. 记住：准备工作保证流程关注的是准备。
6. 对学生的抵触应有预估，要收集 TBL 有效的证据。
7. 帮助学生理解 TBL 的价值意义。
8. 建立本地区的支持网络。
9. 与更大范围的 TBL 社群建立起联系。
10. 让过程充满乐趣。

1. 以合适的方式提合适的问题

我的一位同事具有丰富的 TBL 教学经验。最近我问他 TBL 教学中最为重要的是什么，他强调说："提合适的问题！"TBL 的神器是以合适的方式提合适的问题。做到这一点，其他问题似乎就迎刃而解了。我们要设计的问题应该是有深度、有内涵、有趣味的问题，有助于推进学科发展，有助于启迪从业之道，有助于在日常生活中取得成功。

用合适的问题和 4S 框架作为指南，指导你持续不断、成功有效地开展教学活动。4S 框架能让你构建一系列问题，营造出认真学习、积极参与、令人兴奋的课堂气氛。有些教师会偏离 4S 框架，但这样做必须非常谨慎。如果你不熟悉 TBL，往往倾向于忽略 4S 框架的某一方面，因为你可能在课堂上采用小组活动好多年了，那些在你看来毫无必要的限制，你也许不想再遵循了。偏离 4S 框架，有时可以照样教学，但更多时候导致教学活动的失败。

TBL 教学的新手可能会特别回避 4S 框架中的"具体选择"，担心强迫学生作出具体选择会抑制他们的创造力。恰恰相反，采用具体选择，汇报讨论环节就会从罗列事实或正确答案，迅速转变为对合理的选择作出辨析，对特定决策过程进行审查。你是如何依据事实作出决策的？哪些事实是最为重要的？其原因何在？作出具体选择也能迫使团队作出表态。达成一个简单明了、具有可比性的决策至关重要，可以丰富和活跃汇报讨论环节，帮助学生达成深度学习。

2. 重新思考教学内容的功能

注意：采用 TBL 教学可能需要转变理念，重构优秀教学的内容。新的教学方法往往意味着我们必须改变对内容功能的理解。课程内容变成了学生用来解决相关重要问题的工具，而不是用来照本宣科的讲义。课程内容是实现教学目标的手段：帮助学生学会如何运用课程中的概念解决实际的、重要的问题。不用担心，学生们会掌握解决问题所需的所有概念的。你或许觉得，教师不亲自讲授，学生就学不会。但是，TBL 文献很清楚地表明：学生们实际上在 TBL 课程上学到更多内容（Levine et al., 2004; Vasan, DeFouw, & Compton, 2011）。他们还学到了很多重要技能，比如解决问题、同伴互教、公众演讲、谈判、论证、同伴指导。

3. 积极尝试逆向设计

无论是完整的课程还是单个的教学活动，逆向设计对于设计卓越有效的教学体验至关重要。我初次接触逆向设计时，会负责将已有的课程要素按反向顺序重新组合，但我并没有真正接受这一理念。我仍然抱着内容优先的固有思维，没有从根本上将我的思考转到首要的问题“我到底要学生学会什么？”

你究竟要学生学会什么？如果你无意中听到学生交谈，他们能谈的会让你认为他们的确达成了深度理解？知道自己对学生能力有些什么期许，你就能有效地设计出场景、问题、活动，学生就有机会向我们展示他们的真才实学。

> 你得准备好从尾到头反向设计课程，那很不容易。我们多数人习惯于坐下来阅读教材，从教材出发设计课程。这样做我感到惭愧。要开展团队合作学习，就必须是一个逆向设计过程，这不容易做到。让我思考“究竟要学生学会什么？”这对我是个挑战。（基督复临健康科学大学，职业疗法，荣·卡森）

4. 课堂组织要有条理

准备，准备，准备。这是TBL成功的一大关键。课堂组织要有条理。学生们不能忍受混乱无序的教学。在学生为中心的课堂上，他们可能对自己的新角色、新责任忧心忡忡，因而对混乱无序的教学更是零容忍。有条不紊地开展教学，可以帮助你的学生顺利度过转折期，至少不会加剧他们的焦虑感。有了充分的准备，你就有心理空间来应对和把握好教育时机。学生不一定对你有条不紊的教学表示感谢，但如果你做不到，他们就会大发牢骚。别给他们抱怨的机会。花些时间好好准备，你会为此感到高兴的。

> 我觉得TBL和其他教学法的区别在于，采用其他教学法时，你的准备只要及时就行，人们不会注意到准备情况，因为是分散在各个环节里。而要成功采用TBL教学的话，你必须提前做好全部准备。对我来说，TBL教学并不比其他教学方法事情更多。我了解到有些同事为了下午的课程会取消上午的讲座活动。不幸的是，长此以往，即便学生提出有趣的问题，任何可教育的时机可能失去了。（奥克兰大学，商务与经济，彼得·史密斯）

5. 记住：准备保证过程关注的是准备

记住：准备保证过程*只是*帮助学生为后续的活动做好准备。这个过程不关注测试。如果学生认为这个过程关注的是测试而不是为后续的活动做准备，他们就会开始抱怨。

准备保证过程应该帮助学生建立起心理架构，获得对概念的理解和必要的表达手段，开始进入到有效解决问题的过程中。准备保证过程给予学生一个明确的切入点去开展教学活动。你可以自问一下：“学生要解决问题，至少需要了解些什么？”准备保证过程不需要覆盖学生需要学习的所有内容。学生在完成应用活动时会自然而然地拓展或加深理解。请相信这个方法。

6. 对学生的抵触应有预估，要收集TBL有效的证据

你第一天向学生介绍TBL时，他们中大多数会欣然接受，与你一起尝试。也有几位学生会抵触。这很正常，预期之中。重要的是承认并建设性地回应这种抵触，教学进展不因此受阻碍。事先练习如何作出回应。“为什么用TBL？”“还没教就先测试，这没有道理！”“这种

方法不适合我！我听老师讲课会学得更好。”诸如此类的问题和抱怨，你得做好回应的准备。对于学生们这些常见的论断，你应该策划好深思熟虑的回应。回应是否有效，取决于你是否准备好依据和理由。你必须做好功课，调阅 TBL 文献（第四章），梳理 TBL 的价值，积累 TBL 案例。你得说服自己调整好状态，随时准备说服他人。请不要低估了这一步的重要性。大多数学生都经历过一连串糟糕的团队体验，教师需要对他们的焦虑和担忧情绪作出应对。你需要让他们明白 TBL 不同于以往的团队体验。TBL 经过精心设计，具有问责制结构，能有效控制团队行为的失调。你得告知学生，TBL 能帮助他们取得学习成效，对他们的课程、他们的生活以及未来的工作都至关重要。要做好积极的引导和充分的准备。

在为此书做访谈时，我发现了自身的一个错误认识。尽管我自己的 TBL 教学经历得到了学生们的积极回应，但我一度认为，任何一门 TBL 课程难免会受到一些学生的抵触。然而，随着访谈的深入开展，教师们都谈到了学生的反响积极很强烈。这改变了我原来的想法。我意识到，如果我们深思熟虑地实施 TBL，深思熟地引导学生进入 TBL 进程，深思熟虑、开诚布公地回应学生的关切，TBL 就会成功。

> 面临的挑战是要弄清楚如何推销 TBL 课程，要应对随之而来的排斥和抵触，要预知会有抵触，抵触本身没有什么不对——经过两到三轮的教学，你就可以说，行，就是这样。（纽约州立大学奥尔伯尼分校，教师兼教师发展师，比尔·罗伯森）
>
> 就坚持自己的计划。如果开始感到不适，别倒退回去。相信困难会迎刃而解的。也许要花些时间，会有一些不安。如果学生真的开始排斥，那得好好想想怎么跟他们沟通。这可太值了。（纽约州立大学奥尔伯尼分校，图书馆员，特鲁迪·雅各布森）

7. 帮助学生理解 TBL 的价值意义

没了大量的听课笔记，学生们有时会很难感知自己真正学到了多少。你得提醒他们。在某个教学活动、某个课程单元或者某门课程进入尾声时，作为其中的一个环节，你可以帮助学生回顾并巩固所学的内容。课程结束时，你可以在文件投影机、高射投影仪或者白板上罗列出本课程单元或本课程所学的内容，让学生头脑风暴一下。这种简单易行的活动可以很快形成一个多页的文件，让学生了解到他们其实学到了很多并为此感到欣慰。

> 做完几个活动后，下课前，我留出几分钟时间帮助学生回顾学到的内容，了解 TBL 课程上的活动在讲座式课程中会是怎样的情况，这样他们就会明白，讲座式教学的全部内容在 TBL 课堂的互动对话中都有涉及。（新墨西哥州立大学，心理学，劳拉·麦迪逊）

8. 建立区域支持网络

你应该尽力寻找并建立起一个支持网络。我们都需要有人倾听。或许你能找到志同道合的同事倾听你的感受，或者找到本校教学中心的同事一起合作，你还可以在 TBL 名录服务中找到同一学科的合作者。TBL 教师对这一教学法充满热忱，很乐意与新手们交流分享。

教学资料进入课堂前请人过目一下，这点非常重要。对一个人显而易见的事，对另一个人未必如此。这一点我有切身体会。我与一位同事分享过教学资料，这位同事好像总是选“错”答案。所以要请人过目并收集反馈。要预先试用一下教学资料。

> 有可能的话，找一组学生实地测试一下。不用全班都做。邀请一部分学生自愿

参与，用一小时的时间测试一下你设计的问题和流程，然后投入正式使用。（莱特州立大学，药学，迪安·帕米利）

就采用TBL而言，我觉得对我帮助最大的是结识一位同样实施TBL教学的同事。有一个可以一起探讨问题，一起设计应用活动。下课后一起交谈的人。我觉得这对我真的真的有很大帮助。（威得恩大学，法学，大卫·雷克-乔丹）

9. 与更大范围的TBL社群建立起联系

TBL教师有一个完整的社群。你得与这个社群建立起联系。可以登录www.teambasedlearning.org网站。登录后你可以加入"基于团队的协作学习"，获取TBL模块范例和教学资料的示例以及其他资源。你也可以加入TBL名录服务。名录中来自世界各地的900多位TBL教师交流各自的探索，相互提供建议。你会发现，TBL名录服务是你所见过的最有用的教育类名录。人们经常会在公告栏中发布自己课堂情况的问题，当天就会收到多条认真推敲过的答复。

TBL名录服务太棒了。不断有人踊跃加入。这个社群名副其实，大家不计得失地帮助他人，真的不可多得。大家投入很多时间发布帖子，热爱发布帖子，的确是希望人人都能成功实施TBL教学。在这个名录服务中，抛出任何问题，用不了多久就会有人回复，扔出一个答案。我觉得这是保持联系的好办法。如果你所在的学校没有其他TBL同行，你觉得自己孤单一人，那就特别需要与更大范围的TBL社群建立起联系。这样能使你与社群保持对接，让你保持活力不断学习、思考、尝试新事物、把握新机会。（威得恩大学，法学，大卫·雷克-乔丹）

你也可以参加TBL年会，与有过不同程度TBL体验、在不同学科领域尝试TBL的教师们见面交流。年会为TBL新手专门设计了工作坊和研讨会。

快来加入我们的行列吧！

10. 让过程充满乐趣

TBL令教师和学生都获得乐趣。当每个人都在加倍学习，课堂就变得激情昂扬，学生（以及教师）都被课程材料深深吸引住了。你应该让自己尝试TBL，体验其中的乐趣。记住：不是所有的尝试都会成功，学会从尝试中汲取教训。抱着好玩的、试试看的心态向TBL课堂出发，就能带来应有的改变。

我努力帮助教师进入到好玩的、试试看的氛围中。大多数大学教授都害怕出现意想不到的事情。你得让他们明白，这不是什么问题，出现意料之外的情况是好事。所以，要是学生说"你没在教我们"，并表现出排斥情绪，那可以视作为赞扬。你使他们进入角色了。你已经开始激发学生"积极的挫折感"。我们要让学生产生积极的挫折感。这种情绪恰恰能开启学习模式。有时候这种情绪会让学生以及作为教师的你感到很不舒服。但是我们必须接受这一职责，激发学生积极的挫折感并且乐在其中，因为这是我们作为教师的本职工作。（纽约州立大学奥尔伯尼分校，教师兼教师发展师，比尔·罗伯森）

你做得到！TBL教学法不是限制性结构和制约性规定，而是经过验证的、你可以依靠的结构和方法。它将改变作为教师的你，改变学生，改变课堂体验。TBL为你打开课堂教学的多种可能性提供了钥匙。

让我们享受乐趣。

让我们多多学习。

让我们一起分享结果吧。

附录

附录A 附加资源

TBL 网站：www.teambasedlearning.org

该 TBL 网站有着丰富的信息和资源，上面有许多 TBL 的视频链接，还有很多(基于团队合作学习 TBLC)的信息。加入 TBLC，你将可以进入只有会员才有资格进入的资源库，并且可以享受出席 TBL 年会的折扣。你还可以在此找到一些愿意去你所在学校做指导的 TBL 顾问。

TBL 名录服务：www.teambasedlearning.org/listserv

工作坊：这里有很多参加 TBL 工作坊更多了解 TBL 的机会

每年在 TBLC 基于团队的学习年会的前一天，都会有预备会议工作坊(在会议网站上注册)。当然，每年，TBLC 都会举办一天的地区工作坊。这些工作坊通常会在大型机场酒店举办。如果想知道更多相关信息，请访问 TBL 网站。

奥尔巴尼大学(纽约州立大学)每年都会举办几次 TBL 研讨会，如果空间允许也接受外界的客人。如果想获取信息或者是相关公告，可以登录 www.itlal.org，或者可以联系教与学发展中心，电话是 518-442-5521。

杜克大学医学院在新加坡国立大学提供 TBL 奖学金。更多信息请访问 www. duke-nus. edu. sg/education/faculty-development/fellowship-team-based-learning-tbl。

咨询顾问：www.teambasedlearning.org/consult

访问 TBL 咨询顾问两次以上就会获得比较大的帮助。首先，第一次访问可以知道什么是 TBL，咨询顾问网站可以向您展示关于 TBL 的一切，解释它的力量所在，以及如何开始 TBL。第二次访问时间很重要，尤其是在实施大型 TBL 之前，即在你“启动”前夕。咨询顾问可以帮助你回顾你的材料和计划，帮助你优化你的 TBL。

阅读完原版的《基于团队的学习》(Michaelsen, Knight, & Fink, 2004)后没多久，本书的一位作者就联络了拉瑞·迈克尔森，邀请他访问我所在的学校，并举办了一天的工作坊。这促进了整个学校对 TBL 的认识并使我们的 TBL 有了一个好的开始。

其他书籍：www.teambasedlearning.org/NewBooks

这个网站上有一些其他关于 TBL 的书籍。你可以在网上找到这些书籍的链接。

附录B

更多同时汇报的选择

在第7章，我们介绍了四种同时汇报的不同方法：表决卡、图钉法、白板法和打擂台法。除了这四种方法以外，还有很多其他的方法，在这个附录中会介绍其他一些方法，希望在你设计自己的活动时能有所启发。很多时候，只是被自己的想象力所限；只要遵守基本法则，即用简单的方法汇报复杂的思考过程，就能够做好同时汇报。正是这种简单的汇报方式，才能带来团队之间的比较，有了比较才会有汇报辩论。如果结果汇报太过复杂，学生在与其他团队做比较时就会有困难。

在本附录中描述的其他的一些方法包括：

- 透明胶片叠放法
- 打擂台法变形1：性能指标
- 打擂台法变形2：答案关键
- 画廊漫步法
- 最佳方案锦标赛
- 谷歌云盘
- 班级作答系统（按键器）
- 剪刀和胶棒法（非同时）

透明胶片叠放法

透明胶片叠放法对识别图形数据（地图、表格、X射线、心电图、股票市场发展趋势、图片等）或者是一些画线、画图的活动非常有帮助。提供给每个团队一些马克笔和一张透明的胶片。可以将感兴趣的图形直接打印在透明胶片上。每个团队的答案由学生用马克笔在透明胶片上直接画出要求的特征。

如果是在大班教学中，单独打印出图片，再发给每个团队一张透明胶片会比较好。因为如果有太多一样的原始图片重叠在一起放在投影仪上，图片多次重复，可能会变成一片黑，模糊掉学生的答案和其他信息。如果给团队提供的是透明胶片和单独打印在纸上的原始图片，他们只需要简单地在透明胶片上画出自己的答案就可以了。在这种情形中，要确保每个团队都按指导要求在画，比如把队名写在胶片的右上角——你不想无意中让某一个团队的作业胶片颠倒了或放反了吧。

这里举几个例子：

- 请画出心电图中最可能被误诊为左心室肥大的特征。
- 根据探地雷达图显示，确定您的挖掘地点边界，以便最快地确定该地区是否可能包含古代人类定居点。
- 在地图上绘制你推荐的防波堤的位置和大小，以减轻该站点的海滩侵蚀。你推荐的防波堤应以最低的建造成本实现保护。
- 鉴于这种入侵的食肉鱼种已经被引入该湖泊，在图表上绘制代表可可尼鲑鱼数量与你预期的时间的近似曲线。指出稳态水平和它们到达的时间。

图 AB.1 是来自地球与海洋科学课程上的一张图(琼斯，2009)。图 a 是提供给团队的原始数据图，图 b 是两个团队的答案重叠在一起时的情况，每个团队都使用自己的颜色。活动任务是要求团队用横线画出两个线性特征，以

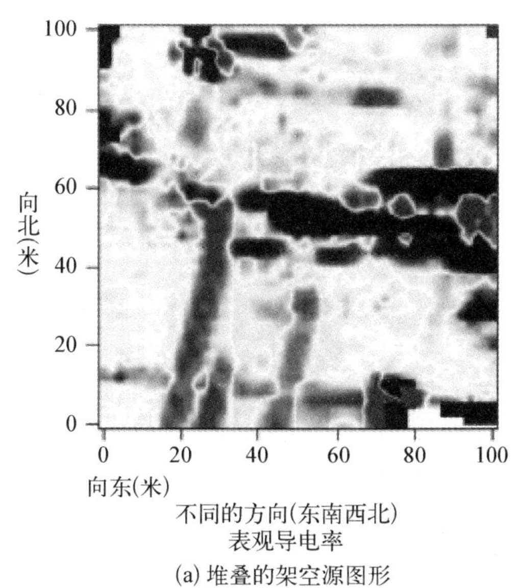

(a) 堆叠的架空源图形

图 AB.1

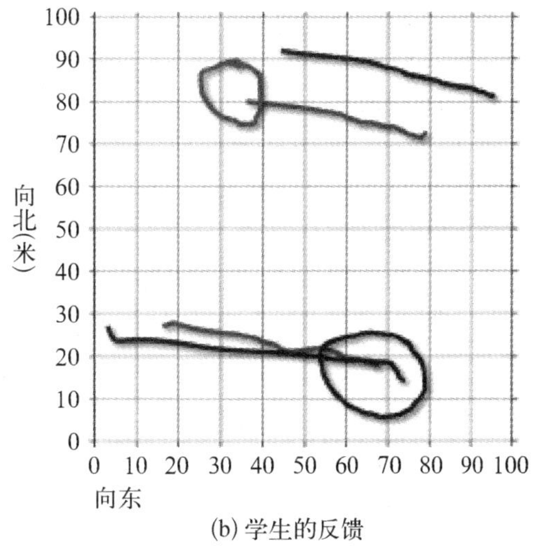

(b) 学生的反馈

图 AB.1

及用一个圈画出一个有其他特征的点。团队具体画了什么并不是本书讨论的内容，但是明显可以看出，两个团队的答案有相同之处也有不同之处。

在汇报答案时，各个团队带上自己完成的胶片到教室前面。你可以把所有的胶片都叠放在一起(小班教学时)，或者叠放一部分不同答案(大班教学时)，并使用文件照相机或者投影仪先投影给全班看。在之后实施的讨论中，向全班同学揭示每个团队不同的答案，并且要在练习中应用到基本的概念。

打擂台法变形 1：性能指标

我们在第 7 章中介绍过打擂台法；在这里，将会介绍两种变形的方法。正如之前所描述的，这个方法可以让一个团队成为擂台，首先开启班级讨论。

对于打擂台法性能指标的变形，可以想象一个求最优化措施或表现的实践活动，例如利润最大化，最大限度减少用户出错率，或者是最小化恢复时间。每个团队都要报告自己对于问题的最优化措施。对结果进行排名以后，有着最优表现措施的团队坐上擂主的位置，首先开始为自己团队的结论和方法辩论。而此时其他团队就会质疑作为擂主的团队，并没有

周全考虑到这个问题的所有方面，在这种情况下，排名第二的团队继续成为擂主。最终“获胜”的团队是可以一直当擂主，应对所有团队的质疑，仍然能合理地为自己的答案和方法进行辩护的团队。如果有需要，你可以在活动最后，听过所有的质疑和辩护之后，根据排名来分配一个名义上的学分奖励。

图 AB.2 展示了在一堂工程设计课上，打擂台法同时汇报的排名结果。在这一案例中，题目要求团队设计出一台最省钱的具有某一特殊功能的设备。团队向老师直接报告他们最后的决定，老师就在 Excel 表格中记录下他们的排名。在这个典型的案例中，老师还通过一些简单的方法把团队主要的解决方案标注在表格中的团队号前：滚链子(RC)、同步带(TB)或 V 形带(VB)。这一额外信息丰富了讨论并推进了讨论，例如，在活动中，最省钱的方案使用了 V 形带，最贵的方案使用的是同步带。另外一种管理方法就是使用谷歌云端的电子表格（在后面会讲解到）；学生用准备好的表格进行汇报，每个组的答案会自动更新在云端的表格上。使用这种方法前，必须提前做好测试，并且明确指导各个团队如何在云端表格进行汇报。

另外一种技术含量比较低的替代方法是，让团队把他们团队号和性能指标都写在一张便利贴上面，最后把便利贴贴在黑板、白板或者墙上都可以。使用这种方法时，不用电子表格就可以在展示板上提前做几个坐标标记（例如，0 美元、50 美元、100 美元、200 美元、400 美元和 800 美元），而团队汇报时，把自己的结果根据坐标点，按顺序贴好自己的便利贴（见图 AB.3）。位于最左边的团队首先开始汇报，如果经过讨论后发现他们的方案不可行，就掀掉他们的便利贴。

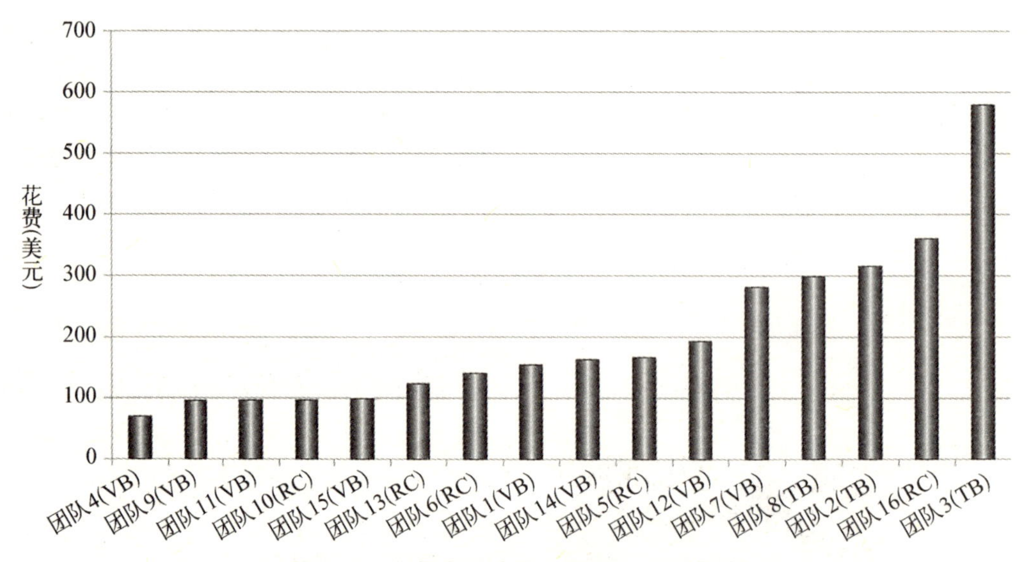

图 AB.2 打擂台活动的示例 Excel 绘图报告

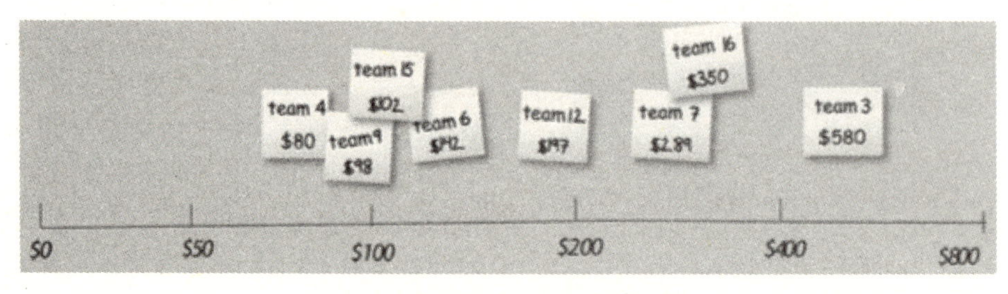

图 AB.3 打擂台的黑板报告图

打擂台法变形 2：答案关键

打擂台法的另一个变形是使用第 7 章讲过的随机抽取的方法（桶中球、骰子或者智能手机的应用），这样就可以建立多个问题的任务甚至考试的分级标准。团队提交了他们的最终选择后，你就使用随机抽取的方法选出首先当擂主的团队。首先提出观点的团队如果没有任何质疑，那么这一“标准”答案就成为所有团队得分的标准。这就给任何有质疑的团队创造了一个很强的动因去挑战建议的答案。（当然，如果最后发现全班同学都接受的答案是一个错误答案，你必须做出一些陈述。）可以用随机抽取决定下一个作为擂主进行陈述的团队。

画廊漫步法

画廊漫步法对那些不能直接用简单的 ABC 选项（适合使用表决卡）或者是短语（适合使用白板法）获得结论的问题非常有帮助。通常情况下，需要提交的解决方案如果是长方程、草图和概念图就很适合使用画廊漫步法的技术。这个方法也适用于从长而复杂的解决方案中提取出一些最关键的元素，构成团队应对复杂问题的简明解决方案。

通常，你需要确认每个团队的回答都遵守已定的结构，这样才能保障团队之间可以进行结果比较。在一些活动中，可以先让团队陈述他们海报上的选择或者是决定，然后用海报上剩余的部分来罗列细节，类似三个优点、三个缺点、两个关键点的选择。

另一种方法就是让团队从复杂的工作中提取出一些关键元素。例如，将一个 20 页的技术报告浓缩在一张“11×17”的海报上，还要求字体不能小于 18 号。理想情况下，海报的结构能够适当突出具体选择：也许是一个行动课程的建议，也许是上文打擂台法描述的一项性能指标。而海报的其余部分就用来为选择辩护或者是支持指标。可以按要求提交一个表格或者是一张草图，如果为了好玩也可以只提交图片，没有文字。

例如，图 AB.4 是一张工程课机器设计的海报样例，信息高度浓缩。这个项目是学生化了两周时间提炼的一份有 15～25 页之多的技术报告，此图就是提炼结果。这个“具体的选项”在本案例中是性能指标（花费），在图片的

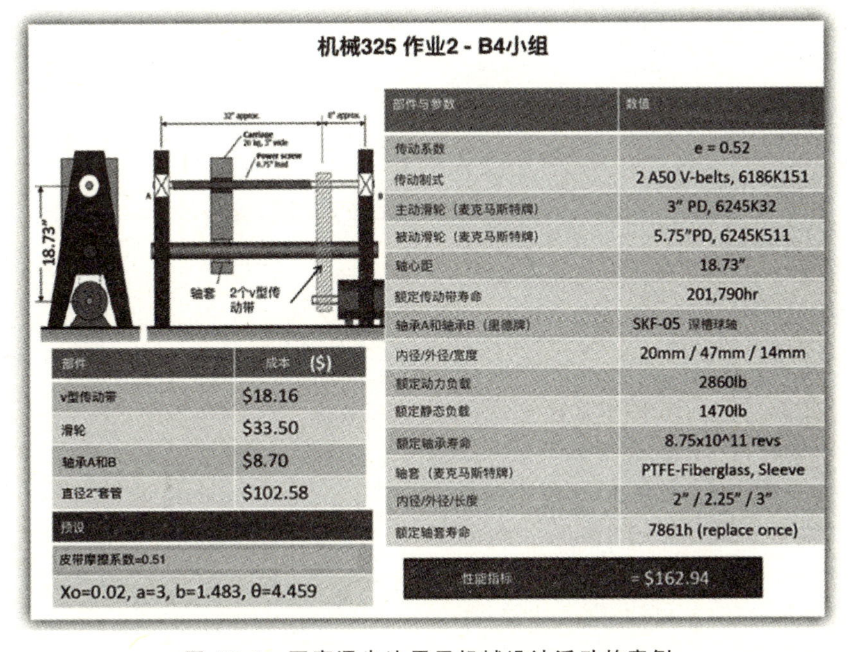

图 AB.4　画廊漫步法用于机械设计活动的案例

右下角，这是一连串较小选择积累效应的总体测量指标。这里用一个简单的数字表现了一个性能指标，便于团队之间的设计比较。而其余的信息都在解释和支持如何得出这一指标的。（团队之间可能因为距离太远而不能互相回答提问，所以这张海报就必须完成团队的一部分讲述工作。）

不论团队采取什么方法，海报都用胶布张贴在教室四面的墙上。有些老师会要求学生在海报上写上团队名，以鼓励每个人认真对待任务，而另有些老师则喜欢将匿名海报随机贴在教室中。有的老师会故意走过长长的画廊，把自己的匿名海报也贴在墙上，以此来激发团队的好奇心。

海报都贴好后，画廊漫步法就开始了，包括让团队回顾和评论其他团队的工作。在小班教学中，团队可以在四周游走观看其他团队的海报，但是在大班教学中，按一定的顺序排队观看一张张的海报会更好一点。你还需要规定，每个团队应该观看多少张海报。我通常会给每张海报预留五分钟观看时间，并很少要求每个团队在课堂上观看其他所有的海报。

机械 325 模块 2（灵活驱动与承受力）画廊漫步法活动
要求：按指示回顾他组的海报。专注于作品的设计与分析。如果你确信这个队伍已经呈现了一个完整的数据，在这一列中打分“接受”。否则，在这一列指出错误，遗漏的信息、错误的假设，以表达你不能接受提交的设计。

回顾组	接受设计	不接受设计（列出错误，遗漏信息，不现实假设等来支持这个观点）

图 AB.5 用于画廊漫步法的团队工作表样例

活动的评判部分有两种选择：团队可以通过已经习惯使用的工作表来评估其他团队的海报；或者也可以在其他团队的海报下面直接注释或发表评论。以工作表为例，在我的课堂上我通常会让学生假定自己的身份是高级经理，并且需要签署由他们监管的一个团队的工作。我通常会提前打印好一张三列的表格，类似于图 AB.5 中的表格，并把复印件发给每个团队。

你可以让学生们选出每张海报中最棒而自己却没有想到的点子，或者也可以要求学生找出每张海报中最弱的观点。这样使用工作表的好处就在于，每个团队的工作保持隐私的，每个团队都要独立思考。当然，另外一种方法是让团队使用便利贴直接把评论贴在他们审阅的海报下面。这是一种评判的非常公开的方法，优点在于，每个团队都可以从评判中相互学习。当然了，完成后，回到自己的海报时，团队也有了来自多视角的丰富的反馈。

不论你在画廊漫步法中使用什么方法，这都会促进全班对海报的讨论和评判，和最终对任何问题的讨论和评判。基于这个原因，你在漫步活动时巡视课堂并且仔细听随时发生的讨论很重要。

最佳方案锦标赛

与画廊漫步法类似，每个团队都会准备一张海报，或者是工作表，但同时复印很多份；而确切的副本数量由锦标赛的形式决定。课外，你可以通过计算顺序和准备一幻灯片，以表格或者流程图的方式来展示评估过程，见图 AB.6。

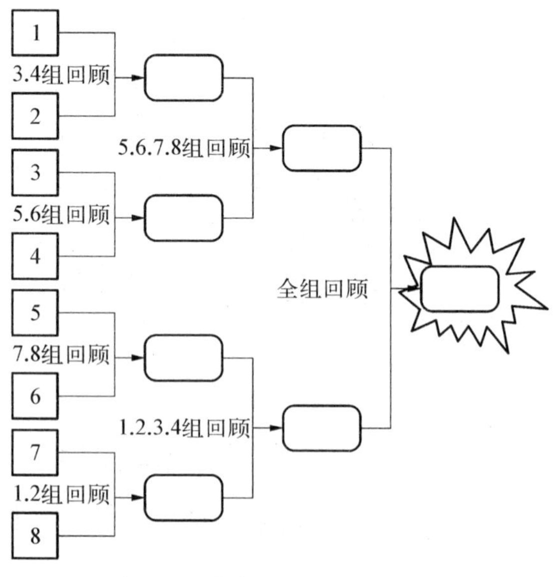

图 AB.6　最佳方案锦标赛流程图

在评估前，应就评估标准和给海报分级的重要性给予团队指导。例如，在之前画廊漫步法中讲到的工程设计的活动中，这些评估标准从最重要到最不重要的几个点可以是：

- 设计的可操作性（例如，不违背物理定律）。
- 方案没有主要的分析错误，假设合理，所有关键信息都已呈现。
- 方案没有较小的分析失误，并且假设是现实的。
- 设计具有较高的性能指标。

班级活动的目的在于对其他团队的解决方案给予回顾和评级，最后选出全班最佳的方案。正如表中或者是流程图所示，活动会进行多轮比赛，每一轮的最高级设计才能进入下一轮的评比。这一流程图必须让全班人都能看到，明确地知道自己该审评哪个团队的作品。当然，可以让团队之间传阅海报，也可以像画廊漫步法一样，把海报张贴在墙上让团队上前审阅。还可以把流程图挂在墙上，在每一轮评比结束后填入胜出团队的信息。

在每轮比赛后团队的海报数会越来越少，为了避免一大帮学生都挤在一张海报前面，这时候需要对那些仍然在选的海报进行复印。这种方法很适合在活动中使用，有其自身的两大优势：首先是海报的制作便捷简单。另外一点就是，团队在课前打印自己的海报时就可以多打印几份方便后面评比时使用。

需要注意的是：团队看着自己的解决方案不断进步，最终成为最佳方案是非常有趣的，但这一过程确实需要很多合作。以一门有10～15个团队的课程为例，至少需要有一位助教，最好有两位来帮助协调和分配。

谷歌云盘

谷歌云盘允许多人同时在线操作同一文档。在大班教学中，用这种方法来同时汇报，非常好用。在活动中，首先在谷歌云端制作一张表格（例如，一张调查表），并用它来收集各个团队的数据。谷歌云盘表格适用于多种形式的问题，包括多选题、数字题、文本题和评估量表，在这里就先简单举几个例子。但首先要求每个团队在输入数据前先写好团队号，这样方便你在后期分辨每个团队的答案。你只需把问卷的URL地址分享给全班同学，之后团队就可以通过电脑或者智能手机把自己的回答输入表格。调查数据结果也会通过谷歌云盘共享，所以在输入数据前你可以提前设计好反映答案的图表。当你准备好这些以后，就可

Team	Cost	Actuator Type	Transmission Type	Questions for this team
A1	$751.93	DC Motor	Power Screw	
A2	$406.42	AC motor	Rack and pinion	
A3	$641.32	AC motor	Gear drive	
A4	$442.99	AC motor	Pulley System	
A5	$407.46	DC motor	Power screw	
B1	$360.69	AC Motor	Timing Belt Pulley	
B2	$1,047.95	DC Motor	Rack and Pinion	
B3	$43.93	DC Motor	Direct Drive	Motor stall torque? Do you have a controller?
B4	$412.17	Air Pump	Air piston	
B5	$543.74	AC Motor	Cable and Pulley	
C1	$470.36	AC Motor	Power Screw	
C2	$169.71	AC Motor	Power Screw	How are you reversing the AC motor?
C3	$644.23	DC Motor	Pulley	
C4	$302.68	DC Motor	Power Screw	
C5	$130.57	Air Compressor	Air cyclinder	How did you quiet the compressor below 75dB?
D1	$1,177.10	DC Motor	Rack and Pinion	
D2	$456.60	AC Motor	Cable	
D3	$867.00	DC Motor	Power Screw	
D4	$403.80	DC Motor	Pulley	
D5	$305.58	Electric Motor	Power Screw	AC or DC motor?

Top Teams		
Rank	Cost	Team
1st	$43.93	B3
2nd	$130.57	C5
3rd	$169.71	C2
4th	$302.68	C4
Average	$499.31	

图 AB.7　谷歌云盘表例子

以向全班揭示数据的类型(例如,你发起同时汇报)。另外一种更直接的方法是在谷歌云盘上建一个文件夹,文件中有提前填好的团队号和空白的团队汇报列,可以填入简短的数据和论据。之后让每个团队都准入文件夹;你可以通过谷歌云盘或电子邮件从每个团队至少邀请一名学生。(我在课前会要求每个团队都建一个团队公共邮箱,方便我和他们交流。)在约定的时间内,团队就可以使用笔记本或智能手机来同时完成他们自己团队的信息。图AB.7就是在教室投影仪上展示了这一表格结果,并且表格中的不同观点、方案和论据促进了讨论。这第二个方法的优势在于,团队可以及时进行交流。特别是,"向这一团队提问"列,在一个大的班都可见,目的在于按顺序组织提问;被提问的团队也可以直接把他们的回答敲入谷歌云盘,而这一过程是实时可见的。

班级作答系统(按键器)

班级作答系统,或者叫按键器在高校中很常见,许多老师已经将这一技术应用到TBL的教学中。按键器的好处在于,能够快速收集每个团队反馈的大量的数据信息。通常,按键器在收集到全班的数据后只能根据匿名回答提供一种柱状图,这种低风险的匿名活动非常有助于提高参与度。在TBL课堂上,匿名可能会成为一个障碍,因为这样一来团队就没必要一直坚持自己在按键器上作出的选择;这不像表决卡,没有团队会知道其他团队选择了什么。一些TBL教师为解决这一问题会同时使用按键器(提供永久的数据记录和统计结果柱状图)和表决卡(公开团队的选择)。

剪刀和胶棒法(非同时)

面对与写作相关的团队任务,队员间很难协作,此时使用剪刀和胶棒就很有帮助。尽管这一技术本身不是一种同时汇报技术,但是作为其他同时汇报方法(例如画廊漫步法或者打擂台法)的热身活动,具有很大优势。在上课之前,每位同学都要按照已知主题的写作任务准备好答案。以英语课为例,这个作业要求可能是一篇说明文;以新闻课程为例,则可能是一篇社论文章;或者以法律课为例,可能是做案情摘要。关键是,所有人都写同样的主题。上课时,学生带来自己写好的作业,根据已有的打分标准审评彼此的作品。接下来团队就剪下每个成员写得最好的部分,并用胶棒把这些剪下来的部分粘在一起,形成一个统一完整的文件。团队成员不仅要依据打分标准批判性地评审他人的作品,而且还需要找出每篇文章中最有价值的部分,并将其组织为一篇逻辑合理的新文章。

附录C 教师准备过程中的经验回顾

比尔·罗伯森　比莉·弗兰基尼

TBL教学，往往由某一教师个人在一门课上实施，有时也在更大范围内实施。本附录着重呈现纽约州立大学奥尔伯尼分校TBL学院的实施情况。TBL学院是一个培训项目，已经帮助数以百计的教师开展TBL教学。这里介绍的资料为新手们提供了真知灼见。这个附录可能会让那些教学开发人员或者有志于培训其他TBL教师的人产生更大的兴趣。

在第9章中，我们尝试为那些可能采用TBL的教师提炼出一些他们在教学中会遇到的关键问题。我们无法解决所有问题，但这些意见代表了两位资深的教学开发专家的经验。这个附录总结了我们与近300所不同大学的教师一起合作的成果，他们在向TBL教学法转变中取得了不同程度的成功。我们开发了正式的培训策略以支持那些第一次实施TBL以及重新设计课程的教师。在本附录中，我们将详细描述这一培训策略的演变发展。与此同时，我们也会介绍在此过程中学到的一些经验教训。我们认为这些对于教师和教学开发者都是有用的，他们可能希望看到这些经验能够帮助TBL新手提高获得彻底成功的可能性。

然而需要申明的是，即便没有机会参加奥尔伯尼分校TBL学院的培训项目，你照样可以重新设计课程，开启TBL成功教学之旅。

自2007年以来，奥尔巴尼分校的教学与学术领导研究所就与许多教师密切合作使用TBL。这些教师有的已有几十年的教学经验，有的则是初次走上讲台。最初几年，我们看到成功实施TBL的比率相当低：在完成TBL培训的教师中，只有30%不到的人成功实施了完整的TBL教学，没有出现课程放水或半途而废。观察教师们的TBL教学经历，比如第9章小案例描述的那些经历，让我们受益匪浅，使我们得以开发出多种策略来支持教师们探索TBL教学。

在我们TBL学院的早期培训中，我们广泛关注的是实施机制，以至于忽略了这样一个事实：像要求学生那样，TBL要求教师彻底转变态度。早期使用TBL的教师，他们中很多人按图索骥采用了TBL，但是他们没有在心理和情感上做好准备来应对学生们的不良情绪。学生们通常进大学第一次置身于一个真正的成人学习环境，有时会表现出震惊和退缩。教师会倾向于将学生的惊愕、不适和抵触看作是教学失败的标志，而不是把这看作是学生学习中正常的、积极的、无可回避的经历。因此，我们现在的TBL教学发展项目关注的焦点就是帮助教师理解：即使是成功运行的TBL教学，*为什么*还会遭遇学生的排斥？排斥情绪一般何时会出现？一旦出现，该如何应对？

两位实施者的传奇

我们的故事开始于一个自然状态下的实验。在我们TBL培训的初期，我们与两位正在实施TBL的教授密切合作。他们各自的经历使这次合作成为一个案例比较研究。我们协助两位教师规划课程，撰写教学大纲，开发准备保证测试(RAT)和团队任务，并管理最初几次的课堂教学。由于这些都是超过100名学生的大班，我们还与助教们碰头以确保他们的教学辅助与实施计划尽可能一致。我们也深入课堂、为最初的几次TBL教学提供帮助。之后，随着课程的正常运行，我们的工作人员逐渐淡出课堂。

我们发现(发现得太晚)等量的训练与辅助，并没有对两位教师都起作用。其中一位TBL教师的简介与我们在第一部分中称之为“修补匠”的情况非常一致。TBL令他鼓舞给他信心，并带来变革性的体验。在此过程中，压力与怀疑是难免的，但他与辅助团队定期沟通寻求反馈。每次出现危机，我们能够给予一些反馈、意见和指导。学期结束时，结果证明，这轮实施尽管遇到些意外情况但仍然非常成功。那些直言不讳提出过质疑的学生，转而赞美起一学期来的努力。课程以前使用的试卷或论文报告在新的教学设计框架中，变得太过容易，难以挑战学生。学生不再是被动地接受知识，而是积极地展开批判性思维。在接下来的几个学期，教师不得不修改试题来适应学生的变化。这样的教学效果使教师如释重负，因为他在TBL教学上的投入终于有了回报；这样的结果令他满意，因为课程有了明显改善，更充满活力，带给学生更严谨的学术体验。

而另一位教师的情况类似于“传统从教者”，在课程进行到四分之一时就对TBL失去了信心。他遇到的问题是任务设计。为了在TBL教学中设计好任务，教师需要重新思考自己与学科内容之间、学生与学科内容之间的关系，以便使概念思维转化为能够吸引学生的具体活动。

就培养学生解决问题的能力而言，这位教师所在的学科需要颠覆性地思考学科及其教学传统，才能引发学生实质性的、饶有兴趣的探究。但他没有简单易行的模式可用。他面临的另一个问题是，作为传统型教师，他拒绝放弃以教师为中心的、专家学者的角色，让学生们在课堂上自己进行调查和分析。他既要应对挑战设计出有效的学习任务，却又对自己作为协调者的新角色疑虑重重，因而学生们一露出抵触的苗头，他就视为严重的打击。更糟的是，这位教师也没能成功将助教引导到新的教学体系中，这加剧了全面的信心危机。事后看来，显然需要一个更为当下的、更为主动的支持架构来为TBL新手树立榜样，提供鼓励，缓和冲击。但是我们的支持人员意识到问题时为时已晚，已经产生了令人失望的后果，而这一切原本是可以避免的。

很多人来参加我们的培训，最初是出于对TBL的兴趣。然而，直到进入实施过程，他们才体会到要成功转换到新的教学模式，需要作出的改变，幅度之大难以想象。随着时间的推移。我们越来越注意到这一认识上的反差。我们已经找到方法来帮助教师能更早更真实地理解这些挑战，即在完成一课题中，增量部分内容必须易控，而且必须特别注意 TBL 具体的议案。我们花了大量的时间来设计学习任务。我们还帮助教师去预测学生的排斥情绪并寻求解决问题的方法。由此，形成了一个教师发展历程，包括诚实的自我反省、全程精准定位、体验式学习、专门化训练、同行咨询、开诚布公的反馈和与人为善的评价。所有这些要素在我们称之为“教学领导力培训”项目中都能找到。

教学领导力培训模型

培训这一名称意义重大。我们的目标之一是帮助教师提升创新的价值，让愿意冒险者受到尊敬。我们希望通过这一名称能够表明，采用 TBL 教学的都是领导者和开拓者，致力于在大学中建立一种新型教学文化。培训本身是贯穿一学期的长期项目，引领准备尝试 TBL 的教师完整体验从一门传统的课程转化为一门成熟的 TBL 课程。在早期的交互中，完整实施 TBL 的课程一直徘徊在 30%左右，这个数字很令人失望。但当时我们觉得这是正常的，意料之中的。然而随着时间的推移，我们对如何招收 TBL 新手、如何支持教师重构课程、如何调整角色定位以及如何实施课程教学都有了更好的理解。而教师因为不同的目标、不同的设想、不同的态度和不同的技能水平，对 TBL 的探索历程也会有不同的要求。令人欣慰的是，我们对教师的不同需求有了更多的理解，我们的业绩记录最近提升到了近 90%。接下来我们将会描述从规划到管理再到结论的整个过程。

培训时间的安排

时间安排非常关键，因为需要教师实实在在的投入。教学领导力培训要求首先保证有 3 天的投入(其中 2 天工作坊，加上 1 天用于设计和规划)。接下来一周提供 2 小时的咨询，参与者带上新的大纲和已完成的第一个学习序列设计(包括阅读、准备保证测试、学习任务、学习评价)。在咨询中，我们会过一下学习序列，并且讨论每一环节的活动设计、沟通策略以及课堂管理。我们也会仔细检查教学大纲，以确保各个部分都与新的目标和课堂文化相一致。

一年中有那么几个月(五月、十二月)是教师们最有时间的并且最专注于专业的。然而结果证明，对于学习新的教学法来说这并不是最有成效的时候。此外，教师的所述偏好与行为相矛盾。通过反复试验，我们发现，在培训与实际实施之间如果间隔时间太长，不利于强化必要的态度、观点和技能。在培训时的迫切感对很多教师具有高度激励作用，当学期开始时，TBL 的运作规程在他们的脑海中依然鲜明，栩栩如生。此外，如果从规划到实施期间有任何延误，也会使教师内心滋生迟疑和犹豫，并受到同事们的质疑(这可不是无关紧要的小事，对于在研究型大学工作还没有拿到终身职位的教师更是如此)，无益于同行之间相互学习。*一旦反思和规划开始了，教学实施要立马跟进*。因此，我们把初始的培训安排在八月初和一月初，正好在课程开始的前两周。我们还为那些想用 TBL 开设暑期课程的人们安排了五月份的培训，许多在奥尔巴尼分校的研究生也会利用这个学习机会，他们常常会在暑期承担教学任务。

培训的流程

在培训初期交互中招募 TBL 新手的标准很简单：“你想做 TBL 吗?”“你星期一和星期三能来参加会议吗?”因为我们向愿意尝试的教师提供了适度的津贴，因此，每一期培训项目招募到 10 位候选人还是很容易的。然而，这种极简主义的方法是基于一个有缺陷的假设，即注册的申请者已经认识到采用新教学法所需要的投入和付出。项目还没有进入实施阶段，学员的流失率就已经很高，这使我们意识到，不仅我们的支持过程有缺陷，而且招聘过程需要更具针对性。招募的过程需要引发学员思考，并提供更多的信息。在较后培训互动中，我们要求申请人填写电子调查问卷，回答以下问题：

1. 你是怎样组织学生开展合作学习的？（从五个例子中进行选择）
2. 请描述一下你课堂教学顺利进行时的状态。
3. 你对学生参与课程后的变化，有何要求和预期？（我们可以从中了解教师们的目标和价值取向）
4. 过去课程中，你尝试过哪些创新（例如，为增强学生的课堂参与和课后阅读采取了哪些措施）？你有怎样的体验？
5. 请在200字的篇幅内描述一下你参与这个培训项目的目标与期望。

在回答这些问题时，申请人开始描述他们的个人经历，并简要地反思过去或成功或失败的做法。我们发现，相当多的申请人在反思过程中，中途就会停止，决定不申请参加培训了。这个问题清楚地表明，这个工作坊并不是简单地把各种教学技能凑合在一起。这种自我筛选确保了那些决定参加培训的人已经有明确的目标，清楚自己所做的选择，并且对可能的提问做好了准备。

调查问卷的答案也向我们透露了申请人的很多信息，并帮助我们判断：培训是否符合他们的目标；他们的理念和以往的经历，对采用新的教学法会是积极还是消极的因素。当我们感觉到教师的设想和培训的目标之间偏差过大时，我们会单独联系申请人，并根据需要指导他/她，有时会指引他/她从培训转向更为合适的资源或服务。

为了让参与培训的教师了解他们需要做些什么，我们提供了一个简要的描述性列表，列出了TBL的各项原则，并明确告知：教师需确保TBL的实施能体现这些原则，方能获得资助。描述性列表具体包括：

1. 将学生分成常设的团队开展学习，团队成员随着时间的推移一起进步。
2. 所有的团队学习任务必须在课上完成，免去了时间安排上的冲突。
3. 学生有责任做好准备工作，应对准备保证测试。
4. 课上，各团队依据内容做出决定，然后与其他团队的决定做比较分析。
5. 即时反馈技能激发学生卓有成效地学习。
6. 分级同伴评价让学生学会相互负责。

这些原则会在培训过程中多次提及，也作为我们结项所用的评价标准的指南。

我们还要求申请人制定具体的基准，以便为TBL实施阶段的每个步骤设定具体的期望，使他们能观察整个过程：

这个教学领导力培训将会带你体验从传统课程向TBL课程转变的全过程，并为奥尔巴尼分校的教师提供一定的津贴，资助他们在下学期实施TBL并遵循以下基本准则：

- 在培训开始前一周参加情况介绍会（具体日期已提供）。
- 参加为期两天的培训（具体日期已提供），上午9:30至下午3:30。
- 在培训前和每次会面间隙，完成大量的作业和阅读任务。
- 开课前一周，由全体培训教师对课程大纲和早期教案做审查。
- 期中之前，安排时间接受培训教师来课堂观摩。
- 期中之前，对学生进行中期调查。
- 与培训师会面，反思课堂观摩和中期调查的数据，在学期余下的时间调整努力方向。
- 与其他培训参与者会面，交流中期更新情况（提供午餐）。
- 撰写一页纸的反思短文，反思TBL教学的实施经历（格式待提供）。

学院开学前的情况介绍会

尽管在申请表中需要进行反思，但从培训的早期案例来看，一些有意向采用TBL的教师会申请参加培训，出席第一次工作坊，然后决定退出，理由是他们之前没有意识到项目对自己的期望。这样的中途放弃往往产生不良影响，原因有两个：(1)削弱了团队内部的凝聚力，(2)向那些尚未拿定主意的教师宣布了失败的可能性。因此，在培训预备阶段的第一天又增加了一个步骤：设置了情况介绍会环节，旨在通过非正式的面谈，传达在申请过程中未尽沟通的事宜。此步骤通常会过滤掉一个或两个人选。从启动申请到情况介绍会，申请人的数量通常减少多达50%。如果开始时有25位申请人，进入培训项目的通常有12～15人。

情况介绍会的目的在于阐明在传统课堂中实施TBL所涉及的变化范围。我们首先要求所有的教师反思和描述他们当前的教学风格。接下来，我们花时间展示(通过视频片段)和解释什么是TBL课堂，特别强调教师在课堂上的有限作用，强调教师从传授内容的专家转变为系列学习活动的设计者。分享完这些，我们要求教师开始认真思考即将开始的旅程：如何从当前的风格逐步转向新的角色。我们还分享了关于学生抵触的案例研究，讨论了课堂的变化动态，还探讨了TBL课堂上学生应对新挑战可能会作出的反应。情况介绍会结束时，我们向参会者提供了含有六项阅读任务的列表，有些选自《团队合作学习》一书(迈克尔森，奈特，芬克，2004)，还有一些选自其他关于主动学习和学生参与的文献。这些阅读为培训第一天的准备保证过程做好了铺垫。

第一天

经过各种尝试，第一天的活动已经演变成了教师模仿学生，体验TBL课堂。我们使用TBL文献内容作为团队活动的素材。我们的方法是允许参与者通过归纳发现TBL课程如何运作，并充分体验如何在团队中共同决策，共同为决策承担起责任。因此，课程设计、课程守则、评分方案和其他教学问题就只能安排在第二天。早些时候，第一天的活动是从课程设计开始的；但是我们发现，没有作为一名学生的具体体验就讨论课程设计，这样太过抽象。如果教师不了解TBL课堂动态，不从学生的角度考虑问题，那么，在宏观层面看起来很好的课程就会失去效果。现在的培训项目，其课程设计更加合理，因为学员们在亲身体验了TBL学生的感受、了解了学生的行为和态度后，会根据这些需要重新设计课程。

第一天的活动没有任何前奏和讨论，直接做个人准备保证测试(iRAT)，测试内容是根据布置的六篇阅读回答10个问题。随后我们就如何组成TBL团队作了示范。我们让学员们对自己使用合作学习方法开展教学的水平打分，这样可以将不同水平的学员们均衡地分到不同团队，他们在教室里站成一排，差不多每五个人形成一个团队。然后，我们简要介绍了这个活动，并与学员们讨论了组建团队的附加值。我们还具体探讨了人力资源的分配方法。这个活动总是会激起热烈的讨论，讨论内容是设想用学生的GPA来分组，把不同水准的学生均衡分配到不同的团队来确保学术异质性。我们借着讨论的契机强调了TBL课堂上相互信任的重要性。人力资源分配的透明度让学生感到放心，不用担心任人摆布，不用担心自己被悄悄地塞到某个团队，是出于对智力或性格的考虑。组建团队如果考虑智力或性格，就像考虑种族和性别一样，会让事情变得高度政治化。对许多培训学员们来说，这个讨论环节标志着转型的开始：他们不仅仅是设计课程——他们是在开发一个完整的、能够充分发挥其功能的社区。

新组建的团队必须在30秒内为自己命名。然后我们要求学员们使用即时反馈评估技术(Immediate Feedback Assessment Technique，IF-AT)表单进行团队准备保证测试(Team

Readiness Assurance Test，tRAT)。之后，我们对各团队成绩予以公布，供大家比较。我们允许他们找出需要申辩的环节，并一起简要讨论了申辩过程的管理。然后我们稍作停顿，提醒大家目前是处于TBL学习过程中的哪个阶段。在听取了大家的提问并一一解答后，我们提醒学员们刚刚完成的一系列工作(阅读，iRAT，tRAT，申辩，问答)完全取代了传统的课堂。我们强调，如果现在就要求他们坐着听完一堂关于TBL(作为教学内容)的课，可能会令他们感到沮丧甚至不满。为了展示TBL如何将学生变成学习的主人，我们立即进入到课程内容的应用阶段，涉及工作坊之前布置的六篇文章。

应用阶段的活动安排随时间而变化，我们指定的比较有效的一个活动是，对录像带里有些模糊的TBL教学进行分析和评估。我们要求小组观看5分钟的剪辑，然后打分，分数从1(没有TBL教学)到10分(完整而典型的TBL教学)。团队之间总是存在很大的判断分歧，会引发非常活跃的互动辩论。用来引发辩论的问题包括“什么证据使你断定这不是TBL?”和“你从哪里看出这是TBL的最佳实践?”然后，我们从讨论中抽身，对活动本身进行总结，展示我们如何通过设计和管理这一活动来模仿4S设计。我们解释说，我们要求他们用新学到的TBL知识来分析一个陌生的教学情景，并聚焦重点，对选项做出判断，得出结论。我们进一步与学员们探讨：这一聚焦重点、对选项做出判断的环节，并不是我们想象的那样仅仅引发简单的讨论，而是为我们创造条件，去探讨对一个复杂理论的理解。

一些学员对多项选择总是心存疑虑。对此，我们解释说，多选题作为一个单一的工具，在全过程结束时衡量学生学习情况确实是值得怀疑的。但在TBL教学中，多选题之类的有限选择的形式可以用来启动学习过程。这种不得已的选择为学生打开了进入内容的通道，因为学生必须熟谙内容，为自己的选择提供充分的理由。我们进一步解释了之所以采用多选式问题而不是开放式问题的心理动态：多选式问题不仅可以让教师设定讨论的条件，而且可以将答案变成一个明确的决定。集体决策能够激发团队内辩论和批判性思维，促进团队发展。

学员们完成首个4S任务的体验后，随即进入又一个活动。在这个活动中，我们为学员们提供了一份覆盖不同学科的合作学习任务清单，要求每位学员自行将这些任务按照4S框架重新设计。然后，整个团队一起讨论确定每项任务的最佳设计案例，向全班汇报。

午餐时我们会提醒学员们，校园里有许多不同学科的同事已经成功采用TBL。我们会邀请两三位实施TBL的教师和大家一起用餐，请他们讲述自己的教学体验和不足，以及教学理念的演变。他们的故事有时是相当具有戏剧性的，非常引人入胜：

- “我在系里一度声名狼藉，学生评价得分一直最低。现在用了TBL，我得分最高了。”
- “我以前上大班课力不从心，都快愁哭了。现在我喜欢上课。因为上课为我注入了新的能量。”
- “学生们比以前活跃多了。可是我有点妒忌了。因为他们现在来上课是为了和团队在一起，而不是和我在一起。”
- “在改用TBL教学之前，我不断降低课程难度，这样成绩分布不至于太尴尬。现在每个学期，我必须不断增加考试难度，确保对学生有足够的挑战。”

午休后，我们回到RAT的主题。我们提供了两页教材内容，涉及某一特定学科，所有学员都不熟悉这些内容。我们要求学员们各自行动，根据文本写出问题，证明对内容的基本理解和简单应用。然后，我们要求学员们创建一个场景或短小的案例，设计一个较高层次的多选题，对文本内容做出明智的判断。离下课还剩15分钟时，我们要求各团队选出最好的场景或案例写在白板上。在简要汇报环节，全班相互交换意见，探讨在设计问题时所用的策略，其中哪些是最有效的。

第一天工作坊结束之际，我们向学员们演示了帮助学生更好阅读的相关原则和活动。我们要求学员们从文本中选取两个段落阅读，然后判断作者在这部分中的写作意图（从五种可能性中进行选择）。这个活动演示了如何使用4S模型来鼓励学生精读和分析文本。

第一天结束，家庭作业是完成一份书面反思。要求学员们写一位成功完成课程的学生的简介。简介的模板包括学生将掌握的技能和行为准则，将获得的关键概念，以及经过课程学习后将养成的新的态度和思维习惯。

在第一天与第二天之间

在第一天和第二天之间完成的作业对于培训的成功至关重要。该作业要求学员们聚焦于学生简介中的一个要素，然后开发出一系列的学习活动（超过2～4天），有针对性地改变学生。此作业通常需要学员们花费3～5个小时才能完成。

1. 确定将要使用的读物。
2. 根据读物设计一套RAT问题。
3. 以4S设计格式开发一系列的团队任务，有针对性地训练学生的思维。
4. 创建一个作业，用于系列学习任务结束时衡量学生在有针对性的思维训练中的进步。
5. 准备一个单页的摘要来介绍你设计的系列学习活动。

第二天

第二天一开始就是一个团队任务，目的在于继续培育新教师对于自己和学生的态度。我们使用近期关于学生对教师公信力的看法的调查，这一研究数据，要求学员们以4S任务格式对学习在报告中如何说的进行预测。一方面，研究的数据非常直观：我们所预测的导致公信力丧失的许多行为（例如前后矛盾、粗鲁无礼等）事实上也出现在了实际的研究结果中。另一方面，研究数据对许多教师来说可能是违背直觉的，因为这些数据表明，学生并没有期望教授无所不知，能解答一切。对学生来说，重要的是教师坚持不懈地鼓励他们参与课程学习，了解他们的现状，为他们走向成功提供路径，并构建起完善的学习体验。当我们揭示出学员们的预测与研究的实际结果之间的对比，就可以再次证明（防止有人对之前的结论存疑），TBL实践及随之而来的教师角色定位几乎完全符合学生对教师的价值认同。同时，我们提醒学员们，教师刚开始采用TBL时，学生限于自身的教育经历会感到陌生，不一定认可和欣赏这一模式。

第二天上午的剩余时间要做一个高度结构化的循环对话。学员们向他们的队友描述自己设计的系列学习任务并直接接受反馈。每位学员的描述限制在7分钟内。这个过程激励每个人，因为参与者对TBL抽象的理解现在必须通过具体的活动表达出来，并且通过同行的审视变得清晰可见。

开始课程设计

创建自己的系列活动，获得外部对自己工作的评价，同时对他人设计的系列任务予以反馈，为整体思考课程做好了充分准备。现在学员们已经有机会创建他们自己的学习序列了。到了这一关键时刻，学员们已经完全适应TBL课程设计的主要特征：设计TBL课程，旨在为学生创造体验式的、集成式的系列学习活动。构建这一系列学习任务，需要围绕“学生此时此刻该做什么？”进行大量的思考和规划。有效设计每一项学习活动，能将学生组织起来投入学习，根据课程内容做出相关的、重要的决定，从同学和老师那儿得到有用的、甚至是预期中的反馈。这一过程中至关重要的是设计有效的应用性问题和活动。正确的任务将学生引向既定的目标，但也赋予他们必要的自主权，以便于他们对自己的行为和决定负起责任。

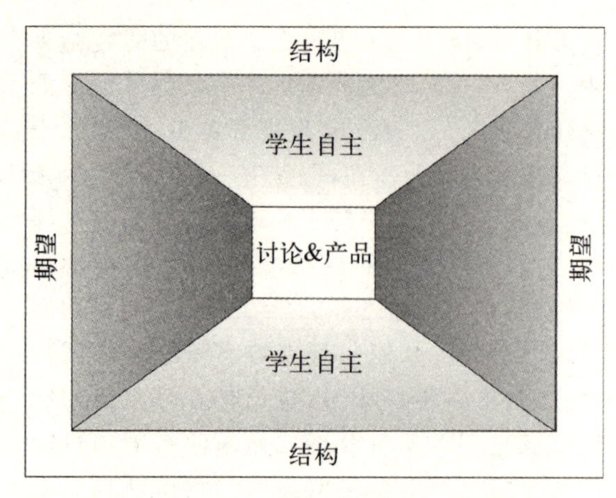

图 AC.1 TBL 课程学习的核心形态

图 AC.1 使用了一个通道的图像来呈现有效的任务设计和团队讨论的动态情况。通道的这端是一个框架，框定行动领域：以提问形式为讨论学习任务提供整体的结构，并为讨论后的汇报交流设定预期。在通道的另一端是公共责任，呈现的方式是团队讨论后形成的解决方案（产品或决策）。介于这两者之间的时间段里，团队享有一定的自主权。在既定框架的范围内，他们可以自由地利用任何手段，寻找并评估所有相关的可能性，通过团队磨合，逐步收窄选项到大多数人都满意的选项。

因此，设计有效任务，需要许多传统型的教师认识到并能接受：自己必须在规划和行为方面做出根本的改变。一旦设计和规划了活动，教师必须启动活动，让活动进行下去，并能够接受活动向着意料之外的方向发展。教师的掌控范畴仅限于明确目标，构建让学生向着目标的系列任务。

然后，教师在通道的另一端与学生会合，并将课堂中各种思考公布于众。这一问责形式使得学生可以将自己的解决方案与其他团队的进行比较。它也为教师提供了数据，以便他们在简要汇总环节进一步指导学生调整思维方向。

同辈对同辈的角色责任

真是在这一点上，培训解决了一个关键的态度因素，它被证明成为许多 TBL 新手的障碍物：即为保持他们的同辈们对生产行为应负责任必要的权力。对许多学员而言，同伴评价在 TBL 模式中最不可信，意味着教师放弃评价学生的责任，造成学生相互对立的风险。另外，学员们还担心，同伴评价需要在时间和管理上有大量的投入。对此，我们采取了“我评价”工具，鼓励班级规模超过 25 或 30 人的教师使用这一电子解决方案，并为学员提供一对一的培训。

我们知道，对于 TBL 新手来说，同伴评价并不是 100%有效的。我们坚信同伴对同伴应负责任的重要性，但也意识到，这一飞跃对许多教师来说过大了。有些教师颇为抵触，即便请来经验丰富的 TBL 教师分享自己使用同伴评价的经历，也不能令这些教师信服，对此，我们充分认识到，对同伴负责任体系本身会自我调整。我们知道，第一学期没有采用同伴评价的教师，必然要面对的问题是，学生遇到不负责任的队友时无计可施。因此，凡是使用 TBL 教学法的教师，到了第二学期还未引入同伴评价的寥寥无几。

逆向设计

第二天的核心环节是逆向设计过程以及课程内容重构，然后是学习任务和对话环节，着眼于教学大纲和课程政策的制定与 TBL 方法达成一致。学员们在培训头两天完成的作业是在单元层面演习课程设计。第二天，我们安排更多的时间让学员们为课程制定真实的学习目标，特别关注学生需要掌握哪些技能和观点才能更接近相关学科领域的专业化思维。

我们要求学员们从三个层面构思课程目标，并通过回答三个问题来表达他们的构思。

- 你想要学生从课程中获取哪些“大思路”？不是内容列表，而是你学科领域里那些改变生活的开创性想法，这些想法将永远成为学生思维的一部分。
- 哪些技能、方法以及行动是学生们今后无论在本学科还是其他学科从事任何工作都能够实施的？

- 有哪些预期的态度变化和视角变化？也就是说，学生修读你的课程后世界观会有什么变化？哪些之前不存在的价值观会进入到他们的思维中？

从这些初步思考出发，学员们必须选择：希望看到学生修读自己课程后发生的最重要的一个变化是什么。他们下一个任务是，以作业或试题的形式，写出课程结束时学生应该完成的具体行动以展示课程带给自己的变化。

为完成这一思考过程，我们要求学员们相互配对。对子中的一人介绍他/她的课程目标以及显示学生朝着目标进步的最终行动任务。对子中的另一位倾听并列出学生有效完成行动任务所需要进行的各种练习，然后将列表返还给对方以便他/她进一步反思：学生有效完成最终的行动任务是否确实必须经历这些日常训练活动。最后，我们让学员们根据他们选定的课程目标，设计出开课第一周的学习活动，开始训练学生的思维。

在这点上，我们花时间指导学员们用积极的语言写出课程目标，从而更有力更形象化地与学生沟通，明确他们的课程学习行为。举个例子。我们要求学员们采用无形学习的语言，如“理解”“熟悉”“欣赏”“知道”，然后转换为具有相同意思的行动性语言，如“总结”“叙述”“预言”“分析”“评估”“鼓动”“说服”等。

当学员们把训练学生思维的基本方式表达清楚后，我们才要求他们将注意力转移到课程内容上。我们采纳了早期培训学员的一些案例，为这些新学员们提供策略，帮助他们依据学科思维的指导性原则，将课程内容重组为TBL单元或者是“系列学习活动”。这些例子可以在本书的第2章中看到。

以这样的方式重构课程内容，对教师是一大挑战，尤其是那些来参加培训时，以为不过是在已有的课程内容上“添加”TBL的教师。对许多教师来说，要找到最优的内容组织方式，需要在第一学期进行试验，但是他们意识到有必要将TBL教学法传达给学生。

调整风格与氛围

接下来我们开始讨论，使用教学大纲反复向学生有效地宣传TBL课程是非常重要的。课程教学大纲的语言，特别是语言的风格，透露出教师的信息远比我们想象的多。例如，我们要求学员们仔细审视自己的教学大纲，判断一下这份教学大纲归根到底是关于学生的还是关于教师的。我们要求他们寻找的一个特征是“我”字及其形态变化（“我的”）在大纲中的出现频率。我们让学员们删除所有的“我”后重新表述，确保学生，唯有学生，是课程的行动主体。

我们要求学员们清晰地说明以下两项政策的区别，由此激起热烈的讨论：

- 关于迟交论文的处罚，每迟交一天，降一个字母等级。
- 关于这篇论文，学生可以自行选择递交时间。4月3日递交，有资格获得满分。4月5日递交，有资格获得80分。4月5日之后递交，接受并予以反馈，但得分为零。

这个讨论开启了工作坊的又一个环节，那就是“别让课程政策损害TBL实施”。这个环节往往是考验教师是否有能力改变对学生的看法。我们许多学员一开始会倾向于延续传统教学大纲的语言和政策，包括关于出勤和破坏性课堂行为的严规。与那些恪守TBL关键原则的教师相比，他们同样坚定地相信，学生会像成年人那样始终如一，自我监控。我们提醒这些学员们，TBL教学法赋予学生自行决策的角色，使他们成为自己命运的代理人。学生在课堂上会忙得不亦乐乎，不需要像过去那样控制他们。而且，学生团队会处理可能出现的许多行为问题。更为重要的是，课程政策如果传递出教师对控制学生行为的公开需求，会抵消 TBL 课程设计所要实现的一切美好愿景。

我们对新版课程和旧版课程的动态情况作了提炼总结，来阐明课程的 TBL 版是如何在各个方面都别具一格的：

- 旧版课程：想要通过控制、牵制或修正学生的行为（你必须来上课！你不能讲话！关闭手机！做作业！）来改善他们的学习成效。
- 新版课程：让学习过程引发行为修正的需要。让学生为自己的学习，而不是具体的行为负起最终的责任。让学生用课程内容来完成有意义的任务：使得他们保持积极状态。要求学生为自己作出有意义的选择，并处理好相应的结果。提供及时的反馈，让学生看到自己的学习进展。

第二天活动的收尾，是介绍一套关于政策写作的最佳练习。旨在激发学生的自主学习和做负责任的代理人：

- 将课程政策控制在最少数量（关于安全的政策、关于残疾人士的政策、关于学术不端的政策），然后根据需要再一一健全。
- 所有政策的制定，都采用“学生自己选择结果”的形式。
- 让学生一起制定规则（手机、破坏性课堂行为等），这意味着他们必须保持尊重的气氛。

第二天培训结束时，学员们兴趣盎然，但参加一系列活动令他们疲乏。为了充分利用他们的热忱（淡化疲乏感），我们实施最后一项行动，将学员们引荐到地区的 TBL 社群，把他们加入名录服务中，并发送公开欢迎他们的消息。这一名录服务为全校实施 TBL 的教师之间建立对话提供了途径。尽管教学中心可以一直提供资源（我们将继续大力提供支持，后续会有描述），但我们已经发现，在教师中营造友爱的氛围不仅符合 TBL 原则，而且能为教师们提供更大的支持以及同行互为导师的机会。

培训后的基准

培训后开课前的访谈

第二天的工作坊结束后的一周内，全体培训教师与每位学员碰头，审核新的教学大纲并仔细预览系列活动中的第一或第二个任务。这样的话，我们可以针对新课程的构思、组织、政策、RATs 以及团队任务提出具体的、个性化的反馈。我们通常能够指出或阻止一到二个共性的问题，比如，RATs 太多，系列学习活动太多，RATs 太难或太简单，团队任务过于模糊或太开放，政策的措辞仍带有命令式，课程目标不能激发学生兴趣等。

课堂观察

在早期的培训中，我们允许学员们有足够的自由来决定何时提出课堂观察的请求。结果，学员们往往很晚提出请求，听课观察起不到应有的作用。我们进入课堂时发现，如果早些介入，有些问题很容易得到缓解。还有些案例中，太多的损害已无法补救。

最近，我们提高了要求，坚持必须在开展前三项系列学习活动期间完成课堂观察，不能晚于期中。这使得我们发现问题于萌芽状态，防止问题固化成课堂文化。

虽然培训中进行了各种各样的示范，但对新教师来说最具难度的挑战是团队任务的设计和简要汇总。对于新形成的团队，如果可供给他们选择的、观点鲜明的决定太少，就会出现问题。因为教师希望团队任务具有复杂性和多维性，而且他们坚信，高度聚焦的决策形式无法包含复杂性。因而他们倾向于让学生做多步任务，比如，完成罗列了多个子任务的工作表。这样的任务，不仅稀释了团队的能量，还会使得占支配地位的学生单挑任务而其他学生袖手旁观，玩玩手机。我们建议这些教师把复杂任务分解成几个部分，让每个团队各负责一个部分，每次做一个决策，全班再一起向下一个决策进发。

另一个教师们通常要与之斗争的问题是正确答案的策略性延迟。教师们设计好了精彩的团队决策任务，学生们在团队里经过热烈讨论达成了共识。全班进行汇报交流，展示不同团队的决策结果。常常会看到教师在简要汇总时过早透露正确答案或首选答案。无论是来自教师的公开强调还是肢体语言暗示，一旦学生嗅出正确答案，为自己决策努力辩护的一切动力都会烟消云散。激发批判性思维的机会随之消失。

中期调查

纸质版的中期调查是学生情绪的一个快照，通常在课程进行到三分之一时就做了，早于实际的学期中期概念。李克特式的工具，加上三个开放式问题，是专为TBL教师开发的，调查的题项中有一些是要求学生对课程进行反思和评论，聚焦于他们在团队合作中的体验。由于这一调查抓取的是学生处于适应新方法的时间点上的数据，所以一般会看到数据呈双峰分布。

如果课程进行过程中问题已经开始萌发，中期调查会有所显示。而更为常见的是，调查数据进一步确认教师所作努力的价值。调查数据反映的情况无论是积极的还是负面的，都便于我们进行课堂观察的培训教师一起进行讨论。这两项活动为我们向学员提供丰富的反馈和现实驱动的鼓励做好了铺垫。

无论数据显示什么结果，我们鼓励教师与学生分享反馈。我们利用这个机会提醒他们课程设计所遵循的原则、他们的课程目标是什么以及为什么使用TBL教学法。许多教师报告说，与学生的对话很有价值，特别是如果中期调查反映出学生对TBL教学法抵触很大时，对话更是必要。引导学生反馈并认真对待反馈结果，这完全符合TBL原则，强化了学生作为课堂上责任主体的作用。

庆祝与后续安排

学期过半，我们邀请所有学员与同行共进午餐，交流彼此的经历并庆祝一下。活动中也会有相互同情的时刻，但活动的目的是对学员的学习成就进行公开的衡量。这个庆祝活动也是构建TBL教师社群的良机。有些教师所在的院系缺乏对教学创新的积极支持。我们往往会邀请资深的TBL教师参与庆祝午餐，分享他们的观点，让学员们感受到自己置身于一大群引领TBL教学的实践者中。尽管我们作为培训师在TBL实施过程的初期为学员们提供了第一时间的支持，但最后成为他们出色导师和资源的是其他同行教师。

反思报告

TBL新手与培训师之间的正式关系是以学员的简要反思报告作为终结的。临近期末，我们要求初步尝试TBL实践的学员思考以下问题：

1. TBL的哪个要素如你所预期的那样发挥作用？
2. 哪些要素需要重新尝试、进一步开发或完善？
3. 你下一轮课程（本课程或其他TBL课程）会在哪些方面进行改变？
4. 总体而言，这个培训项目对你的教师角色产生怎样的影响？有哪些收获、教训、见解等？

这些报告有三个目的。首先，报告帮助我们评估教师实施TBL的情况，让我们了解到他们对TBL的思考处于怎样的阶段。其二，我们可以从他们的报告中找到他们实施TBL的心路历程，为未来的培训做相应的调整。最后，反思报告激励教师进行自我评估，并开始用评估思考未来。反思报告提醒他们，TBL旅程仍处于萌芽状态，他们应该继续追求教学成长。

长远影响

学院培训的效果因人而异，主要取决于教师的动机和他们启动 TBL 教学的时机。在接受培训后成功实施 TBL 教学的教师中，许多人反馈学生的评教结果和学习效果均有提升。已经开展多轮 TBL 教学的教师发现，最初投入到重新设计课程中的时间在接下来的几个学期中得到了回报，因为备课时间大幅度减少。也许最令人激动的是，许多为应对一般性教学，或教一个问题特别多的班级而感到精疲力尽的教师发现对自己的教学重新焕发激情，对学生重拾信心。在少数系里情况尤其如此，在这些系里，已有一群教师成功实施了 TBL 教学。

六年来，我们与近 300 位教师共同探索，见证了全校在教学态度和教学文化上的令人鼓舞的变化。鉴于我们持之以恒渗透性努力的结果，我们已在全校范围基于对 TBL 一致稳定的看法中获益。早些时候，我们发现校园里许多教师声称在用 TBL 教学法，而事实并非如此。这导致了校园里对 TBL 教学法的误解，损害了它的名声。这些年来情况有所改观。越来越多的教师采用 TBL 开展教学，从而促使更多人群了解这一方法。现在我们经常听说，开课第一天，班上至少会有一名学生告诉忐忑不安的队友：“哦，我上过 TBL 课程。别担心。会很精彩的！”

致 TBL 课程教师

一些学校没有像纽约州立大学奥尔伯尼分校那样为 TBL 教师提供广泛的支持。但愿我们的经验能激励这些学校创建校本的 TBL 教学实践社群。经验告诉我们，无论是通过正式的培训还是一对一的咨询，对 TBL 新手的支持将改变人们的教学理念，鼓励人们面对强大的阻力依然要走出旧的舒适区，代之以新的、不舒服的教学法。就此而言，TBL 之旅与其说是一段单纯的学习掌握新教学法的旅程，更多的应该说是一段适应社会变化的心路历程。我们需要建立起 TBL 实践社群，共同探索在课堂教学中如何使得学校最本质的价值取向和我们对学生所承担的责任完美地结合。

附录D 受访者名录

为撰写此书，共电话采访了46名TBL教师，来自世界各地，包括澳大利亚、新西兰、新加坡、阿拉伯联合酋长国、英国、爱尔兰、加拿大、美国。受访者大多是高校教师，来自不同学科，包括护理学、数学、心理学、职业治疗、商学、会计学、社会学、图书馆学、法学、犯罪学、医学、药学、社会工作、运动机能学、地理学、文学、化学、人类发展学、兽医学、汽车维修、宗教研究以及全球化研究。我们也采用了2012年的采访笔录。这些采访是由洛蕾塔・怀特霍恩和吉姆・锡布利完成的，是为了在“基于团队的合作学习”年会上展示海报“关于团队学习活动的报告与促进举措”而做的前期工作。

2013年采访

盖尔・费根鲍姆
护理学
中部新墨西哥社区学院
2012年12月27日

阿利森・布朗
高中数学
圣马可中学
2013年1月1日

玛丽・托马斯
心理学
加州州立大学圣马科斯分校
2013年1月2日

拉里・迈克尔森
商学
中部密苏里大学
2013年1月2日

玛丽・古尔力
心理学
加斯顿学院
2013年1月2日

露丝・莱文
医学
德克萨斯大学医学院
2013年1月3日

辛西娅·埃维茨
职业治疗
德克萨斯女子大学
2013年1月2日

珍妮特·斯塔马泰尔
社会学
肯塔基大学
2013年1月3日

莉斯·温特
社会工作
匹兹堡大学
2013年1月4日

特鲁迪·雅各布森
信息素养
纽约州立大学奥尔伯尼分校
2013年1月4日

大卫·雷克-乔丹
法学
威得恩大学
2013年1月4日

朱迪·基萨克
药学
哈丁大学
2013年1月4日

梅根·吉莱特
人类发展
爱荷华州立大学
2013年1月7日

林赛·戴维森
外科学
皇后大学
2013年1月7日

弗兰克·盖尔西克
会计学
蒙莫斯学院
2013年1月3日

荣·卡森
职业治疗
基督复临健康科学大学
2013年1月7日

克里斯·伯恩斯
微生物学
伊利诺斯大学
2013年1月7日

西蒙·特维德尔
药学
布拉德福德大学
2013年1月8日

迈克尔·尼尔森
药学
瑞吉斯大学
2013年1月8日

卡拉·A·库比兹
运动机能学
陶森大学
2013年1月8日

布伦特·麦克莱尼
文学
爱德华王子岛大学,爱尔兰
2013年1月8日

珍妮·莫里斯
健康教育
普利茅斯大学
2013年1月9日

彼得·巴朗
商学
南澳大利亚大学
2013 年 1 月 7 日

霍莉·本德尔
兽医学
爱荷华州立大学
2013 年 1 月 9 日

玛丽·哈德利
化学与地质学
明尼苏达州立大学曼卡多分校
2013 年 1 月 9 日

桑迪·库克
医学
杜克-新加坡国立大学医学研究生院
2013 年 1 月 10 日

比尔·布雷西亚
医学
田纳西大学
2013 年 1 月 11 日

蒂姆·杜耶
汽车维修
俄克拉马荷州立大学
2013 年 1 月 11 日

林·艾森
护理
英属哥伦比亚大学
2013 年 1 月 14 日

迪恩·帕米利
医学
布恩肖夫特医学院
2013 年 1 月 15 日

玛丽·吉尔马丁
地理学
爱尔兰国立大学
2013 年 1 月 9 日

马克·弗里曼
商学
悉尼大学
2013 年 1 月 15 日

乔尔·杜布瓦
宗教研究
加州州立大学萨克拉门托分校
2013 年 1 月 16 日

梅勒妮·卡尔森
行政管理
德雷克大学
2013 年 1 月 16 日

马克·斯蒂文斯
城市与区域规划
不列颠哥伦比亚大学
2013 年 1 月 16 日

彼得·史密斯
商务与经济
奥克兰大学
2013 年 1 月 17 日

伊萨姆·艾格密
医学
沙迦大学
2013 年 1 月 17 日

N·凯文·克莱恩
医学
杜兰大学
2013 年 1 月 18 日

布兰达·柯林斯
会计学
纽布伦斯威克大学圣约翰分校
2013 年 1 月 15 日

布莱恩·德兹沃奈克
医学
马歇尔大学
2013 年 1 月 18 日

肖恩·布什维
犯罪学
纽约州立大学奥尔伯尼分校
2013 年 1 月 18 日

瑞克·哥迪
管理研究
圣奥拉夫学院
2013 年 1 月 23 日

萨拉·马勒
全球与社会文化研究
佛罗里达国际大学
2013 年 1 月 22 日

保尔·科莱什
医学
布恩肖夫特医学院
2013 年 1 月 24 日

朱迪·柯里
护理学
迪肯大学
2013 年 1 月 22 日

2012 年采访

霍莉·本德尔
兽医病理学
爱荷华州立大学

彼得·奥斯塔菲恰克
机械工程
英属哥伦比亚大学

盖尔·费根鲍姆
护理学
中墨西哥社区学院

劳拉·麦迪逊
心理学
新墨西哥州立大学

玛丽·古尔利
心理学
盖特森学院

比尔·罗伯森
教师兼教师发展师
纽约州立大学奥尔伯尼分校

威廉·奥菲斯塔德
药学
加利福尼亚北州大学

参考文献

Andersen, E. A., Strumpel, C., Fensom, I., & Andrews, W. (2011). Implementing team based learning in large classes: Nurse educators' experiences. *International Journal of Nursing Education Scholarship*, *8*(1). doi: 10.2202/1548-923X.2197

Angelo, T. A., & Cross, P. (1993). *Classroom assessment techniques: A handbook for college teachers* (2nd ed.). San Francisco, CA: Jossey-Bass.

Angelo, T., & Cross, P. (2003). *Classroom assessment techniques: A handbook for college teachers*. San Francisco, CA: Jossey-Bass.

Barton, L. (2007). *Quick flip questions for the revised Bloom's taxonomy*. Madison, WI: Edupress.

Bigge, M. L., & Shermis, S. S. (1999). *Learning theories for teachers* (6th ed.). New York, NY: Longman.

Bloom, B. S., Engelhart, M. D., Furst, E. J., Hill, W. H., & Krathwohl, D. R. (1956). *Taxonomy of educational objectives: The classification of educational goals; Handbook I: Cognitive domain*. New York, NY: Longmans, Green & Co.

Bransford, J. D., & Schwartz, D. L. (1998). A time for telling. *Cognition and Instruction*, *16*(4), 475-522.

Brickell, J. L., Porter, D. B., Reynolds, M. F., & Cosgrove, R. D. (1994). Assigning students to groups for engineering design projects: A comparison of five methods. *Journal of Engineering Education*, *7*, 259-262.

Bruner, J. S. (1966). *Toward a theory of instruction*. Cambridge, MA: Belknap Press of Harvard University.

Chickering, A. W., & Gamson, Z. F. (1987, Fall). Seven principles for good practice in undergraduate education. *AAHE Bulletin*, 3-7.

Chung, E. K., Rhee, J. A., Baik, Y. H., & Oh-Sun, A. (2009). The effect of team-based learning in medical ethics education. *Medical Teacher*, *31* (11), 1013-1017.

Churchman, C. (1967). Guest editorial: Wicked problems. *Management Science*, *14* (4), B141-B142.

Clark, M. C., Nguyen, H. T., Bray, C., & Levine, R. E. (2008). Team-based learning in an undergraduate nursing course. *Journal of Nursing Education*, *47* (3), 111-117.

Collins, J. (2006). Writing multiple-choice questions for continuing medical education activities and self-assessment modules. *RadioGraphics*, *26*, 543-551.

Dana, S. W. (2007). Implementing Team-Based Learning in an introduction to law course. *Journal of Legal Studies Education*, *24* (1), 59-108.

DeLong, T. J. (2011, August 4). Three questions for effective feedback [blog post]. Retrieved from http://blogs.hbr.org/hbsfaculty/2011/08/three-questions-for-effective-feedback.html

Drummond, C. K. (2012). Team-based learning to enhance critical thinking skills in entrepreneurship education. *Journal of Entrepreneurship Education*, *15*, 57-64.

Feichtner, S. B., & Davis, E. A. (1984). Why some groups fail: A survey of students' experiences with learning groups. *Journal of Management Education*, *9*, 58-73.

Fink, L. D. (2003). *Creating significant learning experiences: An integrated approach to designing college courses*. San Francisco, CA: Jossey-Bass.

Freeman, M. (2012). To adopt or not to adopt innovation: A case study of team-based learning. *International Journal of Management Education*, *10*(3), 155-168.

Fujikura, T., Takeshita, T., Homma, H., Adachi, K., Miyake, K., Kudo, M., & Hirakawa, K. (2013). Team-Based Learning using an audience response system: A possible new strategy for interactive medical education. *Journal of Nippon Medical School*, *80* (1), 63-69.

Grady, S. E. (2011). Team-Based Learning in pharmacotherapeutics. *American Journal of Pharmaceutical Education*, *75* (7), 136. doi: 10.5688/ajpe757136

Grant-Vallone, E. (2010). Successful group work: Using cooperative learning and Team-Based Learning in the classroom. *Journal on Excellence in College Teaching*, *21* (4), 99-121.

Haidet, P. M., Kubitz, K. A., & McCormack, W. T. (in press). Analysis of the Team-Based Learning literature: TBL comes of age. *Journal on Excellence in College Teaching*.

Howell, D. (2013). *Statistical methods for psychology* (8th ed.). Belmont, CA: Thomson.

Jacobson, T. E. (2011). Team-Based Learning in an information literacy course. *Communications in Information Literacy*, *5*(2), 82-101.

Jones, F. (2009). *TBL course talk* [webinar]. Retrieved from http://vimeo.com/ 26639358

Kelly, P. A., Haidet, P., Schneider, V., Searle, N., Seidel, C. L., & Richards, B. F. (2005). A comparison of in-class learner engagement across lecture, problem-based learning, and team learning using the STROBE classroom observation tool. *Teaching and Learning in Medicine*, *17* (2), 112-118. doi: 10.1207/s15328015tlm1702_4

Kloss, R. J. (1994). A nudge is best: Helping students through the Perry scheme of intellectual development. *College Teaching*, *42* (4), 151-158.

Koles, P., Nelson, S., Stolfi, A., Parmelee, D., & DeStephen, D. (2005). Active learning in a Year 2 pathology curriculum. *Medical Education*, *39*(10), 1045-1055. doi: 10.1111/j.1365-2929.2005.02248.x

Koles, P., Stolfi, A., Borges, N. J., Nelson, S., & Parmelee, D. X. (2010). The impact of Team-Based Learning on medical students' academic performance. *Academic Medicine: Journal of the Association of American Medical Colleges*, *85* (11), 1739-1745. doi: 10.1097/ACM.0b013e3181f52bed

Kübler-Ross, E. (1969). *On death and dying*. New York, NY: Macmillan.

Lane, D. (2012). Peer feedback processes and individual accountability in Team-Based Learning. In M. Sweet & L. Michaelsen (Eds.), *Team-Based Learning in the social sciences and humanities* (pp. 51-62). Sterling, VA: Stylus.

Letassy, N. A., Fugate, S. E., Medina, M. S., Stroup, J. S., & Britton, M. L. (2008). Using Team-Based Learning in an endocrine module taught across two campuses. *American Journal of Pharmaceutical Education*, *72*(5), 1-6.

Leupen, S. (2011). *Chapter 14: Reading guide and goals*. Retrieved from http://www.teambasedlearning.org/misc

Levine, R. E., O'Boyle, M., Haidet, P., Lynn, D. J., Stone, M. M., Wolf, D. V., & Paniagua, F. A. (2004). Transforming a clinical clerkship with team learning. *Teaching and Learning in Medicine*, *16*(3), 270-275.

Masters, K. (2012). Student response to Team-Based Learning and mixed gender teams in an undergraduate medical informatics course. *Sultan Qaboos University Medical Journal*, *12* (3), 344-351.

Mennenga, H. A. (2012). Development and psychometric testing of the Team-Based Learning student assessment instrument. *Nurse Education*, *37* (4), 168 - 172. doi: 10. 1097/NNE. 0b013e31825a87cc

Michaelsen, L. K., Knight, A. B., & Fink, L. D. (Eds.). (2002). *Team-Based Learning: A transformative use of small groups*. Westport, CT: Praeger.

Michaelsen, L. K., Knight, A. B., & Fink, L. D. (Eds.). (2004). *Team-Based Learning: A transformative use of small groups in college teaching*. Sterling, VA: Stylus.

Michaelsen, L. K., Parmelee, D. X., McMahon, K., & Levine, R. E. (2007). *Team-Based Learning for health professions education: A guide to using small groups for improving learning*. Sterling, VA: Stylus.

Michaelsen, L. K., & Schultheiss, E. E. (1989). Making feedback helpful. *Journal of Management Education*, *13*, 109-113.

Michaelsen, L. K., & Sweet, M. (2008, Winter). The essential elements of Team-Based Learning. *New Directions for Teaching and Learning*, *116*, 7-27.

Michaelsen, L. K., Watson, W. E., & Black, R. H. (1989). A realistic test of individual versus group consensus decision making. *Journal of Applied Psychology*, *74*(5), 834-839.

Nelson, C. E. (1996). Skewered on the unicorn's horn. *Inquiry: Critical Thinking Across the Disciplines*, *15*(3), 49-64.

Nicoll-Senft, J. (2009). Assessing the impact of Team-Based Learning. *Journal on Excellence in College Teaching*, *20*(2), 27-42.

Nieder, G. L., Parmelee, D. X., Stolfi, A., & Hudes, P. D. (2005). Team-Based Learning in a medical gross anatomy and embryology course. *Clinical Anatomy (New York, NY)*, *18*(1), 56-63.

Parmelee, D., Michaelsen, L. K., Cook, S., & Hudes, P. D. (2012). Team-Based Learning: A practical guide: AMEE Guide No. 65. *Medical Teacher*, *34* (5), 275 - 287. doi: 10. 3109/0142159X.2012.651179

Perry, W. G. (1999). *Forms of intellectual and ethical development in the college years: A scheme*. San Francisco, CA: Jossey-Bass.

Persky, A. M. (2012). The impact of Team-Based Learning on a foundational pharmacokinetics course. *American Journal of Pharmaceutical Education*, *76*(2), 1-10.

Rider, E. A., & Longmaid, H. E., III. (1995). Feedback in clinical medical education: Guidelines for learners on receiving feedback. *Journal of the American Medical Association*, *274*(12), 938.

Shabani, K., Khatib, M., & Ebadi, S. (2010). Vygotsky's Zone of Proximal Development: Instructional implications and teachers' professional development. *English Language Teaching*, *3*(4), 237-248.

Sibley, J., & Parmelee, D. X. (2008). Knowledge is no longer enough: Enhancing professional education with Team-Based Learning. *New Directions for Teaching and Learning*, *2008* (116), 41-53. doi: 10.1002/tl.332

Sisk, R. J. (2011). Team-Based Learning: Systematic research review. *Journal of Nursing Education*, *50*(12), 665-669.

Smith, G. A. (2008). First-day questions for the learner-centered classroom. *National Teaching and Learning Forum*, *17* (5), 1 - 12. doi: 10.1002/ntlf.10101

Smith, G. (2013, November). *Selling active learning to faculty requires a student purchase*, *too*. Session presented at 38th Annual POD Meeting, Pittsburgh, PA.

Smith, M. K. (2002). Jerome S. Bruner and the process of education. *The encyclopedia of informal education*. Retrieved from http://infed.org/mobi/jerome-bruner-and-the-process-of-education/

Sweet, M. (2010, March 30). *Discussion posting subject: Definition*. Retrieved from http://list.olt.ubc.ca/cgi-bin/wa?A0=TEAMLEARNING-L

Sweet, M., & Michaelsen, L. K. (Eds.). (2012a). *Team-Based Learning in the social sciences and humanities: Group work that works to generate critical thinking and engagement*. Sterling, VA: Stylus.

Sweet, M., & Michaelsen, L. K. (2012b). *Team-Based Learning: Small group learning's next big step*. San Francisco, CA: Jossey-Bass.

Thoma, G. A. (1993). The Perry framework and tactics for teaching critical thinking in economics. *Journal of Economic Education*, *24*(2), 128-136.

Thomas, M. D., & McPherson, B. J. (2011). Teaching positive psychology using Team-Based Learning. *Journal of Positive Psychology*, *6*(6), 487-491. doi: 10.10 80/17439760.2011.634826

Thomas, P. A., & Bowen, C. W. (2011). A controlled trial of Team-Based Learning in an ambulatory medicine clerkship for medical students. *Teaching and Learning in Medicine*, *23*(1), 31-36. doi: 10.1080/10401334.2011.536888

Tuckman, B. (1965). Developmental sequence in small groups. *Psychological Bulletin*, *63*(6), 384-399.

van de Pol, J., Volman, M., & Beishuizen, J. (2010). Scaffolding in teacher-student interaction: A decade of research. *Educational Psychology Review*, *22*(3), 271-296. doi: 10.1007/s10648-010-9127-6

Vasan, N. S., DeFouw, D. O., & Compton, S. (2011). Team-Based Learning in anatomy: An efficient, effective, and economical strategy. *Anatomical Sciences Education*, *4*(6), 333-339.

Walters, D. (2012). Team-Based Learning applied to a medicinal chemistry course. *Medical Principles and Practice*, *22*(1), 2-3. doi: 0.1159/000342819

Wheelan, S. A. (1994). *Group processes: A developmental perspective*. Boston, MA: Allyn & Bacon.

Wood, D., & Middleton, D. (1975). A study of assisted problem-solving. *British Journal of Psychology*, *66*(2), 181-191.

Zingone, M. M., Franks, A. S., Guirguis, A. B., George, C. M., Howard-Thompson, A., & Heidel, R. E. (2010). Comparing team-based and mixed active-learning methods in an ambulatory care elective course. *American Journal of Pharmaceutical Education*, *74*(9), 160.

Zull, J. E. (2004). The art of changing the brain. *Educational Leadership*, *62*(1), 68-72.

图书在版编目(CIP)数据

开启团队合作学习模式/(加)吉姆·锡布利(Jim Sibley)等著;王颖,韩寻译.—上海:复旦大学出版社,2020.5
(复旦高校教师发展译丛)
书名原文:Getting Started with Team-Based Learning
ISBN 978-7-309-14117-7

Ⅰ.①开… Ⅱ.①吉…②王…③韩… Ⅲ.①课堂教学-教学研究-高等学校 Ⅳ.①G642.421

中国版本图书馆 CIP 数据核字(2020)第 021331 号

开启团队合作学习模式
(加)吉姆·锡布利(Jim Sibley)等 著
王 颖 韩 寻 译
责任编辑/郑越文

复旦大学出版社有限公司出版发行
上海市国权路 579 号 邮编:200433
网址:fupnet@fudanpress.com http://www.fudanpress.com
门市零售:86-21-65642857 团体订购:86-21-65118853
外埠邮购:86-21-65109143
上海华教印务有限公司

开本 787×1092 1/16 印张 10 字数 231 千
2020 年 5 月第 1 版第 1 次印刷

ISBN 978-7-309-14117-7/G·1938
定价: 39.00 元